政策文本深度挖掘与应用研究

胡吉明 著

科学出版社

北京

内 容 简 介

本书面向政务服务精准化，以政策内容挖掘与价值作用发挥的研究脉络为主线，基于深度学习和自然语言理解等技术，从政策文本结构化解析、自动摘要生成以及政策文本精准推送三个层面，系统研究了其中的理论基础、技术方案和实证优化策略。本书研究探索了从"政策文本信息处理"到"政策主旨内涵把握"的理论框架和技术方案，拓展了政策文本挖掘与理解研究的深度和范畴，创新了政策文本研究的理论与方法体系。

本书可供高等院校信息资源管理、管理科学与工程、政务信息学及相关专业和领域的科研人员、研究生、本科生参考使用。

图书在版编目（CIP）数据

政策文本深度挖掘与应用研究 / 胡吉明著. -- 北京：科学出版社，2025.7. -- ISBN 978-7-03-082001-3

Ⅰ．D035-01

中国国家版本馆 CIP 数据核字第 2025KP3563 号

责任编辑：邓　娴 / 责任校对：王晓茜
责任印制：赵　博 / 封面设计：有道文化

科学出版社 出版
北京东黄城根北街 16 号
邮政编码：100717
http://www.sciencep.com

保定市中画美凯印刷有限公司印刷
科学出版社发行　各地新华书店经销
*

2025 年 7 月第　一　版　开本：720×1000　1/16
2026 年 1 月第二次印刷　印张：13
字数：262 000
定价：156.00 元
（如有印装质量问题，我社负责调换）

前　言

在政府政务数字化和智能化转型的推动下，挖掘与利用政务信息资源并辅助政府科学决策成为研究热点。政策作为政务信息资源的重要形式，是多要素组成的有机系统，其要素包括政策依据、主体、客体、工具等；反之，多要素间因功能需要的相互作用而共同支撑了政策的全过程，体现为科学化和规律化的政策运作机理。政策文本是政策要素特征和作用机理的反映载体，是追溯和观察政策过程的重要途径之一。政策文本具有结构化特征鲜明、信息密度大且内涵主旨分布不均衡的特点，其深层次的语义理解与内涵挖掘一直是研究者关注的关键问题。

政策制定的科学范式决定了政策文本在陈述逻辑、语言表达方式方面特征鲜明且规律性强。同时，政策文本往往篇幅较长、信息量大，且内涵主旨分布不均衡，这对大规模政策文本的挖掘以及政策主旨内涵的把握提出了挑战，不利于面向场景需求开展推荐、问答、解读等智慧服务。大规模的政策文本蕴含了丰富的语义内涵，对政策文本进行研究已成为挖掘和开发政务信息资源，从大量文本数据中发现关联知识和规则，揭示深层次的政策语义内涵和运作机理，以及支撑政府科学决策的重要途径。

国内外学者已充分认识到政策文本研究的价值，在政策文本挖掘方面积累了丰富的研究成果。已有的政策文本研究多关注内容语言层面，当前对政策文本核心内容准确理解的研究不足，特别是对政策文本的语篇结构及其功能逻辑的研究重视不足，缺乏政策文本表示优化、模型的文本理解能力提升等基础性研究，忽视了包含文本重要语义信息的依存句法结构特征的研究，导致了政策文本内涵理解研究及在此基础上的摘要生成、精准推送等研究的缺乏。同时，在方法和技术上，针对政策文本深度挖掘研究的大规模语料库尚未完善，无法有效满足领域场景需求，制约了政策文本挖掘研究的深度和水平。

为了更好地挖掘政策文本的内涵和价值，揭示大规模政策文本中所隐含的核心主旨，迫切需要在自然语言理解技术的支撑下，探索政策文本深度挖掘与应用的体系化框架，创新从"政策文本信息处理"到"政策主旨内涵把握"的技术方案，进而拓展政策文本挖掘与理解研究的深度和范畴，创新政策文本研究的理论与方法体系。

基于已有的研究成果和思考，本人联合情报学、信息科学、应用语言学、传播学、政策科学、人工智能等相关学科和研究领域的专家组建团队，以"基于结构功能的政策文本摘要生成研究"国家社会科学基金项目（23BTQ081）为依托，从探讨理论基础、评介现实需求、完善总体框架、确定技术路线、优化实验结果等方面加强创新，分别在结构化解析、摘要生成和精准推送等方面取得了丰富的研究成果。同时，本人主导开发了"议会大数据平台""国务院政策文本集成检索平台""政策文本主题挖掘与可视化平台"等所积累的技术研发成果为本书的顺利开展奠定了基础。

本书汇集了项目研究的主要成果，主要围绕以下部分展开。立足于政务服务智慧化与精准化的现实需求，形成多维特征融合的政策文本结构化呈现策略，研究集成政策实体的政策文本语义增强表示方法，融合深度学习模型进行政策文本摘要生成模型构建，基于深度神经网络（deep neural network，DNN）构建政策精准推送模型；最后，面向领域政策进行案例数据的实验实证。

本书参阅和引用了诸多作者的研究成果，进行了脚注引用（或有因疏忽而遗漏的），对于这些作者我们由衷感谢。在本书撰写过程中，我所指导的研究生郑翔、李雨薇、付文麟、钱玮、阳巧英共同参与了书稿的撰写与完善工作，李雨薇主要协助完成了第 2 章的撰写，付文麟和钱玮主要协助完成了第 3、第 4 和第 5 章的撰写。限于学识和精力，本书难免存在不足之处，敬请各位学者专家和读者批评指正。

目 录

第1章 政策文本研究进展与挖掘方案设计 ··· 1
1.1 政策文本研究的脉络梳理 ··· 1
1.2 政策文本深度挖掘与应用研究方案 ··· 12
1.3 政策文本深度挖掘与应用研究的价值 ··· 15

第2章 面向主题挖掘的政策文本结构化解析 ··· 16
2.1 跨学科支撑下的政策文本结构化分析 ··· 16
2.2 政策文本结构化解析的研究方案 ··· 33
2.3 政策文本结构化解析框架与技术路线 ··· 36
2.4 政策文本结构化解析的技术应用 ··· 46
2.5 总结与展望 ··· 60

第3章 基于多维特征融合的政策文本语义增强表示 ··· 63
3.1 融合多维特征的政策文本表示方案 ··· 63
3.2 政策主题挖掘与文本向量生成 ··· 65
3.3 政策文本中的实体特征提取 ··· 68
3.4 基于预训练语言模型的政策文本增强表示 ··· 77
3.5 总结与展望 ··· 83

第4章 政策文本生成式摘要模型构建与技术实现 ··· 86
4.1 面向深层次挖掘的政策文本摘要生成研究 ··· 86
4.2 政策文本摘要生成的研究方案 ··· 97
4.3 面向摘要生成的政策文本关键语句抽取 ··· 105
4.4 基于依存句法的政策文本摘要生成模型 ··· 112
4.5 融合PGN的政策文本摘要生成优化 ··· 122
4.6 领域政策文本摘要生成实证研究 ··· 128
4.7 总结与展望 ··· 141

第5章 政策文本精准推送模型构建与技术实现 ··· 145
5.1 政府文本精准推送研究的背景与价值 ··· 145
5.2 政策文本推送研究的发展趋势 ··· 149
5.3 政策文本精准推送的研究方案 ··· 157
5.4 基于多维特征的政策用户画像生成 ··· 162
5.5 基于特征聚类的政策推送关系标注 ··· 167

5.6 基于特征注意力的政策文本精准推送模型 …………………… 171
5.7 政策精准推送实证研究 …………………………………………… 173
5.8 总结与展望 ………………………………………………………… 194

图 目 录

图 1-1　研究内容设计 ································· 12
图 2-1　政策文本结构化解析研究方案 ······················ 33
图 2-2　基于框架语义的结构化语义框架 ······················ 40
图 2-3　结构化解析框架搭建思路 ·························· 41
图 2-4　LDA2Vec 主题抽取模型 ····························· 44
图 2-5　LDA 主题模型 ··································· 45
图 2-6　政策发文机构统计 ································ 55
图 2-7　政策主题统计 ··································· 56
图 2-8　典型案例政策引用关系图 ·························· 57
图 3-1　融合多维特征的政策文本向量表示方案 ··············· 64
图 3-2　政策主题挖掘与文本向量生成框架 ··················· 65
图 3-3　基于 LDA 模型的政策文本主题挖掘结构 ··············· 66
图 3-4　基于主题分布的文本向量生成 ······················ 68
图 3-5　BiLSTM-CRF 政策实体识别模型 ······················ 72
图 3-6　LSTM 单元结构 ································· 72
图 3-7　LSTM 链式结构 ································· 74
图 3-8　BiLSTM 网络结构 ································ 74
图 3-9　CRF 模型 ······································ 74
图 3-10　BERT 模型结构图 ······························· 78
图 3-11　无监督的 SimCSE 模型 ·························· 81
图 3-12　PV-DM 结构 ··································· 82
图 4-1　政策文本摘要生成研究内容 ······················· 100
图 4-2　政策文本摘要生成研究策略 ······················· 103
图 4-3　基于深度学习的政策文本摘要生成研究框架 ··········· 104
图 4-4　基于句向量改进的政策文本关键句子抽取策略 ········· 106
图 4-5　基于句子重要性分数计算的政策文本关键句子抽取流程 ··· 106
图 4-6　基于依存句法的生成式政策文本自动摘要模型 ········· 113
图 4-7　政策文本依存句法树示例 ························· 115
图 4-8　依存句法树对应的邻接矩阵 ······················· 116
图 4-9　图卷积操作示例 ································ 118

图 4-10　基于 Seq2Seq 的政策文本自动摘要模型 ………………………… 121
图 4-11　融合 PGN 的政策文本自动摘要模型 …………………………… 124
图 4-12　政策文本摘要评分模型 …………………………………………… 126
图 4-13　政策文本采集结果示例 …………………………………………… 130
图 4-14　政策文本摘要数据集平均字数分布情况 ………………………… 133
图 4-15　不同政策文本摘要生成模型 ROUGE 指标分数柱状图 ………… 137
图 5-1　政策文本精准推送研究框架 ……………………………………… 161
图 5-2　政策用户画像的指标体系结构图 ………………………………… 165
图 5-3　政策用户特征交集 ………………………………………………… 169
图 5-4　政策及用户推送关系标注 ………………………………………… 170
图 5-5　基于深度神经网络的政策推送模型 ……………………………… 172
图 5-6　YEDDA 标注示例 …………………………………………………… 178
图 5-7　助残政策词向量 …………………………………………………… 184
图 5-8　助残政策用户画像指标体系结构图 ……………………………… 186
图 5-9　基于残疾人特征的用户聚类 ……………………………………… 189

表　目　录

表 2-1	政策文本通用特征	42
表 2-2	政策主题-词分布	46
表 2-3	政策文本结构化解析通用框架	46
表 2-4	"互联网+"政策外部属性特征表	49
表 2-5	LDA 主题抽取词组表	50
表 2-6	Doc2Vec 模型参数设置	50
表 2-7	"互联网+"政策文本结构化解析框架	51
表 2-8	案例文本主题-文档距离值表	52
表 2-9	《国务院办公厅关于促进"互联网+医疗健康"发展的意见》结构化解析框架	52
表 2-10	被引用政策数量统计（部分）	58
表 3-1	政策实体类别	71
表 3-2	实体标签概率分布	75
表 4-1	政策文本线索词表	110
表 4-2	LTP 句法依存关系类型	115
表 4-3	政策文本数据采集信息	129
表 4-4	不同的政策文本关键句子抽取方法结果对比	131
表 4-5	政策文本摘要数据集单条数据示例	132
表 4-6	本地机器与 Mist 服务器环境配置	135
表 4-7	摘要生成模型参数设置	135
表 4-8	不同政策文本摘要生成模型结果对比	136
表 4-9	不同政策文本摘要生成模型结果呈现	139
表 5-1	残疾人政策来源（1952 年至 2021 年）	175
表 5-2	残疾人数据字段及描述说明	177
表 5-3	助残政策中五类实体统计	179
表 5-4	命名实体识别模型参数设置	179
表 5-5	不同类型实体识别评价结果	180
表 5-6	不同模型识别结果对比	181
表 5-7	助残政策实体信息表（节选）	181
表 5-8	助残政策主题	182

表 5-9　助残政策文本基础向量……………………………………………183
表 5-10　残疾人用户向量化示例…………………………………………187
表 5-11　助残政策推送关系表……………………………………………190
表 5-12　助残政策推送模型推送准确率…………………………………192
表 5-13　助残政策推送结果（政策-用户向）……………………………193
表 5-14　助残政策推送结果（用户-政策向）……………………………193

第 1 章 政策文本研究进展与挖掘方案设计

在政府政务数字化和智能化转型的推动下,挖掘与利用政务信息资源并支撑政府科学决策成为研究热点。作为政务信息资源的重要形式——政策,是记述政策意图和政策过程的客观凭证与记录文献,因其在我国行政机关开展各类政务活动中具有特殊作用,既传达贯彻了国家的方针、政策、决议等,也真实反映了政府处理公共事务的意图和行为印迹,以及国家或地区在一定历史时期内政治、经济、文化和社会发展等状况,已成为政府、学界等多方关注的重要研究对象。作为政策要素特征和作用机理的反映载体,政策文本反映了政府执政和治理的逻辑与行为,是追溯和观察政策过程的重要途径之一。因政策文本具有结构化特征鲜明、信息密度大且内涵主旨分布不均衡的特点,深层次的内容语义理解与挖掘一直是研究者关注的关键问题。

1.1 政策文本研究的脉络梳理

从内容挖掘的角度总结与提炼政策文本研究的主题与方向,把握政策文本研究趋势与推动创新。本章主要以国内外研究论文为分析对象,采用系统性综述方法阐释政策文本领域的研究进展,经评析后展望其后续发展重点。在多学科融合的政策量化与信息学研究推动下,政策文本研究的计算科学体系逐渐形成,在大数据、深度学习、人工智能等支撑下,政策文本计算和语义挖掘研究不断深入,并进一步延伸至其文本功能理解和推理等方向,体现出理论、方法和技术多层面支撑的研究体系,其内在逻辑和社会应用的研究将得到加强。本章将梳理和归纳文本内容层面的政策研究,指出当前政策文本研究的主题以及未来的发展方向,并进一步丰富政策研究的理论与实践体系。

从结构与作用上看,政策是多要素组成的有机系统,包括政策依据、主体、客体、工具等;多要素间因功能需要的相互作用而共同支撑了政策的全过程,体现为科学化和规律化的政策运作机理。政策文本是由政策活动所产生的记录文献,既包括国家和地区各级权力或行政机关以文件形式颁布的法律、法规、部门规章等官方文献,也包括政策制定者或政治领导人在政策制定过程中形成的研究、咨询、听证或决议等公文档案,甚至包括政策活动过程中因辩论、演说、报道、评论等形成的舆情文本。在研究发展中,政策文本研究表现出了多学科、多领域集成化和融合性的典型特征,既具有情报学或信息学研究的一般规律,也体现了政府这一社会领域以及政治学、公共管理与公共政策等学科范畴的独有特征。基于此，本章以政策内容挖掘与价值作用发挥的研究脉络为主线，从学科融合的基础性研究、深层次语义挖掘、功能理解与推理三个层面，系统梳理政策文本研究的主要成果，进一步探讨政策文本研究未来发展的重点方向。

1.1.1 政策文本量化与信息学研究

学术界持续推进政策文本分析的理论、方法及技术手段的跨学科融合探索，涉及情报学、语言学、信息科学、计算机科学、公共管理学、政治学等，形成了基于文本的政策量化和政策信息学的研究体系。

1. 政策文本量化研究

政策文本量化研究是将非结构化的政策文本转换成抽象化、特征化的计算机可处理的结构化数据，利用数学模型进行分析，极大降低了大样本量政策文本研究的人力成本，提高了结果的可重复性。从研究范围看，政策文本量化是政策研究、计算机科学等领域交叉融合产生的新领域；从研究方法看，政策文本量化是从计算机科学、文献计量学到政策科学的多领域方法迁移。

2015 年，黄萃等[①]较早使用了"政策文献量化"这一词汇，认为是公共政策研究的新方向，并正式提出"政策文献计量"的概念[②]。它以政策文本为研究对象，借助文献计量、社会网络分析以及可视化技术，对大规模政策文本的内容属性和外部属性进行量化分析，揭示政策文本中所反映的要素特征[③]。当前学者应用政策量化方法主要针对以下问题进行研究：政策分布特征，包括时间分布、效力级别分布、文种分布[④]；政策工具的选择和运用[⑤]、组合与效果以及评估政策实施绩效[⑥]；政策的目标意图与影响，利益的分配和博弈过程[⑦]；政策嬗变的内在逻

---

① 黄萃, 任弢, 张剑. 政策文献量化研究: 公共政策研究的新方向[J]. 公共管理学报, 2015, 12(2): 129-137, 158-159.

② 李江, 刘源浩, 黄萃, 等. 用文献计量研究重塑政策文本数据分析: 政策文献计量的起源、迁移与方法创新[J]. 公共管理学报, 2015, 12(2): 138-144, 159.

③ 马海群, 张斌. 我国政策计量研究: 方法与模型[J]. 数字图书馆论坛, 2019, (5): 2-8.

④ 余厚强, 肖婷婷, 王曰芬, 等. 政策文件替代计量指标分布特征研究[J]. 中国图书馆学报, 2017, 43(5): 57-69.

⑤ Huang C, Yang C, Su J. Identifying core policy instruments based on structural holes: a case study of China's nuclear energy policy[J]. Journal of Informetrics, 2021, 15(2): 101145.

⑥ 卢小宾, 霍帆帆, 霍朝光. 我国信息公开政策计量分析: 权力主体、法律渊源与政策工具[J]. 情报理论与实践, 2022, 45(1): 46-53.

⑦ Bornmann L, Haunschild R, Marx W. Policy documents as sources for measuring societal impact: how often is climate change research mentioned in policy-related documents?[J]. Scientometrics, 2016, 109(3): 1477-1495.

辑和历史规律①，政策主题的演化与变迁②；政策主体的行为与关系③、合作模式，以及政策体系的结构与演进④等。

政策量化在研究方法上属于描述性推论，即利用显性的观察值来推导隐性的、难以直接观察到的结论，帮助政策研究者和制定者获得客观、可重现、可验证的研究结果，在宏观层面上揭示政策演进规律，明确政策影响范围和把握政策发展趋势。未来，政策量化的分析单元将从文献数据转向更为细粒度的知识单元，更加注重政策执行层面的文本量化计算⑤。

2. 政策信息学研究

2020年，我国国家自然科学基金委员会等在北京成功举办了以"政策信息学与政策智能"为主题的第260期双清论坛，指出作为国际前沿交叉领域，政策信息学越来越受到重视，发展潜力大。

在传统的政策制定和实施中，经验直觉、小规模沟通和有限民意调查是其常用手段，难以克服信息的不完整和滞后、政策刚性诉求的交互不畅等问题⑥。信息技术特别是大数据技术的发展⑦，深刻影响着政府决策过程⑧；同时信息科学与政策科学的融合，催生了政策信息学这一新兴学科⑨。

政策信息学是在政策制定过程中，充分利用相关的海量信息，以期更好地解决复杂的政府治理问题，推动治理流程和制度创新⑩。国内学者认为，从概念继承和发展的角度看，政策议题日趋复杂，政策相关数据的规模逐渐从小样本扩展到大数据，政策分析也逐渐从传统的政策量化转变为政策计量，再转变到政策信息学⑪。政策信息学主要围绕海量多源异构数据，通过使用机器学习、大数据、

---

①贾晓峰, 高芳. 科技政策学的理论溯源与内容框架构建[J]. 科技管理研究, 2020, 40(12): 32-38.

②宋娇娇, 徐芳, 孟溦. 中国科技评价政策的变迁与演化: 特征、主题与合作网络[J]. 科研管理, 2021, 42(10): 11-19.

③Yang C, Huang C, Su J. A bibliometrics-based research framework for exploring policy evolution: a case study of China's information technology policies[J]. Technological Forecasting and Social Change, 2020, 157: 120116.

④郑新曼, 董瑜. 政策文本量化研究的综述与展望[J]. 现代情报, 2021, 41(2): 168-177.

⑤杨正. 政策计量的应用: 概念界限、取向与趋向[J]. 情报杂志, 2019, 38(4): 60-65, 51.

⑥曾大军, 霍红, 陈国青, 等. 政策信息学与政策智能研究中的关键科学问题[J]. 中国科学基金, 2021, 35(5): 719-725.

⑦段忠贤, 刘强强, 黄月叉. 政策信息学: 大数据驱动的政策科学发展趋势[J]. 电子政务, 2019, (8): 2-13.

⑧周阳, 汪勇. 大数据重塑公共决策的范式转型、运行机理与治理路径[J]. 电子政务, 2021, (9): 81-92.

⑨刘昊, 张志强. 文献计量视角下政策科学研究的新方向: 从政策量化研究到政策信息学[J]. 情报杂志, 2019, 38(1): 180-186, 111.

⑩Johnston E, Kim Y. Introduction to the special issue on policy informatics[J]. Innovation Journal, 2011, 16(1): 1-4.

⑪曹玲静, 张志强. 政策信息学的发展与前瞻[J]. 图书情报工作, 2021, 65(21): 38-50.

知识图谱等前沿技术①，提供政策过程分析服务和支撑政府基于充分信息的决策②。

目前政策信息学的研究主要集中于以下方面，即政策大数据的基础分析方法、特定政策场景的知识发现、政策决策模式与决策过程的重构策略③、政策选择模拟与决策效果评估，重点包括政策变迁和演化规律④、政策府际关系和政策博弈⑤、政策研究和科学研究间的关系⑥、政策分布态势及注意力分配⑦等，为政策的制定、调整以及完善提供重要的理论支撑和决策依据⑧。

1.1.2 政策文本计算与挖掘研究

当前，社会科学计算研究理念的推广与现实应用，推动了政策研究领域中的数据分析和计算思维发展。政策研究中的大数据技术应用已成为学者的普遍共识⑨，特别是自然语言处理（natural language processing，NLP）、人工智能、知识挖掘与可视化等技术的发展，大样本、细粒度的政策文本计算成为可能⑩。如何从已发布的政策文本数据中快速提取重点内容，挖掘文本中的潜在知识资源，用大数据思维和方法推动政府决策与服务水平的整体提升，是当前政策研究的重要方向⑪。

1. 政策文本计算研究

政策文本计算在政策研究领域占有重要地位，主要运用自然语言处理的基本理论与方法⑫，挖掘海量政策文本并计算分析；主张采用语篇编码、概念与词语

---

① 张楠，马宝君，孟庆国. 政策信息学：大数据驱动的公共政策分析[M]. 北京：清华大学出版社，2019.

② Giest S. Big data for policymaking: fad or fasttrack?[J]. Policy Sciences, 2017, 50(3): 367-382.

③ 张楠. 公共衍生大数据分析与政府决策过程重构：理论演进与研究展望[J]. 中国行政管理，2015, (10): 19-24.

④ Huang C, Yang C, Su J. Policy change analysis based on "policy target‐policy instrument" patterns: a case study of China's nuclear energy policy[J]. Scientometrics, 2018, 117(2): 1081-1114.

⑤ 刘晓燕，侯文爽，单晓红. 基于多层网络的科技创新政策府际合作机理[J]. 科研管理，2021, 42(3): 97-108.

⑥ 徐晓林，刘帅，毛子骏，等. 公共管理研究的非传统安全命题[J]. 中国行政管理，2018, (10): 121-126.

⑦ 王长征，彭小兵，彭洋. 地方政府大数据治理政策的注意力变迁：基于政策文本的扎根理论与社会网络分析[J]. 情报杂志，2020, 39(12): 111-118.

⑧ Niinikoski M L, Moisander J. Serial and comparative analysis of innovation policy change[J]. Technological Forecasting and Social Change, 2014, 85: 69-80.

⑨ Grossman J, Pedahzur A. Political science and big data: structured data, unstructured data, and how to use them[J]. Political Science Quarterly, 2020, 135(2): 225-257.

⑩ 盛东方，尹航. 基于政策文本计算的突发公共事件下中小企业扶持政策供需匹配研究：以新冠肺炎疫情为例[J]. 现代情报，2020, 40(8): 10-19.

⑪ 范如国. 公共管理研究基于大数据与社会计算的方法论革命[J]. 中国社会科学，2018, (9): 74-91, 205.

⑫ 张涛，蔡庆平，马海群. 一种基于政策文本计算的政策内容分析方法实证研究：以互联网租赁自行车为例[J]. 信息资源管理学报，2019, 9(1): 66-76.

的映射关系，分析内容中的词、语句、段落以及篇章，进行政策概念的自动识别和处理，从而映射出政策概念（主题）、政策义素等显性政策内涵，最终构建从政策文本到政策语义的自动解析框架[①]。

政策文本计算是大规模体系化的政策文本语义分析方法，挖掘蕴含在政策交流系统中的语义与价值情感，以此获知和解读政策主题、政策热点、政策立场、意识形态、政策倾向、政策价值、政策情感、政策态度等深层次政策内涵[②]。相对于政策文本量化分析，政策文本计算在一系列大数据分析模型和方法的支撑下，规模和精度都能大幅提升，避免了主观判断带来的偏差，也弥补了现有政策量化研究的不足[③]。

当前政策文本计算研究主要集中于政策文本语料库和政策文本数据挖掘两个方向。首先，政策语料库以及语料库语言分析是政策文本计算分析的基础[④]，跨语料分析和实时语料分析能够从多类型且复杂的政策文本中发现政策驱动问题[⑤]，提升政策预测的时效性和精准度[⑥]。其次，政策文本数据挖掘注重在大量文本数据集合中发现分类或聚类特征、关联知识或规则，并注重深层潜在语义的知识发现，以此分析政策行为[⑦]、政治领导人的政策情感倾向[⑧]、公众政策意见[⑨]以及评估政策结果[⑩]。

2. 政策文本语义挖掘研究

文本挖掘是指利用一定的信息技术或方法从大规模的文本数据中发现和提取

[①] 裴雷, 孙建军, 周兆韬. 政策文本计算: 一种新的政策文本解读方式[J]. 图书与情报, 2016, (6): 47-55.

[②] 杨正联. 公共政策文本分析: 一个理论框架[J]. 理论与改革, 2006, (1): 24-26.

[③] Linder F, Desmarais B, Burgess M, et al. Text as policy: measuring policy similarity through bill text reuse[J]. Policy Studies Journal, 2020, 48(2): 546-574.

[④] 张涛, 马海群. 基于政策文本计算的开放数据与数据安全政策协同研究[J]. 情报理论与实践, 2020, 43(6): 149-155, 141.

[⑤] Kaufman A R. Measuring the content of presidential policy making: applying text analysis to executive branch directives[J]. Presidential Studies Quarterly, 2020, 50(1): 90-106.

[⑥] 周环, 幸强国, 唐泳. 基于政策文本计算的数据开放与隐私保护政策协同度研究[J]. 图书馆论坛, 2021, 41(11): 118-127.

[⑦] Dun L, Soroka S, Wlezien C. Dictionaries, supervised learning, and media coverage of public policy[J]. Political Communication, 2021, 38(1/2): 140-158.

[⑧] Osnabrügge M, Ash E, Morelli M. Cross-domain topic classification for political texts[J]. Political Analysis, 2023, 31(1): 59-80.

[⑨] Cochrane C, Rheault L, Godbout J F, et al. The automatic analysis of emotion in political speech based on transcripts[J]. Political Communication, 2022, 39(1): 98-121.

[⑩] Cronert A, Nyman P. A general approach to measuring electoral competitiveness for parties and governments[J]. Political Analysis, 2021, 29(3): 337-355.

未知的、有价值的潜在信息的过程①，并且可以将这些有用的信息重新组织成为更有价值的信息。近年来，随着文本挖掘相关技术的高速发展，文本挖掘的应用也越来越广泛，并且与各种特定领域的结合也越来越密切，文本挖掘的领域应用逐渐成为重要的研究方向。其中，国内外已有大量学者利用文本挖掘技术对政策类文本内容进行了深入分析和挖掘。

传统思辨性和量化的政策文本研究方法具有局限性，对政策文本语义挖掘的研究欠缺，以及政策文本多源异构、关联分析缺失等问题，制约了政策资源的智能化处理和知识关联。

政策文本挖掘的研究方式源于文献解读，即在思辨的基础之上结合学者的专业素养和政策领悟，通过分析政策文本的谋篇布局以及修辞和表述方式②，探测出政治立场，并基于此进行深度解读或政治变迁的预测与估量③。但是，定性的、思辨形式的文本解读具有研究的模糊性和经验主义，无法满足政策分析理性和科学的诉求。

政府机构和相关学者从不同视角展开了对政策文本挖掘的相关研究，主要是利用数据挖掘和自然语言处理等相关理论与技术，开展政策文本语义内涵的深层次挖掘研究，且偏重政策文本深层语义内涵的潜在知识发现和规律发现，其中政策自动分类与聚类、政策情感分析、政策意见分析、政府行为预测和政策事件抽取等都是该类研究中被广泛关注的方向④。Aryasomayajula⑤将语言学和机器学习方法相结合，并集成了包括名词短语、动词短语和文本相对位置在内的多个特征，实现对隐私政策文本的分类。胡吉明等⑥从政策文本的内容特征分析和语义特征表示出发，以LDA（latent Dirichlet allocation，隐含狄利克雷分布）主题模型和注意力机制（attention mechanism）为核心，融合多种深度学习模型，有效提高了政策文本分类的准确率。孙璐等⑦针对软件产业政策提出了一套基于深度学习、自然语言理解技术的粗粒度和细粒度两种解析方案，旨在构建政策之间的关联关

---

①裴雷, 孙建军, 周兆韬. 政策文本计算：一种新的政策文本解读方式[J]. 图书与情报, 2016, (6): 47-55.

②Haynes E, Garside R, Green J, et al. Semiautomated text analytics for qualitative data synthesis[J]. Research Synthesis Methods, 2019, 10(3): 452-464.

③Gross M, Jankowski M. Dimensions of political conflict and party positions in multi-level democracies: evidence from the Local Manifesto Project[J]. West European Politics, 2020, 43(1): 74-101.

④魏伟. 基于条件共现度的文本表示与特征抽取方法研究[D]. 大连：大连理工大学, 2018.

⑤Aryasomayajula N S B. Machine learning models for categorizing privacy policy text[D]. Cincinnati: University of Cincinnati, 2018.

⑥胡吉明, 付文麟, 钱玮, 等. 融合主题模型和注意力机制的政策文本分类模型[J]. 情报理论与实践, 2021, 44(7): 159-165.

⑦孙璐, 薛强, 张金言, 等. 基于自然语言理解的软件产业政策关联性分析技术[J]. 电子技术应用, 2021, 47(12): 57-63.

系网络，以期辅助政府决策。这类研究依靠先进的机器学习和深度学习等技术，实现对大规模政策文本进行深层语义分析，更加注重政策文本内容主题挖掘和语义表示基础上的深度理解与解析，而不是仅仅对政策文本词语和外部特征进行简单的描述性统计分析，能够有效挖掘与发现政策文本所蕴含的潜在知识和规律，从而更好地发挥政策文本的巨大价值。

因此，学者在政策文本分析的深度方面不断探索，从基于政策文本外部结构属性的分析逐步深入到对文本内部语义特征的挖掘。政策文本中单词、符号、主题以及意义独立的词组、句子或段落[1]，反映了政策语义与政策文本内容之间的关系，是可结构化的重要元素——分析单元[2]，学者从单个词到自然段落再到单篇文档，又从单篇文档到整个政策文本语料库，对政策文本进行了多粒度、多层次的挖掘研究[3]。

更进一步，当前研究主要融合语句分析、政策构件提取方法，基于多维聚类、主题模型[4]、神经网络模型[5]进行政策文本细粒度分析，识别政策文本中各个组成部分的语义重要性和主题贡献度，将现实事件与主题变化相对应[6]，揭示了政策的部署重点，客观剖析了政策实施过程及政策与实践存在的脱节问题[7]。更进一步，将文本分解成可处理的基本单元，通过词嵌入或词向量，利用字符级和词级卷积神经网络（convolutional neural network，CNN）模型并结合Doc2Vec[8]，融合自注意力（self-attention）机制和双向长短期记忆网络（bidirectional long short-term memory，BiLSTM）模型，通过Word2Vec、TextCNN模型和进行政策文本向量相似度计算等[9]，在提取政策主要内容[10]、自动分类政

---

[1] Elff M. A dynamic state-space model of coded political texts[J]. Political Analysis, 2013, 21(2): 217-232.

[2] Laver M, Benoit K, Garry J. Extracting policy positions from political texts using words as data[J]. American Political Science Review, 2003, 97(2): 311-331.

[3] 魏伟, 郭崇慧, 陈静锋. 国务院政府工作报告(1954—2017)文本挖掘及社会变迁研究[J]. 情报学报, 2018, 37(4): 406-421.

[4] 闫盈盈. 基于DTM模型的政府公文公告主题研究[J]. 中国管理信息化, 2020, 23(21): 151-155.

[5] Chang C, Masterson M. Using word order in political text classification with long short-term memory models[J]. Political Analysis, 2020, 28(3): 395-411.

[6] Hollibaugh G E. The use of text as data methods in public administration: a review and an application to agency priorities[J]. Journal of Public Administration Research and Theory, 2019, 29(3): 474-490.

[7] 闫盛枫. 融合词向量语义增强和DTM模型的公共政策文本时序建模与演化分析: 以"大数据领域"为例[J]. 情报科学, 2021, 39(9): 146-154.

[8] 杨锐, 陈伟, 何涛, 等. 融合主题信息的卷积神经网络文本分类方法研究[J]. 现代情报, 2020, 40(4): 42-49.

[9] Little C, McLean D, Crockett K, et al. A semantic and syntactic similarity measure for political tweets[J]. IEEE Access, 2020, 8: 154095-154113.

[10] 徐建国, 刘泳慧, 刘梦凡. 基于BILSTM-CRF的高校政策语义角色标注研究[J]. 计算机工程与应用, 2021, 57(6): 207-211.

策文本①、挖掘政策实体间关系②、提取观点意图③和研究政党立场④领域得到了广泛应用。

1.1.3 政策文本功能理解与推理研究

政策文本的逻辑结构性较强,对其分析是深层次理解政策主旨思想乃至政府运作机理的重要途径。进一步,基于大规模政策文本挖掘的关联知识和规则发现,能够揭示深层次的政策语义内涵和运作机理,有助于政策优化与辅助决策。

1. 政策文本的结构功能与理解研究

众所周知,不同领域或类型的文本具有不同的语言组织方式和组织层次⑤,如以时空、问题或因果为序,按总分、并列和递进层次⑥,这都表现了文本思想内容的次序结构及其逻辑关系⑦,也表达了特定的功能⑧。但文本内容因在总主旨和分主旨分布上是不均衡的⑨,每一个部分(如章节)所反映的功能逻辑具有特定性和差异⑩,通过分析标题、章节、段落⑪、句子、词汇和它们的关系⑫,以及

---

①Lucas C, Nielsen R A, Roberts M E, et al. Computer-assisted text analysis for comparative politics[J]. Political Analysis, 2015, 23(2): 254-277.

②刘建华, 张智雄, 张琴. 基于多维政策实体及其关系的科技政策演化路径揭示方法研究[J]. 数据分析与知识发现, 2019, 3(5): 57-67.

③Hjorth F, Klemmensen R, Hobolt S, et al. Computers, coders, and voters: comparing automated methods for estimating party positions[J]. Research & Politics, 2015, 2(2): 2053168015580476.

④Jentsch C, Lee E R, Mammen E. Time-dependent Poisson reduced rank models for political text data analysis[J]. Computational Statistics & Data Analysis, 2020, 142: 106813.

⑤Salton G, Allan J, Buckley C. Automatic structuring and retrieval of large text files[J]. Communications of the ACM, 1994, 37(2): 97-108.

⑥Zhang L. Grasping the structure of journal articles: utilizing the functions of information units[J]. Journal of the American Society for Information Science and Technology, 2012, 63(3): 469-480.

⑦Ren X H, Zhou Y, Huang Z, et al. A novel text structure feature extractor for Chinese scene text detection and recognition[J]. IEEE Access, 2017, 5: 3193-3204.

⑧Lu W, Huang Y, Bu Y, et al. Functional structure identification of scientific documents in computer science[J]. Scientometrics, 2018, 115(1): 463-486.

⑨陆伟, 黄永, 程齐凯. 学术文本的结构功能识别:功能框架及基于章节标题的识别[J]. 情报学报, 2014, 33(9): 979-985.

⑩王进强, 刘金硕. 基于注意力机制的结构化文本自动生成[J]. 武汉大学学报(工学版), 2022, 55(2): 198-203.

⑪黄永, 陆伟, 程齐凯, 等. 学术文本的结构功能识别:基于段落的识别[J]. 情报学报, 2016, 35(5): 530-538.

⑫Rahman M M, Finin T. Unfolding the structure of a document using deep learning[EB/OL]. (2019-09-29) [2025-03-14]. https://arxiv.org/abs/1910.03678.

句子内容的上下文特征[1]，实现从文本物理结构到逻辑结构的识别[2]，对改进文本自动摘要[3]、文本检索及文本过滤与推荐具有重要作用[4]。目前基于深度学习方法[5]，如 CNN 和 RNN（recurrent neural network，循环神经网络）[6]、BERT（bidirectional encoder representations from transformers，来自变压器的双向编码器表示）和层次注意力[7]、BiLSTM 和条件随机场（conditional random field，CRF）[8]，能够在整体上提升结构功能的识别效果[9]。

政策文本的结构化程度往往较高，具有较强的规范性和严密的内部逻辑结构，其形式特征包括发文主体、发文时间、文件标题、文件主题词、文件参照关系等；通过对上述特征的分析，研究者可以挖掘丰富的政府管理与政府政策规律[10]。同时，政策文本的语词、句法依存及段落内容结构具有相对独立的意义或内涵[11]，且它们之间相互作用而构成特定的功能，能够反映政府的执政思维、政策制定者的立场、政策相关者的利益关系[12]。对政策文本结构功能的分析，能够有效解析政策活动与现象，挖掘政策背后的社会事件变化趋势，乃至政治系统运行机制和社会治理机制。

与此同时，在已有文本结构功能研究思路和成果的基础上，学者试图将已有理论和方法经改进后引入，实现基于政策文本的政策过程推理研究。通过深度学

---

[1] 毛进, 陈子洋. 基于深度学习的科技文献摘要结构功能识别研究[J]. 农业图书情报学报, 2022, 34(3): 15-27.

[2] Li C L, Bi B, Yan M, et al. StructuralLM: structural pre-training for form understanding[EB/OL]. (2021-05-24)[2022-12-29]. https://arxiv.org/abs/2105.11210.

[3] 刘忠宝, 王宁飞, 张志剑. 基于深度学习模型的摘要结构功能识别方法研究[J]. 情报科学, 2021, 39(3): 107-112.

[4] Hong T, Kim D, Ji M, et al. BROS: a pre-trained language model focusing on text and layout for better key information extraction from documents[EB/OL]. (2021-08-10)[2022-12-29]. https://arxiv.org/abs/2108.04539.

[5] Liu Z B, Zhao W J. Comparative research on structure function recognition based on deep learning[J]. Library Hi Tech, 2024, 42(3): 975-990.

[6] 王倩, 曾金, 刘家伟, 等. 基于深度学习的学术文本段落结构功能识别研究[J]. 情报科学, 2020, 38(3): 64-69.

[7] 陆伟, 李鹏程, 张国标, 等. 学术文本词汇功能识别: 基于 BERT 向量化表示的关键词自动分类研究[J]. 情报学报, 2020, 39(12): 1320-1329.

[8] Liu Y, Lapata M. Hierarchical transformers for multi-document summarization[EB/OL]. (2019-05-30)[2022-12-29]. https://arxiv.org/abs/1905.13164.

[9] Ernst O, Caciularu A, Shapira O, et al. Proposition-level clustering for multi-document summarization[EB/OL]. (2021-12-16)[2022-12-29]. https://arxiv.org/abs/2112.08570.

[10] 黄萃. 政策文献量化研究[M]. 北京: 科学出版社, 2016.

[11] Grimmer J, Stewart B M. Text as data: the promise and pitfalls of automatic content analysis methods for political texts[J]. Political Analysis, 2013, 21(3): 267-297.

[12] 黄璜, 黄竹修. 大数据与公共政策研究: 概念、关系与视角[J]. 中国行政管理, 2015, (10): 25-30.

习、认知计算解析大规模政策文本的篇章语义结构①，挖掘政策主题和揭示政策问题，反映政策过程的核心内涵②，进而集成 LDA 主题模型、BiLSTM 和注意力机制，能够有效支撑以政策文本分析为基础的应用推广，如提升政策分类的效果和准确度等③。

2. 基于文本深度学习的政策推理研究

政策文本研究的最终目的是在解析内容语义内涵、结构功能及要素逻辑关系的基础上，揭示政策运行机理及其与社会发展的有机联系，从而为更加精准地制定和执行政策提供支撑。

当前研究已越来越多地运用数据挖掘、深度学习、人工智能等多种技术手段④，快速、高效、智能地理解政策，对结果进行比对、拟合、推理和分析⑤，揭示社会发展和政府政策的有机关系。如对政策文本内容进行时序建模，以更加精准地把握文本背后的内涵，增强其语义表达性和政策解释性，为政策决策提供依据⑥。综合考虑政策文本中的时间、空间、主体和要素，利用词性标注、命名实体识别和句法依存分析，借助深度学习神经网络模型[CNN、LSTM、GNN（图神经网络，graph neural network）]，揭示政策属性和结构间的差异，推测政策的突发性效应⑦，为主管部门制定政策提供参考⑧。同时，研究者也注意到领域性政策法规具有层级性和垂直性等特征，其用语规范和构成的规律性较强，基于词向量⑨、句法分析的深度神经网络规则推理，有助于政策法规的智能审核⑩，揭示民众诉求与政

---

① 张维冲, 王芳, 赵洪, 等. 基于政府公文结构解析的科技政策主题抽取与分析[J]. 科学学研究, 2020, 38(7): 1185-1196.

② 胡吉明, 钱玮, 李雨薇, 等. 基于 LDA2Vec 的政策文本主题挖掘与结构化解析框架研究[J]. 情报科学, 2021, 39(10): 11-17.

③ 胡吉明, 付文麟, 钱玮, 等. 融合主题模型和注意力机制的政策文本分类模型[J]. 情报理论与实践, 2021, 44(7): 159-165.

④ 胡键. 大数据技术与公共管理范式的转型[J]. 行政论坛, 2018, 25(4): 49-55.

⑤ 赵洪, 王芳, 王晓宇, 等. 基于大规模政府公文智能处理的知识发现及应用研究[J]. 情报学报, 2018, 37(8): 805-812.

⑥ 杨亚楠, 赵文辉, 张健, 等. 基于多视图协同的政策文本可视化研究[J]. 数据分析与知识发现, 2019, 3(6): 30-41.

⑦ 邱尔丽, 何鸿魏, 易成岐, 等. 基于字符级 CNN 技术的公共政策网民支持度研究[J]. 数据分析与知识发现, 2020, 4(7): 28-37.

⑧ 张宝建, 李鹏利, 陈劲, 等. 国家科技创新政策的主题分析与演化过程：基于文本挖掘的视角[J]. 科学学与科学技术管理, 2019, 40(11): 15-31.

⑨ Rodman E. A timely intervention: tracking the changing meanings of political concepts with word vectors[J]. Political Analysis, 2020, 28(1): 87-111.

⑩ 衡宇峰, 李俊, 彭望龙, 等. 基于语义分析的政策法规智能审核研究与实现[J]. 通信技术, 2020, 53(4): 937-942.

府政策的相互作用机理，进而帮助政府部门有效应对公共危机事件①。

更进一步，政策间往往因领域、行业而形成复杂的网络体系，政策词语的句法依存、语篇分析将有助于构建政策血缘网络②，评估及发现其中的显性政策要点及脆性点，有效解决政策的碎片化、脆性问题③；进而融合词嵌入模型挖掘政策文本的深层次语义关联特征④，实现大规模、碎片化的政策知识关联与聚合⑤，有助于实现政策间关联关系的发现与推理，提高政策制定的系统性和科学性。

1.1.4 政策文本挖掘研究的发展趋势

综上所述，国内外学者已经充分认识到政策文本研究的价值，并开展了大量研究，成果主要集中在政策文本量化、政策文本计算、政策文本语义挖掘方面，针对政策文本结构功能理解和推理的研究也逐渐兴起。

首先，在理论层面，学者一致认为政策文本研究有助于从宏观层面揭示政策演进规律、明确政策影响范围和把握政策发展趋势。但是定性的、思辨形式的文本解读无法满足政策分析理性和科学的诉求，对政策文本的研究逐渐从描述性推论转变为可重现和可验证的科学性推论，将情报学、计算机科学等学科的理论和方法进行迁移，对政策过程进行揭示、解析和问题探索。

其次，在方法论层面，政策文本研究经历了量化研究、计算研究、语义挖掘研究以及结构功能研究，从对属性特征的统计和计量分析，到基于语词、语句甚至段落内容的计算，进而试图尝试进行政策文本的结构化解析和功能理解。

再次，在技术层面，将大数据挖掘、人工智能、深度学习、认知计算等前沿技术应用到政策文本研究中，开展政策文本内容知识和文本间知识的关联与推理研究，深层次把握政策所关联的社会经济背景信息和因果逻辑，实现政策数据的复杂计算和政策规律的深层揭示。

最后，政策文本研究作为政策科学的重要内容，最终关注的是理解和改善社会发展，因此在应用层面，学者对政策文本的研究最终回溯到政策本源，对其所反映的分布特征、工具、目标、绩效、合作、分配、演化等进行解析，寻找其中

---

①杨建梁, 刘越男, 祁天娇, 等. 重大公共卫生事件中民众诉求的主题挖掘与演变透视[J]. 图书馆论坛, 2021, 41(4): 121-131.

②刘刚, 傅玮萍, 马莺歌. 基于语义的政策血缘网络演化机理研究[J]. 中文信息学报, 2018, 32(5): 114-127.

③刘刚, 李涛, 路彩霞, 等. 政策血缘关系网络构建与传播演化机理研究[J]. 计算机应用研究, 2019, 36(3): 742-747.

④武楷彪, 郎宇翔, 董瑜. 融合句法结构和词义信息的政策文本关联挖掘方法研究[J]. 数据分析与知识发现, 2022, 6(5): 20-33.

⑤张维冲, 王芳, 黄毅. 基于图数据库的贵州省大数据政策知识建模研究[J]. 数字图书馆论坛, 2020, (4): 30-38.

的作用机理，达到支撑政策科学制定、规避决策可能风险的目的。

当前已有研究更多地集中于对政策文本内容单元层面的挖掘，后续首先应加强深度语义层面的内容结构和功能逻辑研究，提升政策的语义揭示与理解程度，挖掘其中的逻辑链条，有效支撑政策功能的智能理解。其次，在方法和技术层面，构建针对政策文本结构功能的大规模语料库，有效迁移和应用文本挖掘的技术与方法，加大政策文本的结构功能研究，特别是在此基础上的政策机理推理研究。最后，综合考虑政策文本的场景需求和领域信息，加强对政策文本中普遍存在的长距离依赖功能逻辑识别的研究，以及它们之间的逻辑证据链构建研究，进一步提升政策文本研究对政府治理能力的支撑作用。

1.2 政策文本深度挖掘与应用研究方案

本书借助深度学习和机器阅读理解等技术，探索面向政务服务精准化的政策文本深度挖掘与应用实现策略。

1.2.1 政策文本深度挖掘与应用研究架构

本书首先梳理政策文本研究的发展脉络，总结与归纳当前技术推动下的政策文本深度挖掘与应用研究框架（图1-1）；其次建构政策文本挖掘与应用研究的整

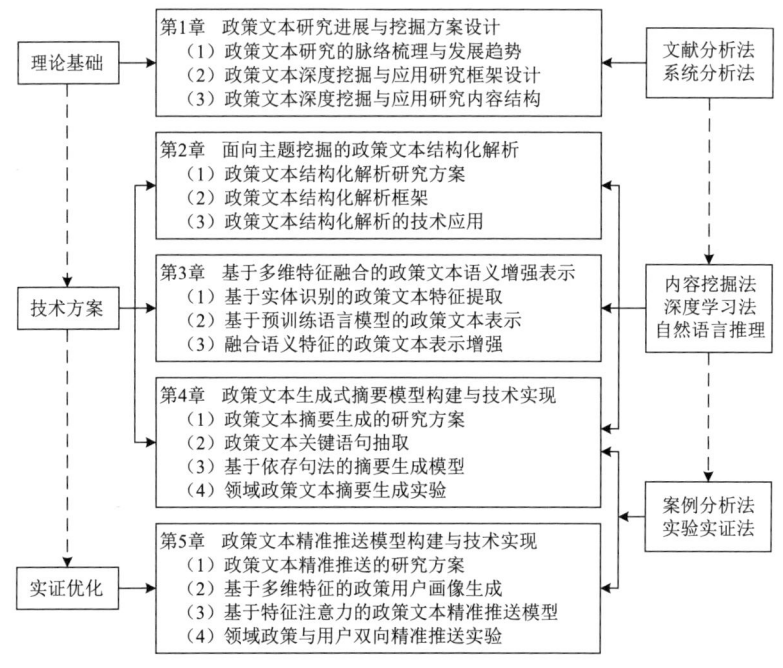

图 1-1 研究内容设计

体思路,明确研究开展所需要的理论基础、技术方案和实证优化策略。主要内容包括:分析政务服务智能化与精准化的发展现状和现实需求,明确政策文本研究在政务服务精准化中的作用与价值;从内容挖掘的角度总结与提炼政策文本研究的主题和方向,把握政策文本研究趋势与推动创新;从多学科、多领域集成化和融合性的角度,探索基于大数据和人工智能等技术的政策文本挖掘思路;把握政策内容挖掘与价值作用发挥的主线,确立政策结构化呈现、摘要生成以及精准推送的应用架构。

1.2.2 政策文本深度挖掘与应用研究内容

本书内容的组织立足于政务服务智慧化和精准化的现实需求,以及政策文本内容挖掘中的理论与技术挑战,即从主题挖掘的角度探索政策文本结构及其解析问题,形成多维特征融合的政策文本结构化呈现策略;研究集成政策实体的政策文本特征提取方法,基于预训练语言模型实现政策文本语义的增强表示;基于依存句法结构抽取政策文本关键语句,融合序列到序列(sequence to sequence,Seq2Seq)模型和图卷积网络(graph convolutional network,GCN)等深度学习模型进行政策文本摘要生成模型构建;在政策用户画像的基础上,实现基于特征聚类的推送关系标注,基于深度神经网络构建政策精准推送模型;最后,面向领域政策进行案例数据的实验实证。

1. 面向主题挖掘的政策文本结构化解析

政策文本的结构化呈现有助于直观展现其形式化特征和主题性特征,把握政策制定的特点和侧重点,进而直观反映政策的核心内涵。本书基于上下文的政策文本主题识别,融合多维外部属性构建政策文本结构化解析的描述框架。主要内容包括:设计基于主题挖掘的政策文本结构化解析方案,明确方案中的技术实现策略;利用 LDA2Vec 实现政策文本主题生成,基于文本-主题距离计算实现两者间的关联分配,最大限度地保留政策文本语义内涵;梳理政策文本的通用要素特征,借助位置和语法规律提取外部属性,融合主题特征实现政策文本的结构化呈现。

2. 基于多维特征融合的政策文本语义增强表示

深层次、多维度的政策文本语义表示是准确挖掘政策主旨内涵和后续价值发挥的重要基础。针对政策文本存在篇幅长、内容丰富、冗余信息多且核心信息分散等特点,以及现有深度学习模型存在梯度消失和梯度爆炸及输入序列长度有限等问题,本书充分融合政策文本的多维特征,实现其语义的增强表示。主要内容包括:对政策背景、主客体、目标、工具等要素实体进行识别和标注;融合上述结构主题特征，基于鲁棒优化 BERT 的方法（robustly optimized BERT approach，RoBERTa）动态调整政策文本上下文变化对语义内涵的影响，并采用句子嵌入的简单对比学习模型（simple contrastive learning of sentence embeddings，SimCSE）实现无监督地微调学习和训练词语与句子特征，获得更加准确和丰富的政策文本句子向量，理解政策文本所蕴含的丰富语义内涵；通过集成多种预训练语言模型的大规模语料训练和学习，实现政策文本语义的增强表示，提高政策文本的向量化表示效果。

3. 政策文本生成式摘要模型构建与技术实现

在面向领域场景开展推荐、问答、解读等智慧服务的需求推动下，政策文本摘要生成能够汇总并凝练其核心内容，缓解政策文本信息过载问题，提高政策文本检索、阅读理解和利用效率。基于此，本书探索政策文本摘要生成与优化的理论模型与技术实现策略，主要内容包括：基于依存句法改进句向量进而实现政策文本关键语句抽取和组合，提取重要信息并去除冗余信息和精简政策文本内容；将得到的政策文本依存句法树和关键词句子进行基于 Seq2Seq 的摘要生成模型学习与训练，融合指针生成网络（pointer generator network，PGN）进一步解决摘要重复和冗余等问题，在保证摘要生成效果的基础上提高摘要的可读性和连贯性；基于 SimCSE 模型对比学习候选摘要，解决模型训练的目标函数与评价指标不一致的问题，从而筛选出最佳摘要；最后，本书以国务院政策文本为实验样本，进行政策文本摘要生成的实证研究，实现多个领域政策的摘要呈现。

4. 政策文本精准推送模型构建与技术实现

智慧政务建设需要政府对服务精准定位，要求探索政策内容与用户双向精准匹配和推送的理论模型和技术路径。本书在前期开展政务服务精准化的研究中，积累了大规模用户数据和政策文本语料，以此持续开展以下研究：融合用户的自然属性、社会属性和政策相关属性，生成用户画像指标体系，基于属性三元组进行用户画像建模并生成向量；基于用户特征聚类，建立政策文本与政策用户间的推送关系，并进行标签标注，保证推送关系标注的准确性并降低工作量；针对用户需求的特殊性和政策文本内容的重点侧重，将注意力机制与深度神经网络结合，构建基于特征注意力深度学习的政策文本精准推送模型；最后，本书以助残服务政策（简称助残政策）文本为实验样本，进行助残用户画像呈现及政策精准推送实证研究，实现助残政策与用户的双向精准推送。

1.3 政策文本深度挖掘与应用研究的价值

本人及团队成员近年来持续致力于政策文本挖掘与利用的相关研究，在政策文本计算与语义挖掘、政务精准服务方面产出了一系列研究成果。本书以政策内容挖掘与价值作用发挥的研究脉络为主线，从政策文本结构化解析、自动摘要生成以及政策文本精准推送三个层面，系统研究了其中的理论基础、技术方案和实证优化策略。

1. 学术上拓展政策文本挖掘研究的理论方法体系

为了更好地挖掘政策文本的内涵和价值，揭示大规模政策文本中所隐含的核心主旨，本书在深度学习、自然语言理解等技术的支撑下，探索政策文本摘要生成和精准推送的体系化框架，创新从"政策文本信息处理"到"政策主旨内涵把握"的技术方案，进而拓展政策文本挖掘与理解研究的深度和范畴，创新政策文本研究的理论与方法体系。

2. 应用上提升政策文本深度挖掘理解及利用效率

传统研究限制了政策文本的深度理解水平，无法有效指导政策决策体系的优化。本书将重点探索政策文本表示的质量提升、生成式政策文本摘要和政策-用户双向精准推送的技术实现策略，构建深度学习神经网络模型，解决政策文本内容所造成的技术缺陷，实现基于摘要生成的政策主旨内涵挖掘和基于双向推送的政务精准服务，以期有效提升政策的利用效率和效果。

第 2 章　面向主题挖掘的政策文本结构化解析

政策文本的结构化解析是指通过文本内涵主题挖掘和外部特征提取，构建结构化的语义框架，以直观清晰地展示政策文本的内容主题与结构特征。政策文本的结构化解析有助于快速和准确地理解政策文本内容，揭示政策文本背后隐含的主题特征，反映特定领域政策的规律性特点，支撑政策制定者了解当前领域现状，为后续政策的制定做参考，进而推动政策的执行效果发挥，以及助力政府服务的精准化。因此，本章从结构化的角度为政策文本分析与内涵挖掘提供一个全新的视角，拓展政府信息资源研究理论范畴，丰富政策文本研究的方法体系。

2.1　跨学科支撑下的政策文本结构化分析

政策文本分析是传统政策科学在量化研究成为主流方向，再结合语言学等学科方法，衍化出的一个重要的社会科学研究方向。政策文本具有丰富的语义内涵和关联化关系的特征，是政策生命周期的核心要件；在跨学科的大环境下，政策文本研究产生了更高的准确度和科学性要求，政策文本的结构化解析是结合多领域研究方法而产生的一种全新的政策文本分析方式。对政策文本进行结构化解析，也就是将非结构化的政策文本规范为机器可读的结构化数据，有利于批量化的政策文本数据处理，从而进一步把握政策文本的外部特征与内容特征，指导政策的后续制定，并为政策文本的快速解读和后续利用奠定基础。

2.1.1　政策文本结构化分析的跨学科动因

随着政策文本分析研究的深入，跨学科方法与技术的引入开启了政策文本研究与分析的新视角。政策文本结构化解析以政策文本分析量化为基础，进行政策解读、政策文本描述以及政策文本分类等，并在新技术的支撑下，聚焦于政策的快读解读与利用问题。

1. 重内容理解的政策解读方案

政策文本是在特定背景下，政治主体为了解决特定的公共管理现象或问题而制定的具有一定格式条件的文字材料，是政策决策过程中记录下来的证据资料，同时也是政策分析的真实凭证①。政治行为主体通过政治语言达成政治目标，公众也通过发布的政治语言和政策文本来认识与了解政治活动②。而政策文献本身并非浅显易懂，因此对政策的解读也就是对政治语言和政策文本的解读，其效用已经超过文本与语言本身而上升到更高的社会功能层次。政策解读是政策文本研究的最终目的，同样也是保证政策得到有效执行的重要环节。

20世纪末21世纪初，俄罗斯政治语言学家通过分析政治口号、政治纲领、发言辩论稿等产出了一系列研究成果，他们探讨这些政治语料背后隐藏的政治行为主体特点，以及隐含在背后的政治交流战术、战略与手段，从而建立起系统的概念体系③。中国自20世纪初以来，随着时代的变迁以及白话文的回归，在社会语言、学术语言以及政治语言的语言体系与表达范式上都发生了巨大变化，呈现出口语化与口号化的特征。但中国政治语言的基本构成与隐含要素依然是不变的，基本构成要素包括词语、关键词、义素，语句、语句结构，语段、主题字段，文本，语境④。这些基本的构成要素也为政策的解读与分析奠定了一定的基础，是现在政策文本分析中语义解释、语用解释、语境解释和规范性评价与展望的起点要素。基于这些不同的要素维度，对不同时期的政策文本进行解读有助于政策接收者、实施者更好地理解政策文本所反映出的内在特征。

区别于侧重量化方向的政策分析，传统的政策解读更多的是从定性角度对政策文献背后的政策过程、政策工具等要素进行分析。从语言学角度，围绕关键词或重点语段，结合其背景解析其历史源头、语义变化，来揭示政治现象背后的本质；从话语角度，通过考察政治话语所处的语境，分析政策文本背后的政治意图。其过程涉及政策话语分析、政治语言学等学科知识与方法，具有很强的综合性。此外，由于政策解读角度往往从个人效用出发，是相关主体对某项公共政策的认知或者理解，因此政策解读作为人的一种有意识的行为，其差异性⑤与生俱来，解读的效果还与研究者本身的学识水平紧密相关，具有很强的主观性和领域特性⑥。而随着学科的发展与方法的迭代，政策解读也在努力摆脱主观性这一短板。

政策文本的量化研究与分析可以在一定程度上弥补传统政策文本解读的缺陷，通过引入数学、统计学和运筹学等学科方法，对政策文本外在结构和内在内容进行大样本化、结构化或半结构化的规律化提炼，能够帮助政策研究者、政策

---

① 刘伟. 政治学学术规范与方法论研究[M]. 南京: 南京大学出版社, 2017: 298.

② 黄萃. 政策文献量化研究[M]. 北京: 科学出版社, 2016: 42.

③ 卢婷婷. 政治语言学: 理论与方法[M]. 上海: 上海人民出版社, 2018: 241.

④ 黄萃. 政策文献量化研究[M]. 北京: 科学出版社, 2016: 43-44.

⑤ 赵春雷. 论公共政策解读中的冲突与整合[J]. 南京工业大学学报(社会科学版), 2011, 10(3): 36-41, 59.

⑥ 于晶, 杨晨. 政策解读的传播模式与传播效果评估研究[J]. 天津社会科学, 2015, (5): 71-75.

制定者以及政策接收者获得更为客观、可重现、可验证的结果①，从而从宏观层面上更加清楚地了解政策的演进规律、把握政策实际影响效度、预测未来政策发展趋势。因此，量化方向的政策解读与分析已成为政策文本分析兴起的新方向。

2. 政策文本描述解析框架发展

政策文本描述是根据不同研究目的，结合特定学科理论构建的具有领域特色的政策描述或解析框架；是按照一定的研究路径并采用特定方法对政策文本所隐含的政策工具、政策目标、作用对象等要素进行验证和解读，既能体现政策文本的外在形式化特点，也能体现不同领域政策文本内容要素的特殊性。本章将政策文本描述框架划分为以下类型。

（1）通用化基本描述框架。通用化的描述框架一般是针对某一类政策文献，选择从政策主体、政策内容或政策工具等通用维度②出发，结合量化处理方法将特定领域的政策文本构成，转化为描述性的解析框架以辅助政策解读。但通用化的框架维度只是政策文本描述与解析的基础，通常会结合特定专业领域的学科理论细化框架结构与细节要素。例如：产业政策常会采用产业生命周期理论构建产业政策描述框架③；财政补贴政策通过对财政补贴政策的分类，扩充框架描述要素④；创新政策结合创新链理论扩充其基础描述框架⑤。在扩充和完善的框架基础上，结合发文时间等外在结构特征增加时空序列上的变化，帮助政策研究者发现政策随时空变化而呈现的特征。

（2）基于政策工具的框架。政策可以被认为是由一系列合理组合搭配的政策工具等基本单元构成的，政策工具在一定程度上反映了决策者的公共政策价值观，体现了政策文本的内容特征。因此，诸多学者将政策工具理论作为政策描述的基础，并在此基础上结合多学科理论构建二维分析框架，以此对特定政策文本内容中隐含的政策工具进行结构化描述，为后续政策工具组合的合理性与科学性提供可验证的路径。典型研究如：将政策工具作为 x 维度、产业价值链（研发、投资、生产、消费）作为 y 维度⑥的风电产业政策描述框架；将政策工具作为 x 维度、产

---

① 黄萃. 政策文献量化研究[M]. 北京：科学出版社，2016: 45-46.
② 敖雪妮. 基于内容分析法的网络信息安全管理政策研究[D]. 成都：电子科技大学，2015: 7-8.
③ 蒋园园，杨秀云. 我国文化创意产业政策与产业生命周期演化的匹配性研究：基于内容分析的方法[J]. 当代经济科学，2018, 40(1): 94-105, 127.
④ 施玲琳. 中国高新技术产业政策文本中财政补贴政策工具量化研究[D]. 杭州：浙江大学，2012: 23-25.
⑤ 田进，谢长青. 中国农业科技创新政策文本：基于政策工具：科技创新链的二维分析框架[J]. 科学管理研究，2018, 36(3): 75-79.
⑥ 黄萃，赵培强，苏竣. 基于政策工具视角的我国少数民族双语教育政策文本量化研究[J]. 清华大学教育研究，2015, 36(5): 88-95.

业活动类型（研发、投资、生产、消费）作为 y 维度①的光伏产业政策描述框架；将政策工具作为 x 维度、教育发展要素（态度立场、师资水平、教材图书、教学规范、研究反思、技术手段、其他方面）作为 y 维度②的少数民族双语教育政策描述框架。

（3）结合计算语言学的框架。计算语言学是研究如何让计算机理解人类自然语言的学科，常见的自然语言处理、主题模型、语义网络、神经网络等方法都属于该学科范畴。随着计算语言学的应用日益广泛，其逐渐延伸至政策文本研究领域。计算语言学的应用程度与政策文本分析的成熟度息息相关，其技术特性与机器效率能够帮助快速识别与抽取政策文本内容的多维度特征，为后续的内容分析提供坚实的数据基础，并能够大大提高大样本政策研究的效率。利用计算语言学方法构建解析框架时，通常从政策文本的外部属性和内容属性两个维度③来构建政策的"时间-空间-主体-要素-主题"分析框架。外部属性方面，政策发文时间反映政策体系整体时间演进特征，以及地方对中央政策的响应速度；政策发文地域反映政策空间分布特征；政策发文主体反映责任部门以及府际间的合作情况。内容属性方面，关键词反映政策关注点；主题词体现政策文本聚焦的主题④。

（4）其他解析框架提取策略。第一，通过知识本体构建框架。学者在分析传统学术文献结构基本要素的基础上，继续深入文献内容，通过构建一种面向文献知识表示的知识元本体模型，即将文献内容中句义完整的细粒度知识点表示成具有统一结构的知识元⑤。他们将文献的特征统一划分为外部特征和内容特征，外部特征一般包括符号标识、书名、作者、机构名、文献分类等，内容特征包括主题词、分类号等⑥。知识元本体结构⑦通常被表示成如 $K=(C,P,M,R)$ 的四元组形式，通过概念的属性集 P 及方法集 M 描述文献知识元的概念 C 的特性，通过概念之间的语义关系集 R 描述知识元的内部体系结构及知识元之间的网络化结构，为知识元语义链接的构建提供保障。

第二，通过政策谱系构建框架。政策谱系是从政策血缘的角度构建政策描述

---

① 赵丽莉. 政策工具视角的中国光伏产业政策文本内容分析[D]. 杭州：浙江大学，2011: 29-35.

② 黄萃，赵培强，苏竣. 基于政策工具视角的我国少数民族双语教育政策文本量化研究[J]. 清华大学教育研究，2015, 36(5): 88-95.

③ 魏宇，余青. 基于语义分析的政策差异量化研究：以近三十年旅游交通政策为例[J]. 情报杂志，2019, 38(3): 194-202.

④ 黄迪，查梦娟. 基于政策文本的我国学术信息资源安全政府治理分析[J]. 情报科学，2019, 37(5): 3-6, 37.

⑤ 冯佳，张云秋. 基于本体的研究主题语义分析方法研究[J]. 图书情报工作，2018, 62(7): 96-103.

⑥ 杨智娟. 科技文献知识表示的知识元本体方法研究[D]. 西安：西安电子科技大学，2018: 21-33.

⑦ 秦春秀，杨智娟，赵捧未，等. 面向科技文献知识表示的知识元本体模型[J]. 图书情报工作，2018, 62(3): 94-103.

模型，是近几年政策分析领域兴起的新方法[1]。该领域的学者认为政策之间存在类似血缘关系的脉络网络，通过关键节点（即关键政策）彼此连接。研究者将行业政策集抽象形式化为一棵以行业基本法为根节点的政策谱系树，以不同的基本法为根节点，行业政策谱系树则共同组成了政策森林。这种寻求血缘网络的方法类似于社会网络分析法中的共被引关系，政策谱系树网络则能依据网络中节点的介数值，更好地评估及发现政策血缘关系中的显性政策要点。也有研究者通过研究政策血缘网络的传播与演化机制[2]，进一步厘清政策文本之间的演进规律，解决政策间隐性血缘关系度量与政策传播碎片化的问题。

第三，通过形式概念分析法构建框架。形式概念分析法作为数据挖掘的方法之一，在信息检索[3]、知识发现[4]、数字图书馆[5]领域得到了广泛应用，是一种解释文本概念与内涵的有效方法[6]，并能够简洁地体现概念之间特殊化或泛化的层级关系。王超等[3]将形式概念分析法引入创新政策的结构化描述中，构建政策条目-政策分析类目的二维形式背景表。该框架结构表将具体的政策条目作为概念外延（对象集合），将政策分析类目作为概念内涵（属性集合），属性集合包含创新环节类目、政策作用对象类目以及政策工具类目（具体属性项为：基础研究、应用研究、转移转化、商品化、产业化、政府、科研机构、企业、供给型、需求型、环境型）。基于此形式背景表引出对应的概念格，利用哈斯图（Hasse diagram）进行可视化展示，展现创新政策文本内涵的聚类与层次化结构，以此揭示特定领域的政策文本从宏观到微观的政策结构。

3. 政策文本分类与特征描述

政策作为政策文本分析的对象，国内外对其本质的探索主要有两种观点。一是认为政策与社会的价值取向密切相关，即政策能否定一些人的权利，而使另外

---

[1] 吕瑞花, 常欢. 基于文献计量的科学家学术谱系学术影响力的研究[J]. 情报理论与实践, 2017, 40(1): 76-78, 58.

[2] 刘刚, 傅玮萍, 马莺歌. 基于语义的政策血缘网络演化机理研究[J]. 中文信息学报, 2018, 32(5): 114-127.

[3] 王超, 许海云, 董坤, 等. 基于形式概念分析的创新政策内容结构研究方法[J]. 中国科技论坛, 2017, (12): 41-52.

[4] 王燕, 王国胤, 邓维斌. 基于概念格的数据驱动不确定知识获取[J]. 模式识别与人工智能, 2007, 20(5): 636-642.

[5] 滕广青, 毕强. 基于概念格的数字图书馆用户用法细分：数字图书馆用户使用方法的关联规则挖掘[J]. 现代图书情报技术, 2010, (3): 8-12.

[6] 支凤稳, 刘小曼, 冀静晓, 等. 基于概念格的档案文化创意产品用户需求分析[J]. 档案学研究, 2021, (1): 121-125, 57.

的人得到它,它包含了一系列价值分配的决定和行动[1],它贯穿于政策决策过程,其本质是政府选择作为或者不作为[2],因此体现了社会价值的权威分配[3]。二是主张政策价值中立论,即在假设社会价值得到广泛认同的前提下,政策发布的动因是社会目标而非个人利益,作为社会广泛认同的规范,政策使权利和价值方面的冲突不再存在[4]。从政策的本质角度出发,可以发现政策文本背后其实隐含着巨大的政治、经济、文化价值,体现了特定时期社会价值和利益集团的分配与重组,反映了当时社会重点关注的问题、亟须解决的问题,以及国家公权力对这些问题所呈现出的态度。

学界普遍认为政策是一种行为准则,而权力机构制定政策旨在解决一定时期内的某种社会问题或实现某种目标。因此,所有的政策几乎都包括三个基本结构要素,即政策主体——政策的制定者和执行者(政治性组织)、政策客体——政策所指向者及作用对象(某种社会问题或涉及的成员)、政策规定性——政策目标和政策约束性[5]。这些基本结构要素构成了政策的整体框架并内化于政策文本内容当中。政策文本作为政策存在的物理载体包括一切能反映政策制定、政策过程、政策意图的文字材料,广义上的政策文本甚至包括政体、政治家和其他政策参与主体发布的讲话、研究报告、议会辩论以及法律、法案和法定文书等[6]。

《党政机关公文处理工作条例》[7]将政策划分为了 15 种公文种类并规定了其主要功能,包括通知、公告、公报、通告、通报、决议、决定、命令(令)、意见、请示、批复、议案、报告、函、纪要。不同公文种类所承担的功能不同,在实际工作中有所区分,但不同政策文体间在结构与内容上存在一定的共性,因此有学者在《党政机关公文处理工作条例》规定的基础上,根据政策文体的职能特点提取共同点,将政策文本划分为:政治文件、管理文件和信息文件[8][9]。

---

[1] Easton D. The Political System: An Inquiry into the State of Political Science[M]. New York: Alfred A. Knopf, 1953: 29-130.

[2] Dye T R. Understanding Public Policy[M]. 2nd ed. Englewood Cliffs: Prentice Hall, 1975: 8-12.

[3] Prunty J J. Signposts for a critical educational policy analysis[J]. Australian Journal of Education, 1985, 29(2): 133-140.

[4] Hogwood B W, Gunn L A. Policy Analysis for the Real World[M]. Oxford: Oxford University Press, 1985: 9-13.

[5] 莫旭麟, 韦剑峰. 论政策的起源和本质[J]. 社会科学家, 1990, (2): 41-45.

[6] 黄萃, 任弢, 张剑. 政策文献量化研究: 公共政策研究的新方向[J]. 公共管理学报, 2015, 12(2): 129-137, 158-159.

[7] 中共中央办公厅, 国务院办公厅. 党政机关公文处理工作条例[EB/OL]. (2013-02-22)[2025-03-14]. http://www.gov.cn/zhengce/2013-02/22/content_2640088.htm.

[8] 谢岳. 文件制度: 政治沟通的过程与功能[J]. 上海交通大学学报(哲学社会科学版), 2007, (6): 15-23.

[9] 施从美. "文件政治": 当下中国乡村治理研究的新视角[J]. 江苏社会科学, 2008, (1): 96-102.

从格式的角度来说，依据《党政机关公文格式》①（GB/T 9704—2012）对政策文本的版式与格式做出的要求，政策文本都具备基本框架与规范。根据文本在纸张上所处的位置，政策文本主要分为三个大部分，即版头、主体以及版记。版头部分是一篇政策文献最显眼的眉头，即常见的红头标题所处的位置，这部分包含发文机关标志、发文字号、分隔线3个基本要素，以及密级（保密期限）、份号、紧急程度、签发人4个非基本要素。主体部分是整篇政策文本的重点，一般包含标题，主送机关，正文，附件说明，发文机关署名、成文日期和印章，附注以及附件7个要素。版记处在政策文本尾部，包含抄送机关、印发机关和印发时间、版记中的分隔线3个基本要素。《国家行政机关公文处理办法》②（已被废止）规定"公文应当标注主题词"，因此有些政策文本在版记部分还会有主题词这一要素用于帮助表达文本关键内容和便于计算机存储与检索。

由于政策文本是从具体问题出发而形成的文字材料，因此除了在外部结构部分依据不同种类呈现出特征上的差异性，在内容层面由于所关注问题、解决问题的不同，正文主题会呈现出特定的领域特征。随着国家实力的提升和人民美好生活意愿的增强，政策文本涉及工业、农业、经济、文化、互联网、政府工作等多领域，内容主题特点日益复杂多变。但尽管政策文本类型多样，其目的都是传达与贯彻党和国家方针政策，公布法规和规章，指导、布置和商洽工作，请示和答复问题，报告、通报和交流情况，因此在形式和内容上都能反映出一定价值内涵。而作为国家的重要文献工具，在形式与内容上都有规范的共性要素，因此具备被深入挖掘的潜力。

4. 政策文本的量化分析策略

政策文本量化分析是政策文本分析结合了计量学、运筹学、情报学的基本理论与方法而形成的政策文本挖掘研究的新兴方向，与信息科学、情报学有着密切的联系。政策文本量化研究通过计量学方法、可视化手段展现政策的演化态势，能够清晰地揭示政策文本的内涵、主题和发展路线。

（1）政策文本量化分析的一般范式。传统的政策文本分析是通过分析政策文本的表述方式、谋篇布局以及修辞情感，探测政策文本所隐含的政治立场、主题内容，并基于此进行深度解读和政策变迁的预测与评估③。但纯思辨型的传统分

---

① 中共中央办公厅, 国务院办公厅. 党政机关公文格式[EB/OL]. (2024-08-28)[2025-03-14]. https://www.uwh.edu.cn/uploads/article/20240828/69f2de9d846c53960e27149566288920.pdf.

② 国务院. 国家行政机关公文处理办法[EB/OL]. (2000-08-24)[2025-03-14]. https://www.gov.cn/gongbao/content/2000/content_60454.htm.

③ 魏立华, 梁秋燕. 公共政策文本的话语分析及城市规划话语建构的"后现代性"转向: 以《中共中央国务院关于进一步加强城市规划建设管理工作的若干意见》为例[J]. 南方建筑, 2017, (5): 82-87.

析模型无法满足现学术界要求的客观性和科学性,因此量化的手段与方法开始引入并得到迅速发展。

政策文本量化的分析从政策文本的外部特征和内容特征出发验证其中存在某种规律,并通过规律总结揭示其背后的政治现象,预测未来的政策走势。大批量的文本、客观的方法、可验证的数据从数量的角度进行宏观计量[1],有效解决了以往模糊性和经验主义的政策文本分析所产生的问题。政策文本量化分析演化至今已形成以下研究范式[2]。

第一,基于数理统计的内容分析类。这类研究的一般路线通常是先在一定基础学科理论基础上提炼出宏观的上层分析框架[3],再根据上层框架制定细分量化的具体标准与内容。数据采集和验证方法大多采用文本编码以及专家打分验证的方式[4],最后基于统计学的有关方法从不同的维度来测度政策文本内涵单元并总结规律。

第二,结合文献计量学而改进的新研究范式。结合文献计量以及政策文本分析基础学科理论提出的"政策计量学"(policiometrics)是其典型代表[5],这类研究通常采用定量分析方法来集合政策文本外部结构和内容特征,通过词共现[6]、发文主体和年份计量[7]、文本参照分析[8]、知识扩散[9]等方法来验证政策类型、检验政策效力的影响效度、分辨政策主题分类以及揭示政策时空衍化规律。

---

[1] 马海群,张斌. 我国安全情报类法律法规政策扩散分析[J]. 情报杂志, 2019, 38(7): 28-34.

[2] 杨慧,杨建林. 融合 LDA 模型的政策文本量化分析:基于国际气候领域的实证[J]. 现代情报, 2016, 36(5): 71-81.

[3] 徐德英. 政策供需偏移测评模型构建及实证:基于广度与深度扩展的政策量化研究[J]. 科研管理, 2020, 41(4): 64-74.

[4] 傅王倩,陆莎,冯超. 我国残疾人事业五年规划中教育政策的话语演变:基于 N-vivo 的文本分析[J]. 当代教育论坛, 2017, (4): 1-10.

[5] 李江,刘源浩,黄萃,等. 用文献计量研究重塑政策文本数据分析:政策文献计量的起源、迁移与方法创新[J]. 公共管理学报, 2015, 12(2): 138-144, 159.

[6] 章小童,李月琳. 人工智能政策与规划的主题结构:基于主题词共现网络分析[J]. 情报资料工作, 2019, 40(4): 44-55.

[7] 郑烨,任牡丹,Fountain J E. 基于文献计量的中外人工智能政策研究现状及启示[J]. 情报杂志, 2021, 40(1): 48-55.

[8] 马续补,张潇宇,秦春秀,等. 我国公共信息资源开放政策扩散特征的量化研究:以三大经济圈为例[J]. 信息资源管理学报, 2020, 10(4): 15-26.

[9] 裴雷,张奇萍,李向举,等. 中国信息化政策扩散中的政策主题跟踪研究[J]. 图书与情报, 2016, (6): 63-71.

第三，结合社会网络分析法①的政策内容知识图谱化②。该类研究从社会网络分析的视角出发，结合了传播学有关知识以将政策文本蕴含的政策工具、政策主题、政策时间、政策接收主体、政策下发单位等要素从文本材料中抽离出来，并利用可视化的方法和工具揭示政策文本中隐含的关系网络、行动关系和语言关联关系③。

第四，基于自然语言处理的政策文本挖掘④类。由于定量的分析方法需要大量的数据信息，传统的文献计量方式依赖人工编码与判读，不仅会耗费大量人力，信息标注与提炼方式也较为简单，而且涉及标注人的主观意识，缺乏客观性。因此，政策文本分析引入了自然语言处理⑤的方法，通过机器或工具自动抽取和聚类政策文本内容特征，以获得更为客观和可验证的结果。

第五，综合类的研究范式，即有机结合上述四种研究范式，并融合其他学科基础理论或研究方法⑥，力求运用多种方法从多角度、多维度对政策文本进行深入、准确的解析。综合类的研究范式是目前政策文本分析的重要路线之一⑦。

（2）政策文本量化分析的方法工具。政策文本量化研究将统计学、计量学、运筹学等学科方法引入政策文本分析领域，在一定程度上弥补了政策文本解读的主观性缺陷，并逐渐形成了规范性的范式。政策文本量化研究既关注政策文本内容本身，同时不断寻求将非结构化的政策文本内容转化成结构化数据模式的方法，即将原先用自然语言表示的非结构化政策文本转换为用数量表示的结构化政策数据⑧，用直观的统计数字形式形成可描述的结果。

政策文本量化分析要求研究者只有运用多种量化分析的方法和工具，从多个视角挖掘政策文本隐藏的信息以及内在的政策衍化逻辑，才能揭示政策工具运用和执行、政策价值分配与博弈的过程。根据政策文本的基本特征，可以将政策文

---

①吕欣烨. 基于内容分析法的"互联网+政务服务"政策研究：以 2014—2017 中央层面的"互联网+政务服务"政策文本为例[D]. 成都：电子科技大学，2018：8.

②吴道友，夏雨. 20 年中国科技人才激励政策研究的知识图谱分析[J]. 科技和产业，2020，20(12)：90-96.

③黄萃，任弢，张剑. 政策文献量化研究：公共政策研究的新方向[J]. 公共管理学报，2015，12(2)：129-137，158-159.

④杨锐，杨亮，李良强，等. 我国科研诚信政策特征及演化逻辑：基于文本挖掘法[J]. 科技进步与对策，2020，37(20)：89-98.

⑤Simon A F, Xenos M. Dimensional reduction of word-frequency data as a substitute for intersubjective content analysis[J]. Political Analysis, 2004, 12(1): 63-75.

⑥魏宇，余青. 基于语义分析的政策差异量化研究：以近三十年旅游交通政策为例[J]. 情报杂志，2019，38(3)：194-202.

⑦刘昊，张志强. 文献计量视角下政策科学研究的新方向：从政策量化研究到政策信息学[J]. 情报杂志，2019，38(1)：180-186，111.

⑧黄新平. 政府网站信息资源多维语义知识融合研究[D]. 长春：吉林大学，2017：21-30.

本量化研究方法分为以下两种。

第一，注重外部特征的统计量化方法。这类量化方法将文献计量中频次（词频）统计[1]、共词分析[2]、共引分析[3]迁移到政策文本量化分析中来，主要针对政策文献外部特征或彼此之间的关系，常见的要素有发文时间、发文机构、参考政策等。同时该类方法也有针对政策文献内容外化出的特征要素的计量分析，常见的要素有关键词、主题词。

这类方法通常利用以下工具[4]建立表格或可视化图谱展现深层次变迁规律或合作网络：一是政策文本数据库自带的文本计量工具，常见的有北大法宝和CNKI（China National Knowledge Infrastructure，中国知网）政府公报数据库等，基于数据库预设的基础字段，再结合特定的政策对象所包含的研究要素，如政策主体、政策类型、发布时间、发布地域等，采用统计学的方法从数量的维度揭示政策文本的外部特征，常见的是出台政策的占比分析、不同文种政策占比变化、政策量随时间变化等基础性分析；二是HistCite、词云、Pajek、CiteSpace等软件工具，帮助研究者处理政策文本并建立文本之间可视化的关系网络，共词或共现的方法能有效分析政策文献要素的增长、扩散、引用等变化规律，特别是对社会媒体中的政策语言文本进行跟踪分析具有较大的参考价值。

第二，从文本内涵角度出发的内容量化方法。内涵挖掘视角下的政策文本量化分析结合了定量与定性方法，更具系统性与客观性。由于政策制定者、政策作用对象、政治目标以及政策工具等要素都内化于政策文本内容之中，该方法的目的就在于用量化的手段抽象内部特征，揭示隐含信息。

这类方法具有规范化的方法路径，一般路线是：确定研究问题、选择政策样本、确定分析框架、细化分析维度、定义分析单元、确定类目与编码、分析信度与效度、分析与解释。在不同环节可利用的辅助工具不同，常见的工具有以下几种。一是已存的政策文本语料库，已建成的语料库能帮助研究者提前对政策文本进行样本选择以及数据的预处理，典型的有苏竣和黄萃教授建立的中国科技政策数据库[5]。二是计算机内容分析软件[6]，这类工具的主要作用在于：①生成编码信

---

[1] 赵垣可. 政策工具视角下义务教育均衡发展政策文本计量研究：基于《国家中长期教育改革和发展规划纲要（2010—2020年）》颁布以来的政策文本分析[J]. 上海教育科研, 2020, (5): 5-9.

[2] 朱琳, 刘雨欣, 顾文清. 基于共词分析的中国电子政务政策变迁研究[J]. 电子政务, 2020, (11): 59-73.

[3] 孙盼盼, 余青. 基于政策文本量化分析的我国风景道政策演进特征研究[J]. 公路交通科技, 2021, 38(2): 146-158.

[4] 裴雷, 孙建军, 周兆韬. 政策文本计算：一种新的政策文本解读方式[J]. 图书与情报, 2016, (6): 47-55.

[5] 苏竣, 黄萃. 中国科技政策要目概览：1949—2010年[M]. 北京：科学技术文献出版社, 2012.

[6] 廖福崇. 疫情防控下政府如何推动市场主体复工复产?——基于政策文本的内容分析[J]. 北京科技大学学报(社会科学版), 2020, 36(4): 54-60.

息、注释信息，辅助研究者编辑、修改原文数据，甚至形成词典；②基础性的统计分析，帮助研究者对原文数据进行统计、分类、计数甚至可视化；③计算机语义网络的深度加工，即仿照人类思维模式并通过多种概率模型计算帮助研究者揭示政策文本的隐含主题。

2.1.2 政策文本结构化解析的研究目的与价值

政策文本是因政策活动或一定的社会生产目的而产生的记录文献，广义上的政策文本包括政府和国家或地区的各级权力机关以文件形式颁布的法律、法规、部门规章等官方文献和解读文本等，是政策研究的重要工具和载体。但当前关于政策文本分析的研究大部分停留在利用计量化的手段分析外在属性特征，或是仍处于主观性较强的专家解读的阶段，缺乏更为客观和结构化的解读方式。

因此本章运用文献调研法，梳理了政策文本分析、政策文本量化、文本主题挖掘等研究的发展现状，总结归纳政策文本结构化有关研究的一般思路与常用方法。结合前人的研究经验，提出本章构建政策文本结构化解析框架的理论思路与技术路线，以我国"互联网+"有关政策文本为研究对象开展案例与实证研究，验证该路线的可行性与合理性，基于实验结果揭示所选取的政策文本数据所展现的特征，为后续"互联网+"政策的制定提供建议。

1. 政策文本结构化解析的研究目的

政策文本结构化解析是跨学科环境下对政策文本分析、政策文本量化和政策文本内涵挖掘领域理论的拓展，是面向实际应用的问题研究。政策文本结构化解析框架的搭建，既有一定的理论价值，也体现出了实际应用价值。

构造政策文本结构化解析框架的总体目标在于，构建保留政策文本语义关系的结构化解析框架，以此解构政策文本信息，为后续大批量解读政策文本奠定基础，并支撑结构化数据存储、数据库建立以及服务系统开发。具体目的在于：

（1）为政策文本分析提出一种全新的解读模式。区别于以往传统人工占据主导的政策解读模式，用结构化的思维为政策解读与分析提供了新的方法和思路，并帮助规范政策文本描述过程中各要素的表达。融合机器学习中的主题模型，在不丢失语义关系的前提下能够更客观地展现政策文本主题特征，创新了技术实践方案。

（2）通过实证构建我国"互联网+"政策文本结构化解析框架。通过实验构建的结构化框架能在一定程度上深化该领域的政策解读，并展现当前政策所呈现出的形式化特征和主题性特征，以支撑政策相关主体更好地认识我国"互联网+"政策制定的特点和重点，为构建和完善我国"互联网+"政策支撑体系提供建设性的建议。

2. 政策文本结构化解析的研究价值

首先，在理论与方法探索上拓展政策研究和实践范畴。一方面，本章提出的结构化解析框架是对政策文本分析、政策文本量化研究以及政策解读相关理论的创新与延伸，以一个新的解读视角提出了一种全新的政策文本分析模型，丰富了相关学科对于政策文本分析与解读研究的理论体系。另一方面，通过构建的结构化解析框架对"互联网+"政策文本的分析和解读，能深入挖掘已出台政策所隐含的主题和方向，帮助了解依旧处于发展阶段的"互联网+"政策文本的特征，丰富和发展"互联网+"有关文本研究的理论和实践成果，为国家"互联网+"政策体系日后的完善提供现实依据。在一定程度上，本章对政策文本分析、政策文本量化和政策文本内容挖掘研究起到了拓展作用。

其次，在技术与应用实现上推进领域政策应用深度。本章结合机器学习方法中的 LDA2Vec 主题模型，对政策文本内容进行结构化解构，构建结构化的政策框架，脱离了政策分析大多采用人工编码和专家判读的传统制式研究层次，增强了技术与方法上的客观性和科学性。近些年来，随着计量学方法、社会网络分析法等数学、情报学、计量学领域研究方法的引入，政策文本分析以及政策文本内容挖掘呈现出更为丰富的研究态势，本章从技术角度为其提供了一种更为客观的实现路径。而在结构化解析框架的基础上对政策文本进行深入挖掘，为后期政策文本数据库的建立、政策文本批量解读、政策扩散研究等奠定了良好的方法应用基础。

2.1.3 政策文本结构化解析研究的发展趋势

政策文本在当前已形成了较为成熟与规范的研究体系，并在融合多个学科理论与方法的基础上衍化出了多种研究范式。但作为政策文本分析的一个重要分支，结构化的分析模式，特别是从内涵挖掘视角进行政策文本结构化解析的研究，无论是在国内还是在国外都还较为匮乏，尚未形成成熟的理论框架和研究体系。因此本章对相关研究现状进行梳理，为自身研究提供参考依据。

本章的研究对象是政策文本，因此梳理了政策文本分析的有关研究成果作为理论和实践依据。同时，由于本章是从内涵挖掘的视角对政策文本进行结构化解析的，因此政策内涵挖掘或者文本内容挖掘的有关研究都能对本章提供参考。

1. 政策文本的多维结构化

在国内，1993 年曹喆教授提出了政策分析的三个维度：政策的内容分析、政策的组织分析和政策的过程分析①。目前关于政策分析的研究大多沿袭这三个维度对政策进行深层解读。

（1）政策的内容分析。一是从微观层面明确政策的主要组成要素，即确定具体的政策中这些要素"是什么""做什么"的问题。二是从宏观层面明确政策体系的构成要素，以及弄清楚它们之间的关系层级。例如，一般的政策体系包括国家总的纲领政策、基本政策和实施的具体政策，虽然同在一个体系，但彼此之间地位与作用各不相同，纲领政策对基本政策和具体政策有指导作用，具体政策要以纲领政策与基本政策为依据。对内容的分析，一方面是确定政策的重点，另一方面是确定政策要点间的关系。目前对政策内容的分析常采用偏重于计量和统计化的方法，如内容分析法②、文献计量法③、共词分析法④等，其最终目的都是挖掘政策中的重点内容与分布趋势，从而检验政策内容是否达到了各要素之间均衡发展与辅助的目的。

（2）政策的组织分析。简单来说就是对政策主体的分析，回答谁是政策制定方、政策推行方，以及他们分别在政策活动中所具备的地位和发挥的作用，由此可以推断不同利益集团之间的关系与相互作用程度。政策组织（主体）有六种不同的类型，即立法机关、行政机关、行政管理机构、法院、政党和其他社会团体⑤。最常见的分类方法是划分为政策制定者与政策参与者，政策制定者即制定政策的组织，一般指政策文本上显示的政策发文机构⑥，发文方式包括独立发文和联合发文两种；政策参与者即政策文本内提到的，需要参与、执行或监督政策内容的机构，即政策接收机构。对政策组织（主体）的分析目前常用社会网络分析法⑦，建立政策发文主体之间的合作网络⑧，分析政策主体的组成和合作程度，发现起

---

① 曹喆. 政策分析的三个维度[J]. 理论探讨, 1993, (3): 49-53.
② 吕欣烨. 基于内容分析法的"互联网+政务服务"政策研究：以 2014—2017 中央层面的"互联网+政务服务"政策文本为例[D]. 成都：电子科技大学, 2018: 8.
③ 李江, 刘源浩, 黄萃, 等. 用文献计量研究重塑政策文本数据分析：政策文献计量的起源、迁移与方法创新[J]. 公共管理学报, 2015, 12(2): 138-144, 159.
④ 黄丽娜, 黄璐, 邵晓. 基于共词分析的中国互联网政策变迁：历史、逻辑与未来[J]. 情报杂志, 2019, 38(5): 83-91, 70.
⑤ 黄萃, 苏竣, 施丽萍, 等. 政策工具视角的中国风能政策文本量化研究[J]. 科学学研究, 2011, 29(6): 876-882, 889.
⑥ 曾坚朋, 张双志, 张龙鹏. 中美人工智能政策体系的比较研究：基于政策主体、工具与目标的分析框架[J]. 电子政务, 2019, (6): 13-22.
⑦ 李良成, 陈兴菊. 基于社会网络分析法的产学研协同创新政策研究[J]. 企业经济, 2018, 37(6): 173-180.
⑧ 周阳, 周冬梅, 丁奕文. 基于政策文本量化分析的我国创业政策演化研究[J]. 电子科技大学学报(社科版), 2019, 21(2): 18-27.

主要作用的政策主体，并检验政策的施行与参与是否全面[①]，以保证政策的合理施行。

（3）政策的过程分析。对政策过程的分析也就是明确政策活动是如何进行的，即为达到一定的政策目标，政策主体经过了怎样的一系列阶段以保证其科学性和正确性。由于政策工具[②]的本质就是实现政策目标的手段或措施，包含政策与工具两层内涵。政策工具的存在是为了保证政策目标的顺利实现[③]，诸多国内学者基于基础学科的理论，并结合国外学者对于政策工具的分类，分别从宏观和学科微观的视角挖掘公共政策文本中所呈现出的政策工具组合特征与价值观，将政策工具作为政策过程分析的重点维度[④]之一，为后续政策工具的合理组合提供参考。

在国外，1943年美国学者拉斯韦尔（Lasswell）等首次提出政策科学[⑤]这一概念，而政策分析则是林德布洛姆（Lindblom）在拉斯韦尔所提出的传统政策科学基础上发展起来的，是以量化分析为主导的政策科学的一个重要分支，并成为日后政策文本分析的基础理论来源。

政策科学的奠基者拉斯韦尔首次将"政策"与"科学"两个概念融合，提出了"政策科学"的概念，确定了政策科学的研究对象、研究内容、学科性质以及未来的发展方向[⑥]，并确立政策科学研究的基本范式和研究纲领[⑦]，开启了西方政策科学发展的历程。拉斯韦尔认为政策科学不同于以往的应用科学，其关注点在于"社会中人的基本问题"[⑧]，强调对政策历史脉络、政策变革的研究，而不是对时下局部应用问题的研究[⑨]。因此，他认为政策科学应当能驾驭和统一整个社会科学，并形成超越社会学、政治学、管理学、行为科学等学科的全新

---

① 吴宾, 徐萌. 中国住房政策主体合作网络演化研究: 基于社会网络分析的方法[J]. 山东行政学院学报, 2018, (5): 40-48.

② 王国华, 李文娟. 政策工具视角下我国网络媒体政策分析: 基于2000—2018年的国家政策文本[J]. 情报杂志, 2019, 38(9): 90-98.

③ 曾坚朋, 张双志, 张龙鹏. 中美人工智能政策体系的比较研究: 基于政策主体、工具与目标的分析框架[J]. 电子政务, 2019, (6): 13-22.

④ 李冬琴. 环境政策工具组合、环境技术创新与绩效[J]. 科学学研究, 2018, 36(12): 2270-2279.

⑤ Lasswell H D, McDougal M S. Legal education and public policy: professional training in the public interest[J]. Yale Law Journal, 1943, 52: 203-295.

⑥ Lasswell H D. The Future of Political Science[M]. New York: Atherton, 1963: 38-39.

⑦ Dunn W N, Kelly R M. Advances in Policy Studies Since 1950: Policy Studies Review Annual Volume 10[M]. New Brunswick: Transaction Publishers, 1991: 189.

⑧ Lerner D, Lasswell H D. The Policy Sciences: Recent Developments in Scope and Method[M]. Stanford: Stanford University Press, 1951: 3-4.

⑨ Lerner D, Lasswell H D. The Policy Sciences: Recent Developments in Scope and Method[M]. Stanford: Stanford University Press, 1951: 8-13.

知识体系[①]。

20世纪70年代开始，开始有学者质疑拉斯韦尔提出的政策科学，认为其提出的政策科学只是一种意识形态而非科学，注重量化实证的政策分析逐渐成为后期政策研究的重点方向。林德布洛姆作为政策科学发展史中的里程碑式学者，早在1958年首次提出政策分析一词[②]，他将政策分析定义为应用社会科学方法，即使用各种研究和论证方法，产生并转变相关信息，以便政治组织解决具体政治背景下的政策问题[③]。他将政策分析定义为一种将定性与定量相结合开展渐进比较分析的政策研究类型，以运筹学和系统分析等学科方法作为方法论的基础，主张量化分析作为研究主手段[④]，相较于传统的政策科学呈现出更强的客观性、可验证性和实践性特征。

2. 政策文本内涵的结构化

政策文本内涵研究是内容分析法在政策文本分析量化方向的深度拓展，即结合定性分析和定量分析的手段对文本内容进行系统的语言分析，并按照一定转换范式将非结构化的自然文本信息转化成可定量分析的结构化信息形态[⑤]。政策文本内涵的研究方向可以大致分成两类：一是结合领域特征提出通用化的整体分析框架作为分析的基础；二是采用特定方法或工具对单类政策内容进行实证分析。

第一类研究的分析策略是先结合领域特点建立顶层框架[⑥]，再选取具体的政策内容分析方法或手段对政策文本数据进行深入挖掘和验证。这类研究路线常采用文献计量学、社会网络科学、知识图谱等相关研究方法或工具，并从外部结构、主题词、府际关系等角度挖掘政策发展演化规律和特征，以此评价政策运行的效果和质量[⑦]。这类研究所提出的分析框架或分析模型通常具备领域通用的特征，对于大部分政策文本分析具有普适性和可验证性，其意义在于形成规范化的研究路径，因此在一定程度上拓展了政策文本内涵分析纵向研究的边界。

第二类研究的特点是采用特定的内涵挖掘方法或工具对某一类政策文本进行

---

①雷斌 J, 希可德雷思 W B, 米勒 G J. 公共管理学手册[M]. 2版. 张梦中译. 广州: 中山大学出版社, 2006: 530-564.

②Lindblom C E. Policy analysis[J]. American Economic Review, 1958, 48(3): 298-312.

③Dunn W N. Public Policy Analysis: An Introduction[M]. Upper Saddle River: Prentice-Hall, 1981: 4.

④严强. 西方现代政策科学发展的历史轨迹[J]. 南京社会科学, 1998, (3): 47-53.

⑤李钢, 蓝石, 等. 公共政策内容分析方法: 理论与应用[M]. 重庆: 重庆大学出版社, 2007: 1-3.

⑥汤志伟, 龚泽鹏, 郭雨晖. 基于二维分析框架的中美开放政府数据政策比较研究[J]. 中国行政管理, 2017, (7): 41-48.

⑦黄萃, 任弢, 张剑. 政策文献量化研究: 公共政策研究的新方向[J]. 公共管理学报, 2015, 12(2): 129-137, 158-159.

深度解读，研究方法与对象较为单一，主要从主题或关键词的角度提取政策内容特征，因此结论具有较强的针对性和准确性，能有效地辅助政策制定者实现后续的政策精准匹配。例如，国内学者基于 LDA 主题挖掘模型①对新冠疫情环境下政策文本内容进行内涵挖掘与计算，有效提高了公共事件治理的精准度。虽然这类研究未提出通用性的分析方法和研究框架，但从跨学科视角引入新的政策文本分析方法与方案，为政策文本内涵挖掘与计算提供了全新思路和全新视角，拓宽了政策文本内涵研究的横向发展路线。

国外研究者关于政策分析的源起早于国内，并对中国政策分析的模式产生了较大影响。伴随着研究方法与技术的升级，多数国外学者更多的是从计算机和信息技术角度，结合机器学习、深度学习的算法与技术发展出了一系列政策语义表示的方法，形成了新的政策内涵研究范式。

在国外，伴随着计算机技术的发展，更多的国外学者将计算语言学方法应用于政策文本内涵研究中，以提高研究的客观性与可重复验证性。由此衍生出了政策文本主题挖掘、语义表示等研究，并推进了政策文本的分类和计算研究，从更为客观的角度实现了对政策内容的深度理解。

政策文本内涵研究中常见的解释性编码技术具有较强的主观性与不确定性，而伴随着大批量样本分析需求的增加，人工占比较多的传统政策内涵研究方法亟须改变。因此，国外学者利用文本挖掘技术②、Agent 空间模型③，甚至基于多视角建模与仿真的内容分析与评估方法④等实现了政策文本分析与内涵挖掘的自动化和批量化。虽然方法各异、策略多样，但普遍认为政策文本分析与内涵挖掘依然遵循以下四项原则：一是所有定量的语言模型都是错误的但部分有用；二是定量方法是用来强化人工的但不能替代人工；三是没有最佳的自动化分析方法；四是所有的方法都需要验证⑤。

多样化的计算机科学方法引入使得政策文本材料的处理量与处理精度都得到了提升，而这些方法本身所具备的非干预性特征也能够让研究者从更为中立的角

---

① 盛东方，尹航. 基于政策文本计算的突发公共事件下中小企业扶持政策供需匹配研究：以新冠肺炎疫情为例[J]. 现代情报，2020, 40(8): 10-19.

② Feldman M, Kenney M, Lissoni F. The new data frontier: special issue of research policy[J]. Research Policy, 2015, 44(9): 1629-1632.

③ Morello T F, Parry L, Markusson N, et al. Policy instruments to control Amazon fires: a simulation approach[J]. Ecological Economics, 2017, 138: 199-222.

④ Alyamani T, Damgacioglu H, Celik N, et al. A multiple perspective modeling and simulation approach for renewable energy policy evaluation[J]. Computers & Industrial Engineering, 2016, 102: 280-293.

⑤ Grimmer J, Stewart B M. Text as data: the promise and pitfalls of automatic content analysis methods for political texts[J]. Political Analysis, 2013, 21(3): 267-297.

度①揭示政策文本的内涵。21世纪初所提出政策文本计算②概念，是一种将计算机科学引入政治学和语言学从而构建政策文本计算分析框架③④的研究策略，具备非介入式、非精确性的特征，主张运用政策编码、概念词表、主题词语料库等各种能够反映政策文本主题词之间映射关系的工具，通过机器自动识别、自动分析完成政策文本到政策语义的解析⑤，被广泛应用于政策文本的语义表示以及内涵挖掘。除此之外，机器学习⑥与深度学习⑦的算法也被广泛应用于政策文本内涵挖掘中，而成为当前政策文本分析的一个热门研究方向，其目的在于应用类似人类思维模式的计算机算法或模型，保证在尽量不丢失语义关系的前提下理解政策文本背后的含义，提升政策文本分析结果的精度与准度。

3. 政策文本结构化解析研究的深化

第一，目前政策文本分析已形成相对固定和规范的研究路径，以及成熟的方法论，研究者主要从政策内容、政策过程和政策组织三个方面揭示政策文本所隐藏的信息。但传统的研究方法中人工占比仍较大，缺乏客观性，更多的学者期望寻求更为客观的自动化政策分析方法，实现大批量的政策文本分析和得到更为深入的解读结果，这需要开展跨学科的技术应用与合作。

第二，随着现代信息技术的更新迭代，政策文本分析研究的边界进一步拓展，政策文本内涵的挖掘和解析成为研究热点。在已有研究的基础上，当前政策文本分析的研究方法已越来越倾向于非介入式的主题模型、机器学习算法、深度学习等计算语言学技术。但相关研究成果庞杂而又松散，多为单方面的应用方法创新，集中于方法论的领域应用拓展但并未形成体系化成果。

第三，从内涵视角对政策文本进行结构化解析的研究不足，关于内涵揭示的研究多数集中于方法论的创新与算法模型的效率提升，缺少具备结构化和通用性

---

①Han H J, Wang Q H, Chen C X. Policy text analysis based on text mining and fuzzy cognitive map[C]//2019 15th International Conference on Computational Intelligence and Security. Los Alamitos: IEEE Computer Society, 2019: 142-146.

②康奈尔大学政治话语语料库：https://www.cs.cornell.edu/home/llee/data。

③MPQA Project. MPQA Opinion Corpus[EB/OL]. (2016-10-20)[2025-03-14]. http://mpqa.cs.pitt.edu/corpora/mpqa_corpus/.

④Eisenstein J, Xing E. The CMU 2008 political blog corpus[EB/OL]. (2010-07-24)[2016-10-20]. http://reports-archive.adm.cs.cmu.edu/anon/usr/ftp/home/ftp/usr/anon/ml2010/CMU-ML-10-101.pdf.

⑤裴雷，周兆韬，孙建军. 政策计量视角的中国智慧城市建设实践与应用[J]. 图书与情报, 2016, (6): 41-46.

⑥Boldt M, Rekanar K. Analysis and text classification of privacy policies from rogue and top-100 fortune global companies[J]. International Journal of Information Security and Privacy, 2019, 13(2): 47-66.

⑦Nejad N M, Jabat P, Nedelchev R, et al. Establishing a strong baseline for privacy policy classification[C]//Hölbl M, Rannenberg K, Welzer T. ICT Systems Security and Privacy Protection. Cham: Springer, 2020: 370-383.

的解析模式。因此,结合机器学习、深度学习等计算机科学的技术和方法,形成规范化和具备通用性的政策文本分析路线,将是政策文本深层挖掘研究的重点方向之一。

2.2 政策文本结构化解析的研究方案

政策文本结构化解析是结合通用描述框架与主题挖掘模型对政策文本内容进行分解和解读的新方法,既具备描述政策文本一般特征的能力,也能够从语义内涵角度对框架要素进行补充。

2.2.1 政策文本结构化解析的研究方案设计

本章借鉴前人有关研究经验,按照"明确问题—分析与解决问题—得出结论"的路线展开研究。结合政策文本分析研究的基础方法,利用通用解析框架与主题挖掘模型对选定的政策文本内容进行结构化解析以及结果解读。基于该框架,以"互联网+"政策文本为案例分析对象,对其呈现出的内容主题特征、主体特征以及扩散性特征进行总结整理,实现对该领域政策文本内容的深度解读。具体研究思路如图 2-1 所示。

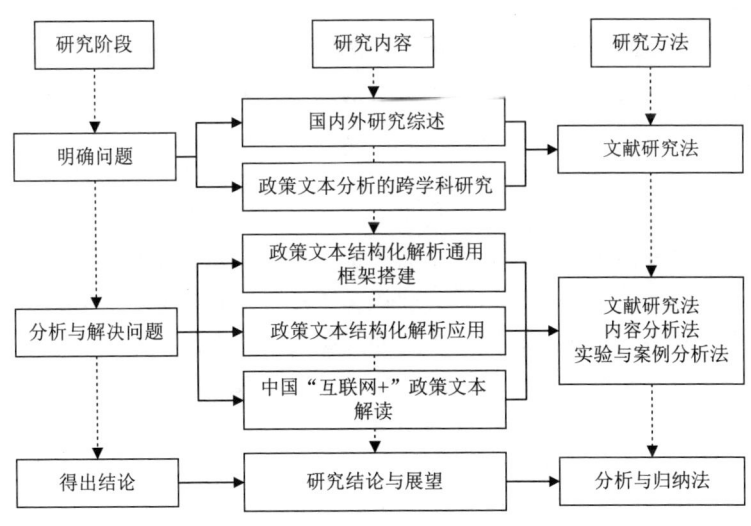

图 2-1 政策文本结构化解析研究方案

1. 明确问题

这部分通过梳理有关文献,积累前人研究经验,发现研究问题并总结规律。

阅读大量的政策文本和有关研究文献，从中总结提炼出政策文本所呈现出的一般规律，将政策文本要素进行分类和细化，并通过对政策文本分析有关研究的总结梳理为后期框架制定奠定良好的理论基础。

2. 分析与解决问题

为解决传统政策文本分析丢失语义内涵、人工成本大和解读主观性强的缺点，本章结合主题挖掘模型搭建结构化解析框架，以期获得一种高效且不丢失语义内涵的政策分析范式。通过搭建通用框架，采用主题模型完善细分领域框架要素，从而实现对政策文本的深入解析。在外部结构属性方面采用正则表达式等方法实现自动提取与解析，在内容主题属性方面基于 LDA2Vec 主题挖掘模型抽取细分领域的政策文本主题特征，并基于主题词分布特征对政策内容进行总结归纳。

3. 得出结论

基于前文提出的研究框架进行案例与实证研究——针对"互联网+"有关政策文本，构建出该领域的政策文本结构化语义解析框架，对"互联网+"政策文本内容数据进行重构和解读，揭示其外部结构与内容语义上呈现出的特征与规律。基于此实证与案例分析结果，验证基于 LDA2Vec 主题模型的政策文本结构化解析框架的可行性和合理性。

本章主要内容包括五个部分：第一，阐明本章的必要性。通过总结当前国内外有关研究现状和有关研究成果，结合当前的研究背景指出本章的重要性，并阐明本章的创新性与研究意义，同时明确研究思路、研究重点与难点、研究创新点及研究方法。第二，主要阐述与本章有关的理论问题。指出当前政策文本分析所呈现出的跨学科研究状态，从跨学科引入与量化分析策略两个角度入手，总结和梳理相关理论以及研究成果，为本章后续提出政策文本结构化解析框架提供理论支撑。第三，建立内涵挖掘视角下的政策文本结构化解析模型。目前关于政策文本的研究主要集中于计量学、统计学层面，缺乏内涵主题揭示视角的政策内容研究。因此，本章从当前中文政策文本结构的基本特征分析出发，结合内涵主题挖掘理论提出政策文本结构化解析的通用框架和细分领域框架，并探讨相应的技术实现方案。第四，通过实证案例建立"互联网+"有关政策文本结构化解析框架。这部分选取中国"互联网+"有关政策文本为案例实证分析对象，验证该理论路线与技术方案的可实现性和可行性。构建"互联网+"有关政策文本的结构化解析框架，并对结果进行反推解读，验证该理论路线的合理性与科学性。第五，在前文基础上阐述研究结论。案例与实证分析发现中国"互联网+"领域的政策文本呈现总体调控下的有序分散，不同领域关注的主题各有侧重的特点。因此本章建议在当前"万物互联"的大趋势下，立足做好存量、做优增量，关注配套制度与数据安全，以期对未来"互联网+"政策的发布和实施提供参考。同时，反思本章依然存在的不足，并对未来的相关研究进行展望。

2.2.2 政策文本结构化解析研究的方案创新

本章在前人研究的基础上，结合大量文献提出了政策文本结构化解析框架的理论基础和技术思路。针对本章的研究目标，运用多种研究方法依据切实可行的研究思路和技术路线突破重难点问题，形成了创新性的解决方案。

1. 基于主题挖掘的政策文本结构化解析方法

本章采用了文献研究法、内容主题挖掘法、实验与案例分析法等研究方法，在研究过程中结合了各种研究方法并发挥其优势，辅助研究的应用实现。

（1）文献研究法。广泛搜集并阅读国内外关于政策文本分析、政策文本量化、政策文本内容挖掘的研究文献，以求尽可能全面地把握目前政策文本结构化研究的现状，寻求本章的理论支撑材料，并从中探索研究思路和方法的突破点，形成科学完整的理论研究路线。

（2）内容主题挖掘法。利用主题模型支撑政策结构化解析中主题属性的计算与抽取实现问题，保留所选取政策文本中丰富的语义内涵和关联特征，基于LDA2Vec模型总结提炼政策文本正文部分的内容主题属性特征，提取和凝练领域政策文本的隐含主题信息并形成内容主题属性项，构建面向领域场景的政策文本结构化解析框架。

（3）实验与案例分析法。在政策文本结构化解析的实现中，本章以中国"互联网+"政策文本为领域分析对象，在构建领域政策文本语料库的基础上，进行结构化模型的运算与调优，完成中国"互联网+"政策文本结构化解析框架的搭建，并对特定领域政策进行结构化展示，以验证本章研究思路的可行性。

2. 融合政策主题和多维特征的结构化解析创新

跨学科环境对政策文本内容的解读与分析提出了更高的要求，要求改进传统基于人工侧重计量的研究策略，因此本章的难点与重点在于：

（1）基于语义关系对内容文本主题的准确提取。传统政策分析的研究方法大多依赖于学者的人工判读，对学者的经验积累和学术素养要求较高，缺乏客观性。而政策分析量化研究偏于计量手段，虽然降低了研究过程中主观性观点的输入，但在数据处理方法上容易丢失政策文本内的语义关系。因此，本章研究重点在于实现政策文本语义层次上主题概念的准确描述。

（2）面向领域场景的文本特征结构化解析。政策文本的类项多样，尚未有统一的政策要素描述标准。在正文主题方面，细分领域政策文本的特征具备一定的专业性，通用的要素描述框架可能会存在不适用的问题。本章的研究难点在于在统一通用要素的基础上，对特定领域政策文本实现要素的细分。

本章的创新点如下。

（1）不同于计量方法，结合语义关系完善主题属性提炼。对传统的主题模型 LDA 进行了动态化改进，在传统主题提取的基础上结合词向量训练词间关系的特征，完善了传统 LDA 丢失语义关系的缺陷。区别于传统的计量方法以及解读角度，从词—主题—篇章三个层次得出基于语义关系的主题-文档关系，实现政策文本语义层次上主题概念的准确描述。

（2）统一元素表达，并针对领域特征搭建描述性框架。针对政策文本描述框架中要素不统一、领域文本内容主题要素不一致的特点，本章在大量阅读政策文本的基础上结合前人的研究经验，从外部属性和内容主题两方面构建通用的结构化描述框架，基于主题挖掘模型对领域政策文本的内容主题进一步挖掘，形成针对领域政策的结构化解析方案，实现政策要素描述策略的统一。

2.3 政策文本结构化解析框架与技术路线

政策文本结构化解析的主要目的是将非结构化的、以自然语言为主的政策文本转化为能快速被解读和利用的政策数据，其过程是对政策文本所包含的外部与内部属性特征的抽象和外化，主要涉及政策内容的主题挖掘以及结构化框架的揭示。

2.3.1 基于主题模型的政策挖掘与认知框架

从海量的政策文字信息中及时有效地获得有用且有价值的政策信息，对政策接收者来说是困难的，因此政策文本内容的高效理解是其当前迫切需求。随着自然语言处理、主题挖掘、机器学习等计算语言学技术与方法的发展与应用，计算机在理解人类自然语言方面的能力大大提升，使得对大样本政策文本进行细粒度的内涵挖掘成为可能，研究者纷纷将其引入政策文本分析中。

1. 主题模型在政策文本挖掘中的应用

在各种计算语言学方法中，主题挖掘伴随着提升文本挖掘效能和深度的需求而产生，成为政策文本挖掘的重点方向。主题挖掘通过抽取代表文本内容主题的特征词，以高频词作为内容描述的基础，并在此基础上完成反映内涵的主题分类[1]，从文本词项间的关系出发进一步探知文本内容的主题内涵，实现对文本的

---

[1] 李湘东, 张娇, 袁满. 基于 LDA 模型的科技期刊主题演化研究[J]. 情报杂志, 2014, 33(7): 115-121.

主题特征的有效理解。主题模型作为一种文本内容的概率生成/产生式模型，是主题挖掘常用的手段，它属于非监督的机器学习模型。最早的主题模型源自1990年Deerwester等[1]提出的潜在语义分析（latent semantic analysis，LSA）模型，在此基础上发展出了概率潜在语义分析（probabilistic latent semantic analysis，PLSA）模型[2][3]。在2003年，Blei等[4]改进了PLSA，提出了一个更完善的概率生成模型——LDA模型。

作为非监督的机器学习技术，LDA一度成为应用最为广泛的主题模型，当前的主题模型大多是基于该模型扩展而来的，如CTM[5]（correlated topic model，关联主题模型）、HLDA[6]（hierarchical latent Dirichlet allocation，层次隐含狄利克雷分布）模型、HMM-LDA（hidden Markov model LDA，隐马尔可夫模型-隐含狄利克雷分布）[7]。为了进一步提升政策文本聚类的质量，学者不断改进该主题模型，如通过加权的方式形成词与标签间的联系，引用加权的科技文献主题提取算法，利用文献的引用内容和关键词构建Labeled-LDA主题模型，形成文档-主题概率向量，再根据k-means（k均值）聚类方法聚类文档，提取每类文档集的主题内容[8]，得到更好的政策文本主题聚类结果，从而支撑后续更好地理解政策文本内容。

主题模型作为隐语义模型的一种，能够帮助研究者探究文档词项背后隐藏的主题，它的原理是：先假设一篇文档是由多个主题组成的，而每个主题在不同文档上的分布概率是不同的，主题均由词语组成但不同词语的概率分布不同，即每个词对不同主题有不同的贡献度，因此通过这样三层的嵌套将文档、词都映射到

---

[1] Deerwester S, Dumais S T, Furnas G W, et al. Indexing by latent semantic analysis[J]. Journal of the American Society for Information Science, 1990, 41(6): 391-407.

[2] Hofmann T. Probabilistic latent semantic analysis[C]//Laskey K B, Prade H. Proceedings of the Fifteenth Conference on Uncertainty in Artificial Intelligence. San Francisco: Morgan Kaufmann Publishers, 1999: 289-296.

[3] Hofmann T. Unsupervised learning by probabilistic latent semantic analysis[J]. Machine Learning, 2001, 42(1): 177-196.

[4] Blei D M, Ng A Y, Jordan M I. Latent Dirichlet allocation[J]. The Journal of Machine Learning Research, 2003, 3: 993-1022.

[5] Blei D M, Lafferty J D. A correlated topic model of science[J]. The Annals of Applied Statistics, 2007, 1(1): 17-35.

[6] Blei D M, Griffiths T L, Jordan M I. The nested Chinese restaurant process and hierarchical topic models[EB/OL]. (2007-10-03)[2025-03-14]. https://arxiv.org/pdf/0710.0845v1.

[7] Griffiths T L, Steyvers M, Blei D M, et al. Integrating topics and syntax[C]//Saul L K, Weiss Y, Bottou L. Proceedings of the 18th International Conference on Neural Information Processing Systems. Cambridge: The MIT Press, 2005: 537-544.

[8] 杨春艳, 潘有能, 赵莉. 基于语义和引用加权的文献主题提取研究[J]. 图书情报工作, 2016, 60(9): 131-138, 146.

了同一个潜在语义空间——主题上。也就是说，主题模型是人类思维过程的一种模拟与反推，它有效地保留了词语、主题与文档之间的关联关系，因此利用主题模型拆解和分析政策文本，能够尽量减少文本的信息，并尽可能完整和准确地揭示政策文本所蕴含的主题含义。

主题模型在数据挖掘、信息检索领域都得到了广泛关注，常应用于理解和分析大规模的政策文本[1]、网络文本[2]以及学术文本[3]等多样化的文字材料。研究者将主题模型引入政策文本分析当中，一方面可以得到基于语义的政策文本主题概率分布[4]，识别出政策文本包含的热点主题，并揭示这些主题的时空演变规律；另一方面主题模型能够对政策文本进行降维处理，将多维的词项转换成维度数更小的主题，辅助政策文本的后续分类或聚类[5]。将主题模型引入政策文本分析探知政策文本隐藏的主题内容及演化趋势，抽取出的主题和关键词能够精炼地概括政策文本的主要内涵，从而帮助阅读者快速识别和把握政策文本的内在含义，对指导后续政策制定具有重要意义。

2. 外化认知结构的语义框架构建

人类之所以在阅读文本的时候能够快速理解一篇文本材料的含义，是因为大脑已经存储了类似文本的认知框架，从而能将文字符号与其代表的语义信息进行快速关联[6]，并完成对文本内容内涵的解析。同理，为了让计算机同样能够具备快速阅读和理解文本的能力，需要给计算机提供类似人类在阅读文本时所依赖的认知框架。

最早关于"框架"（frame）的论述出现在1955年[7]，但将"框架"的概念理论化并引入文化社会学而成为定性研究中一个重要观点的是戈夫曼（Goffman）。他认为框架是人们将社会真实转换为主观思想的凭据，即框架是人们或组织对事件的主观解释与思考结构[8]。1975年人工智能之父马文·明斯基（Marvin Lee

---

[1] 盛东方, 尹航. 基于政策文本计算的突发公共事件下中小企业扶持政策供需匹配研究: 以新冠肺炎疫情为例[J]. 现代情报, 2020, 40(8): 10-19.

[2] 王家辉, 夏志杰, 王诣铭, 等. 基于句法规则和社会网络分析的网络舆情热点主题可视化及演化研究[J]. 情报科学, 2020, 38(7): 132-139.

[3] 吴查科, 王树义. 基于LDA的国内图书馆学研究主题发现及演化研究[J]. 新世纪图书馆, 2019, (7): 90-96.

[4] 陈晓美, 高铖, 关心惠. 网络舆情观点提取的LDA主题模型方法[J]. 图书情报工作, 2015, 59(21): 21-26.

[5] 杨慧, 杨建林. 融合LDA模型的政策文本量化分析: 基于国际气候领域的实证[J]. 现代情报, 2016, 36(5): 71-81.

[6] 潘艳艳. 框架语义学: 理论与应用[J]. 外语研究, 2003, (5): 14-18, 80.

[7] Bateson G. A theory of play and fantasy[J]. Psychiatric Research Reports, 1955, 2: 39-51.

[8] Goffman E. Frame Analysis: An Essay on the Organization of Experience[M]. Cambridge: Harvard University Press, 1974: 6-8.

Minsky）在此基础上提出了一种延伸的认知学说——框架理论，他认为框架指存储在人的大脑当中与典型情境相关的基本知识结构，是基于以前记忆的"知识空框"，它限定了认知范畴的大致结构，但框架内的具体内容则需要根据不同的认知情境进行填充、修改或者更新[1]。框架理论的发展和演变经历了不同学科背景学者的多次解释和范式转换，因此该研究本身已经结合了传播学、政治学、认知语言学和社会学等不同学科的理论底色与研究方法[2]。尽管每个阶段对该理论的解释各有不同，但共同点在于都认为框架是主体认识事物的前提条件，即框架理论是能够帮助人或是机器加深对关联场景认知的有效手段，对其他学科知识的认知与发展具有指导意义。

基于框架理论，构建政策文本结构化解析框架的基本思路，就是将政策文本或类似文本的逻辑结构、行文要素、内容特征等知识予以外化，抽取形成可供参考的政策文本结构化语义框架。结构化语义框架采用自然语言描述政策文本信息，在供用户阅读和利用的同时，还具有被计算机快速处理的能力，提升批量化与自动化分析的速率，并在一定程度上帮助使用者理解政策文本背后隐含的信息。

结构化语义框架旨在集成与保存政策文本的结构化语义，为政策文本的语义标注或要素提取提供可供参照的体系结构。因此，按照层级关系分布，结构化语义框架可划分为上层的层级化描述和终端语义槽[3]，如图2-2所示。两者之间的关系类似整体框架与填充要素的对应关系。上层的层级化描述集合了不同领域的政策文本结构化语义框架，是政策文本语义要素相互关联的集合。而终端语义槽[4]则是由描述政策文本特征的具体实例或填充数据组成，这些描述要素可以被称为"词元"。终端语义槽中的词元作为框架库层级化描述的填充要素，能够体现不同领域政策文本间的差异性，甚至能揭示同一领域政策文本在特定要素下的差异性。

特定领域的政策文本结构化语义框架只有在被具体词元填充或描述的时候才能被用户准确地理解。因此，政策文本结构化解析涉及两个基础资源库——领域结构化语义框架库与词元库，可通过人工总结与机器计算相结合的方式，不断地修正与完善基础资源库内的数据。

---

[1] 张仰森, 黄改娟. 人工智能教程[M]. 北京: 高等教育出版社, 2008: 42.
[2] 刘强. 框架理论: 概念、源流与方法探析: 兼论我国框架理论研究的阙失[J]. 中国出版, 2015, (8): 19-24.
[3] 赵生辉, 胡莹. 档案文本结构化: 概念、原理与路径[J]. 中国档案, 2020, (7): 77.
[4] 高彦梅. 语篇语义框架研究[M]. 北京: 北京大学出版社, 2015.

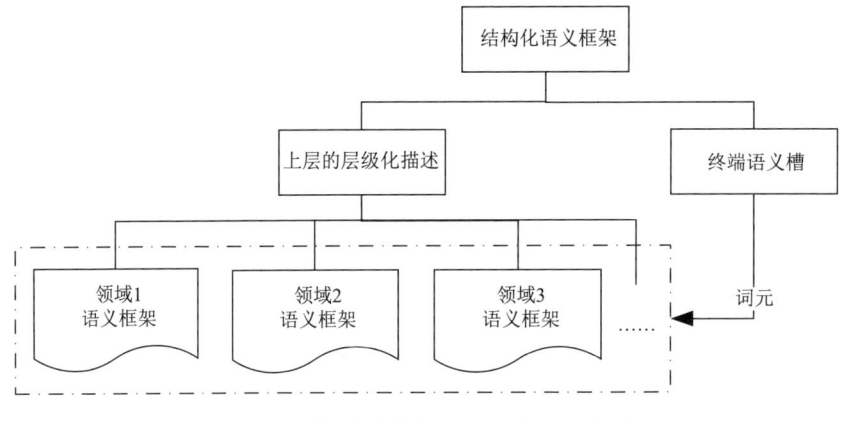

图 2-2 基于框架语义的结构化语义框架

2.3.2 政策文本结构化解析的通用解析框架构建

本书从整体策略和技术路线两个角度阐释政策文本结构化通用解析框架的构建，并设计相应的技术实现路线，最终实现通用的政策文本结构化解析。

政策文本作为重要的知识资源，将表示政策文本的自然语言符号序列转换为可以被快速理解、精准处理的框架形式，利用知识发现方法从海量的政策文本中发现有价值的知识，有效促进政策文本的智能知识管理，推进数字政府建设，提升政府的治理能力[1]。构建政策文本结构化通用解析框架的过程，实际上是将政策文本中的要素进行再梳理、再整合和再优化的过程，进一步清晰地揭示政策文本的深层次内涵[2]。本章的研究工作主要为政策文本外部结构提取和内部主题抽取，其直接结果是形成结构化的框架，并集成被快速处理和理解的文本数据集。

本章根据研究需求构建政策文本结构化通用框架，以期在保留政策语义关系的基础上形成框架式的政策文本解读方案。构建结构化通用解析框架以现代认知语言学当中的框架理论为指导，体现了政策文本解读在"面向人工"和"面向机器"两种应用需求间的冲突与平衡，在多种基础资源的支撑下实现文本符号序列的层级化、颗粒化和语义化。结构化解析语义框架的整体搭建思路如图 2-3 所示。

与学术文本的构成一样，政策文本的形式结构也具有规范性，参考学术文本结构的识别与提取可以发现，尽管政策的文种多样，但在整体结构上依然具备类似学术文本外部题录和内部正文等部分，可以从这两者的布局分析和逻辑结构入

---

[1] 赵洪, 王芳, 王晓宇, 等. 基于大规模政府公文智能处理的知识发现及应用研究[J]. 情报学报, 2018, 37(8): 805-812.

[2] 裴韬, 郭思慧, 袁烨城, 等. 面向公共安全事件的网络文本大数据结构化研究[J]. 地球信息科学学报, 2019, 21(1): 2-13.

手对政策文本进行成分分析和识别①。为寻求一种具备通用性的政策文本结构化解析通用框架构建策略，本章一是针对政策文本在布局分布（即题录部分）上的特征抽取共性规律，二是从内容逻辑（即正文部分）上提取政策主题属性。

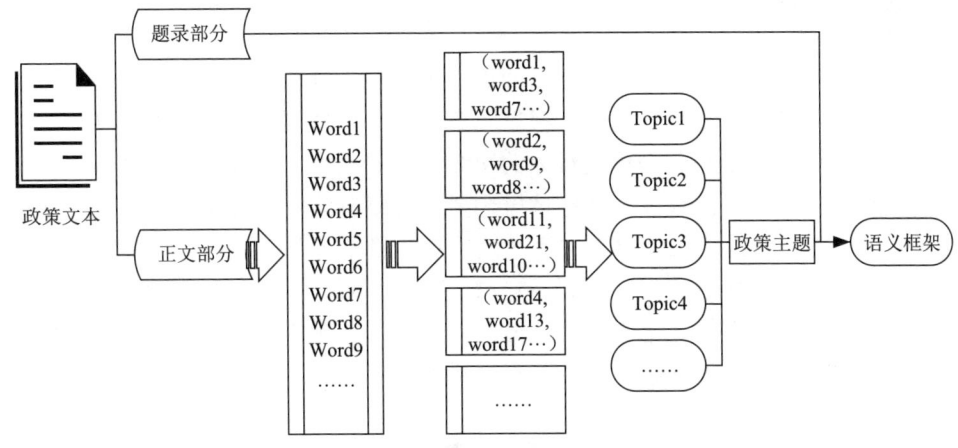

图 2-3　结构化解析框架搭建思路

首先，在题录部分，因政策文本有固定的构成规则，虽然针对的领域不同、采用的文种不同，甚至行文格式不同，但通常具有可识别和提取的共同要素，如标题、发文字号、发文机关、成文日期等，且在文中位置明确，这些政策的属性项反映了政策文本的外部特征。值得指出的是，本章对政策文本的结构化解析通用框架的研究，关注政策文本的内容特征和外部属性特征，排除文本形式表面上的字体、字号以及颜色等显示属性。

其次，正文部分的语义分析是政策文本结构化的难点与重点，政策主题作为正文部分的重点，隐藏在大量的词汇、语句、段落甚至篇章中，从词汇内涵及其关系出发可以实现政策主题属性的抽取，有效地展现政策文本内容的内涵。因此，本章集成题录部分的外部属性特征和正文部分的内容主题属性，构建政策文本结构化解析的通用框架，从文本外部属性和内容主题相结合的角度，更加丰富地揭示政策的深层次内涵，有效支撑对政策过程的理解和优化。

2.3.3　政策文本结构化解析的技术路线

根据上述解析框架，本章分别从政策外部属性提取和内容主题抽取两方面制定技术实现路线。

---

① 陆伟, 黄永, 程齐凯. 学术文本的结构功能识别: 功能框架及基于章节标题的识别[J]. 情报学报, 2014, 33(9): 979-985.

1. 外部属性提取

政策文本与学术文本类似，都属于按照标准格式行文的高度规范性文本[①]。学术文本题录部分的结构特征和识别方案，为本章政策文本外部属性的提取提供了思路[②]。

本章将政策文本题录部分所包含的属性项统称为外部属性，即时间、字号、主体机构这三类基本要素。同时，根据政策文本作用领域的不同，上述基本的外部属性要素可进一步细分为更为具体的次级要素。例如，时间要素可细分为发文时间、收文时间两个次级要素；主体机构要素可细分为发文主体、接收主体两个次级要素。本章将上述属性要素进行归纳，并对照《党政机关公文格式》[③]及《党政机关电子公文格式规范 第 1 部分：公文结构》(GB/T 33476.1—2016)[④]，形成了如表 2-1 所示的政策文本通用特征体系。本章通过正则表达式进行政策文本内容中外部属性要素的识别，并结合书写格式和位置特征实现准确提取。

表 2-1 政策文本通用特征

要素	位置特征	格式特征
标题	正文第一行	
发文字号	版头第二行	形如"国发〔2017〕35 号"
主送机关	版记倒数第三行	形如"发：各区委，小型企业、事业单位。"
发文机关	单独行文：正文（或附件说明）下一行、日期前一行 联合行文：正文（或附件说明）下一行至日期前一行 版记中为印发机关，在倒数第二行	后有成文日期
成文日期	正文末（不含附件内容）倒数第一行 版记倒数第二行接发文机关	形如×年×月×日
政策引用	通常在文中	有书名号，形如《×××》

本章提出的通用特征指的是政策文本结构化通用解析框架中普遍适用的特征

[①] 王东波, 高瑞卿, 叶文豪, 等. 不同特征下的学术文本结构功能自动识别研究[J]. 情报学报, 2018, 37(10): 997-1008.

[②] Lu W, Huang Y, Bu Y, et al. Functional structure identification of scientific documents in computer science[J]. Scientometrics, 2018, 115(1): 463-486.

[③] 中共中央办公厅, 国务院办公厅. 党政机关公文格式[EB/OL]. (2024-08-28)[2025-03-14]. https://www.uwh.edu.cn/uploads/article/20240828/69f2de9d846c53960e27149566288920.pdf.

[④] 中华人民共和国国家质量监督检验检疫总局, 中国国家标准化管理委员会. 党政机关电子公文格式规范 第 1 部分: 公文结构: GB/T 33476.1—2016[S]. 北京: 中国标准出版社, 2016.

要素，而细分领域的具体框架要素则在通用框架基础上，结合政策的领域特征进一步细化为专属的政策外部属性项，形成面向特定领域的政策外部属性要素集合，并融入领域政策结构化解析框架中。

2. 内容主题抽取

对政策正文中包含的主题要素进行抽取是本章要解决的难点之一，不同领域的政策文本呈现出的主题属性不同，一篇政策文本也会涉及多个主题，且与政策的关联强度及在政策文本中的占比也存在差异。随着文本挖掘技术的成熟，学者都在寻求更为全面、科学的政策文本分析方法。当下政策文本分析依然依赖普通计量手段进行量化研究，容易丢失政策文本中所隐含的语义关系。而主题模型作为一种发现文档集合中主题的统计模型，能够有效揭示政策文本的深层语义内涵并捕获领域热点。

当前本章拟面向"互联网+"这一特定领域开展实证研究，其规模较小，因此综合考虑后，将基于LDA2Vec主题模型[①]对政策文本的内容要素进行抽取。在后续的政策文本深度挖掘与应用（摘要生成、精准推送）中，本章将根据实际情况（如政策文本的规模大小）动态调整词向量的使用，如采用Doc2Vec模型进行政策文本向量的训练和生成，以支撑后续的摘要生成。

LDA2Vec主题模型既具备LDA主题模型[②]模仿人类思维模式科学抽取内容主题的特点[③]，又拥有Doc2Vec词向量训练方法融入词间关系的优点[④]，能够在不丢失语义含义的情况下融合主题和文档向量，从词和篇章的角度有效提取政策文本中的主题要素[①]。总体来说，LDA2Vec主题模型具有灵活性高、不丢失语义关系的特点，且输出结果的可解释性也较高。

由于本章选择的政策文本语料少且原模型对实验要求环境较高，因此选用了简化版的LDA2Vec主题模型[⑤]来验证方案的可行性，主要步骤包含数据预处理、LDA主题抽取、文档向量化表示三个模块（图2-4）。

---

① Moody C E. Mixing Dirichlet topic models and word embeddings to make LDA2Vec[EB/OL]. (2016-05-06) [2025-03-14]. https://cristinae.github.io/teaching/we4nlp19/slides2019/lda2vec_graichen_kroeger.pdf.

② Momtazi S, Naumann F. Topic modeling for expert finding using latent Dirichlet allocation[J]. Wiley Interdisciplinary Reviews: Data Mining and Knowledge Discovery, 2013, 3(5): 346-353.

③ Blei D M, Ng A Y, Jordan M I. Latent Dirichlet allocation[J]. The Journal of Machine Learning Research, 2003, 3: 993-1022.

④ Li C Z, Lu Y, Wu J F, et al. LDA meets Word2Vec: a novel model for academic abstract clustering[EB/OL]. (2018-04-23)[2025-03-14]. https://dl.acm.org/doi/pdf/10.1145/3184558.3191729.

⑤ Wang Z B, Ma L, Zhang Y Q. A hybrid document feature extraction method using latent Dirichlet allocation and Word2Vec[C]//2016 IEEE First International Conference on Data Science in Cyberspace. New York: IEEE, 2016: 98-103.

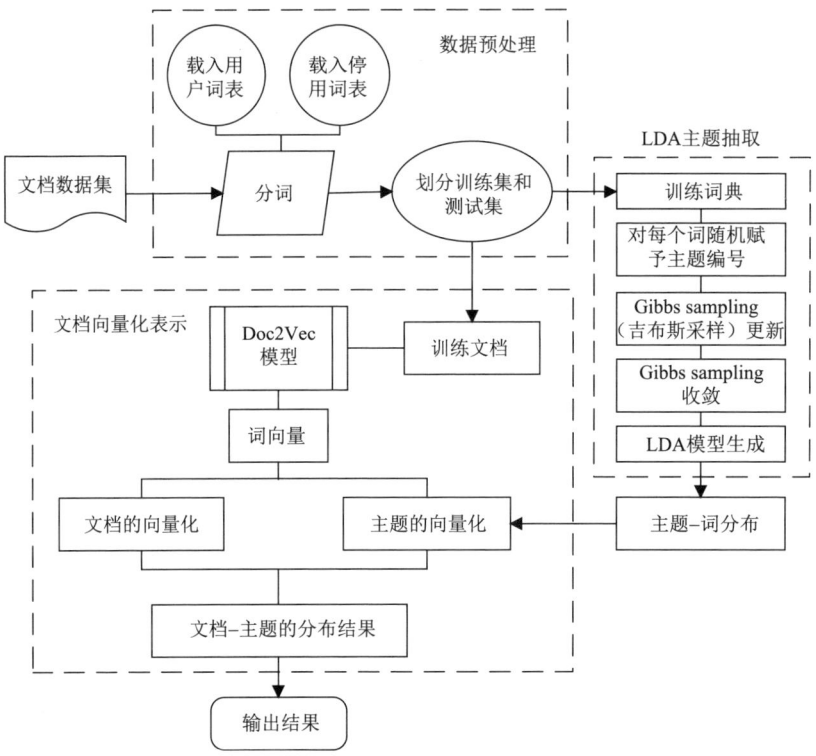

图 2-4 LDA2Vec 主题抽取模型

第一，数据预处理。选定数据来源后爬取所需数据，摘取政策题录部分和保留政策正文部分形成政策文档数据集。然后对文档数据集进行分词处理，根据前人研究经验构建并载入用户词表和停用词表以获得更准确的分词效果，依据一定比例划分所生成的分词结果，以支撑后期模型的训练，为主题模型和词向量的训练奠定基础。

第二，LDA 主题抽取。根据数据预处理阶段划分好的训练集，形成训练所需的词典，并将此词典作为模型训练的输入数据进行 LDA 模型训练，生成适应本次实验所需的 LDA 模型。继而输入实验数据集形成本次实验的主题-词分布结果，结合政策文本的领域特点和作用主体，人工总结与之相对应的主题，交叉验证后提炼出政策的主题属性项。

如上述研究，主题模型一直被广泛应用于文本研究工作，用以提取文本主题信息[1]或生成基于主题空间的向量表示[2]。政策主题代表了政策重点内容和政府关

---

[1] Du Q M, Li N, Liu W F, et al. A topic recognition method of news text based on word embedding enhancement[J]. Computational Intelligence and Neuroscience, 2022, 2022: 4582480.

[2] 胡吉明, 付文麟, 钱玮, 等. 融合主题模型和注意力机制的政策文本分类模型[J]. 情报理论与实践, 2021, 44(7): 159-165.

注点①，故主题识别成了提取政策深层语义内涵的常用思路。本章在上述政策识别的基础上，再次明确政策主题挖掘的技术路线，然后基于主题和各文档间距离获得政策在各主题间的分布情况，以此作为文本向量的语义补充，从而揭示政策与各政策主题间的关系，提高主题信息的可解释性。

LDA 是基于生成概率的三层朴素贝叶斯模型②，其通过在文档和词间引入主题这一中间语义，建立文档-主题和主题-词的关系矩阵，从而有效挖掘政策文本中所隐藏的主题信息。记收集到的政策文本数量为 M，每篇政策词数为 N_m（$m \in M$），某个政策主题为 k（$k \in K$），则其实现如图 2-5 所示。

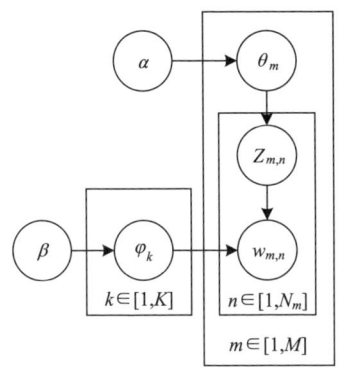

图 2-5　LDA 主题模型

抽样生成第 m 篇政策的主题分布 θ_m，再从 θ_m 中取样，计算第 m 篇政策中第 n 个词是主题 k 的概率 $P(Z_{m,n}=k)$；同理，抽样生成政策主题 k 的词分布 φ_k，再从主题 k 的词分布 φ_k 中取样，计算第 m 篇政策中第 n 个词的概率 $P(w_{m,n}|Z_{m,n}=k)$。接着通过条件概率公式可知，一篇政策文本中词的概率可以表示为式（2-1）。

$$P(w_{m,n}) = P(w_{m,n}|Z_{m,n}=k) \cdot P(Z_{m,n}=k) \tag{2-1}$$

其中，在对政策文本 d_m 进行分词后，词的分布概率 $P(w_{m,n})$ 是已知的，后续只需通过 Gibbs sampling 算法和式（2-1）对参数 α、β 进行调整，即可得到如表 2-2 所示政策主题-词间分布关系，并以此作为后续生成主题分布向量的重要依据。

---

① 单晓红, 何强, 刘晓燕, 等. "政策属性—政策结构"框架下人工智能产业政策区域比较研究[J]. 情报理论与实践, 2021, 44(3): 194-202.

② Sarne D, Schler J, Singer A, et al. Unsupervised topic extraction from privacy policies[C]//Liu L, White R. Companion Proceedings of the 2019 World Wide Web Conference. New York: ACM, 2019: 563-568.

表 2-2 政策主题-词分布

主题	词
主题 1	服务、机构、国家、项目、康复……
主题 2	就业、国家、医疗、组织、标注……
……	……
主题 K	补贴、社会、项目、申请、服务……

第三，文档向量化表示。将数据预处理阶段划分好的训练集作为 Doc2Vec 模型训练的输入数据进行词向量模型训练，生成适应本次实验的词向量模型。结合 LDA 主题抽取部分生成的政策主题-词分布结果，以及输入整体实验数据集而形成的 Doc2Vec 训练词向量，向量化表示实验数据集中的政策文档和主题。依据欧几里得距离公式①输出实验数据集的政策文档-主题距离结果，以此作为判读单篇政策文档及与之高度相关主题的依据。

根据前文所述，本章构建的政策文本结构化解析框架如表 2-3 所示。表 2-3 中包含通用属性要素项与细分领域政策文本要素项，但细分领域的政策文本呈现出的要素项应以相应的政策文本数据集为基础进行抽取与计算。

表 2-3 政策文本结构化解析通用框架

通用属性	通用属性要素项	细分领域政策文本要素项	数据类型
外部属性	时间	发文时间	年-月-日（时间型）
	机构	发文机构	字符型
		接收机构	字符型
	字号	发文字号	字符型
	政策引用	引用政策	
内部属性	政策主题	主题 1	
		主题 2	
		主题 3	

2.4 政策文本结构化解析的技术应用

为了抓住新一代信息产业技术的发展带来的新机遇，谋求新兴科技领域的改

---

①Wang Z B, Ma L, Zhang Y Q. A hybrid document feature extraction method using latent Dirichlet allocation and Word2Vec[C]//2016 IEEE First International Conference on Data Science in Cyberspace. New York: IEEE, 2016: 98-103.

革创新，迎接大数据、物联网等带来的挑战与机会，顺应信息时代"万物互联"的发展潮流，我国在 2015 年首次提出"互联网+"[①]这一概念，力求改变政务服务、医疗健康、社会服务、工业能源、农业建设等传统产业的运作方式，甚至在互相渗透的基础上催生整体行业改革[②]。为了让"互联网+"的理念与经济、社会和文化各方面充分融合，依托互联网环境开展全社会业务质量的提升变革，近年来我国政府出台了一系列政策辅助"互联网+"理念的推行和落地实施，协助各传统行业与互联网的融合与渗透，以达到创新生产模式、激发新质社会生产力的目的。

本章选取国家宏观层面的"互联网+"政策文本作为结构化描述框架的样本数据，通过提出的结构化解析通用框架来对样本数据进行拆解，基于结构化的解析结果进行"互联网+"政策文本解读。

2.4.1 政策文本结构化语料构建

领域政策文本结构化解析是在通用解析框架策略的基础上，依据领域特色构建相适应的结构化解析框架，需要选取可靠和可信的政策文本建立语料库。

1. 数据来源与样本选择

本次实验选择的研究对象是 2024 年 9 月以前国家宏观层面发布的中国"互联网+"有关政策文本，所有的政策文本来源于中国政府网的国务院政策文件库专栏和北大法宝。中国政府网是国务院官方网站，设有政策文件库专栏，网站内容可信度高且内容全面；北大法宝[③]是政策研究的权威数据来源网站，内容翔实并且设有"互联网+"专栏。上述两个数据源能够全面可信地涵盖本次研究对象——"互联网+"有关政策文本，并且发文主体的层次属于中央机关，能够准确反映国家层面对"互联网+"的宏观调控。因此，本章以中国政府网和北大法宝为"互联网+"政策文本的数据来源，以"互联网+""信息化""智能化"为检索词，结合人工交叉筛选，并二次过滤内容宽泛以及与"互联网+"相关度低的样本，最终确定了 106 篇"互联网+"政策文本。

[①] 国务院. 国务院关于积极推进"互联网+"行动的指导意见[EB/OL]. (2015-07-04)[2025-03-14]. http://www.gov.cn/zhengce/content/2015-07/04/content_10002.htm.

[②] 宁家骏. "互联网+"行动计划的实施背景、内涵及主要内容[J]. 电子政务, 2015, (6): 32-38.

[③] 黄如花, 温芳芳. 开放政府数据生命周期视角的我国政府数据资源管理政策文本内容分析: 国家各部门的政策实践[J]. 图书馆, 2018, (6): 1-7, 14.

2. 构建语料库

为了准确提取政策文本结构化框架的要素项，需要大量的政策文本语料来帮助发现泛化的文本特征要素项，并为这些规律性结构提供数据支撑。初级语料库的形成包括选定来源、数据爬取、文本去重、格式规范、形成数据集等步骤。

通过前期的数据收集与整理，本章一共收录了 106 篇 "互联网+" 有关的政策文本。上述 "互联网+" 政策文本是从特定网站爬取的数字化文本，和正式下发的文字版政策相比缺少一定的格式规范。因此需要整理上述文本的格式规范，本章按照政策的要素特征，并类比学术文本的题录、正文的体例特点，初步构成了本章所需的 "互联网+" 政策文档语料库，供后期文本处理与计算时使用。

2.4.2 政策文本结构化解析计算

本章选取 "互联网+" 有关政策文本作为样本开展细分领域政策文本的结构化解析实验实证工作，即依据前文所述的理论整体策略和技术路线构建 "互联网+" 领域政策文本的结构化解析框架，并通过实验结果验证方案的可行性与该框架的科学性和合理性。

1. 文本预处理

本次实验在 Python 环境下，使用中文分词效果较好的 Jieba[①]工具进行 LDA2Vec 模型主题抽取前的语料分词操作，该工具的中文分词效果较好且已得到广泛应用。由于 "互联网+" 政策文本涵盖的专业术语与领域术语众多，且中文本身存在同义词、近义词等现象，因此需要先对政策文本进行梳理，包括建立停用词表和领域用户词表，以及合并近义词与同义词等步骤。

首先，建立停用词表，本次实验基于哈工大停用词表[②]，结合 "互联网+" 领域建立对应的停用词表，例如：将研究主体词 "互联网+"，以及 "要求" "制定" "作用" 等含义宽泛的高频实词列入停用词表，以减少对模型计算的影响。其次，建立领域用户词表，由于本章选取的政策文本样本具备细分领域的特征，应大量阅读具体的 "互联网+" 政策文本，并进行多轮分词与结果筛查，例如，"实体经济" 应作为一个整体词语列入领域用户词表，但基础分词的结果则会呈现 "实体" "经济" 两个词，这是不够准确的；结合政策文本的特征和用词习惯对同义词和近义词进行合并，例如，将 "卫生健康委员会" 与 "卫健委" 这类含义相同或相近的词语进行同义词合并。最后，经多轮分词处理后，本章得到了 "互联网+" 领

[①] 祝永志，荆静. 基于 Python 语言的中文分词技术的研究[J]. 通信技术, 2019, 52(7): 1612-1619.

[②] 马思丹. 基于加权 Word2Vec 的微博文本相似度计算方法研究[D]. 西安: 西安电子科技大学, 2019: 11-12.

域政策文本的预处理结果，为后续进行准确的主题提取计算奠定了基础。

2. 外部结构属性提取

按照前文所述的整体策略，在进行领域政策文本的数据采集、清洗与预处理后，并行展开政策文本外部属性和内部属性的结构分析。

本章所涉及的"互联网+"政策的外部属性要素包括标题、发文字号、接收机构、发文机构、发文时间、引用政策等六项。本章根据位置特征提取"互联网+"政策文本的标题等要素内容，根据格式特征并通过正则表达式提取相应书写格式的其他要素内容。本章提取的主要外部属性要素以及位置、格式特征如表2-4所示。

表2-4 "互联网+"政策外部属性特征表

外部属性要素	位置特征	格式特征
标题	文本第一行	
发文字号	文本第二行	形如××〔年份〕××号
接收机构	文本第三行	后有冒号（：）
发文机构	单独行文：正文（或附件说明）下一行、日期前一行 联合行文：正文（或附件说明）下一行至日期前一行	
发文时间	正文末（不含附件内容）倒数第一行	形如×年×月×日
引用政策		书名号，形如《×××》

3. 内容主题属性抽取与计算

政策内容主题属性项的抽取对应"互联网+"政策的正文部分，基于LDA2Vec主题模型计算得到主题-词汇分布，并通过欧几里得距离公式计算距离值揭示政策文本与主题之间的关联程度。LDA2Vec模型的核心库已被创始者Moody（穆迪）在GitHub开源，该实验对图形处理单元（graphics processing unit，GPU）要求过高；而本章所选取的文本数量少，因此选用了简化的LDA2Vec主题计算模型①，主要由LDA主题抽取与Doc2Vec文档向量化表示两部分组成。

首先，基于LDA的主题抽取。本章利用Python环境下的sklearn、gensim工具包实现LDA模型训练与主题抽取。模型训练主要关注的是两个超参数α和β

---

① Wang Z B, Ma L, Zhang Y Q. A hybrid document feature extraction method using latent Dirichlet allocation and Word2Vec[C]//2016 IEEE First International Conference on Data Science in Cyberspace. New York: IEEE, 2016: 98-103.

以及主题数目 K 的设置。由于本章的数据文本数量少，且属于"互联网+"这一细分领域文本，大主题特征并不明显，因此将主题数目 K 设为默认的经验值 10，超参数采取默认值进行 LDA 模型的训练①。最终输出 10 组主题以及该主题下的高频词（表 2-5）。

表 2-5　LDA 主题抽取词组表

主题词组	高频词
主题词组 1	医疗、政务、智能、人工智能、工业、学院、能力、农业、健康、改革
主题词组 2	政务、能源、示范、资源、智能、网络、监管、改革、安全、农业
主题词组 3	政务、服务平台、工业、资源、改革、证照、网上、网络、安全、政府
主题词组 4	政务、网上、共享、智能、资源、业务、创业、办事、证照、政府
主题词组 5	智能、政务、调节、电子商务、农业、安全、创业、模式、标准、中国
主题词组 6	改革、政务、医疗、监管、机构、创业、重点、医疗机构、信息化、工业
主题词组 7	网站、政府、政务、安全、机构、共享、地区、网络、资源、信息化
主题词组 8	政务、信息化、工业、网络、改革、消费、资源、智能、农业、融合
主题词组 9	创业、工业、人工智能、融合、能力、改革、网络、重点、智能、资源
主题词组 10	政务、工业、网络、资源、信息化、共享、改革、政府、融合、安全

其次，基于 Doc2Vec 的文档向量化表示。Doc2Vec 模型是根据给定的语料进行模型训练，并将词语转换成可计算的向量模式，进而将文本内容转换成向量，通过计算向量空间的距离值反映文本与主题间的关联度。本章基于 Python 的 gensim 工具包实现 Doc2Vec 模型计算。因选取的数据样本数量偏少，本章根据本实验语料库文本特点以及实验需求，确定 Doc2Vec 模型的训练参数设置（表 2-6）。

表 2-6　Doc2Vec 模型参数设置

参数	参数值	用途
sg	1	设置训练算法为 Skip-Gram
size	100	词向量训练维数
window	5	训练窗口大小
Min_count	5	字典截断最低频次
sample	1e-3	采样阈值
hs	0	不使用 hs 方法
negative	5	噪声词（noise words）个数

---

① 裘惠麟. 基于 LDA2vec 模型的多源数据下科研热点识别研究[D]. 南京：南京大学, 2019: 48.

2.4.3 政策文本结构化解析结果呈现

经上述政策文本结构化解析后,本章将"互联网+"政策文本外部属性确定为发文时间、发文机构、接收机构、发文字号和引用政策五项。内部属性的整合主要依据主题抽取所生成的主题词组,通过人工总结的方式将 10 组主题词转化成具备描述性和总结性的短文本。结果发现,"互联网+"政策文本的作用主体领域包括政务、医疗、工业、资源、农业、文化等传统行业,因此在 10 组主题词中"医疗""政务""工业""资源""农业"等词语出现的频率较高且涉及的主题组较广,即这些词语的映射对象为产业或主体,可直接概括为行业或领域。而"网站""智能""人工智能""服务平台""电子商务""创业"等词语具有独一性和特指性,出现频率低且针对特定主题组,是主题词组中的中心词,即人工总结归纳时需关注的核心问题。最终,本章通过多轮交叉验证总结出 10 组主题项,并结合外部属性项,描绘出了"互联网+"政策文本结构化解析框架(表 2-7)。

表 2-7 "互联网+"政策文本结构化解析框架

通用属性	通用属性要素项	"互联网+"政策文本要素项	数据类型
外部属性	时间	发文时间	时间型
	机构	发文机构	字符型
		接收机构	字符型
	字号	发文字号	字符型
	政策引用	引用政策	
内部属性	政策主题	1. 融合人工智能的各行业智能服务能力提升	
		2. 互联网环境下各领域服务改革与示范	
		3. 政府业务的服务平台化办理	
		4. 政府资源与业务的线上化转变	
		5. 互联网环境下各行业创业模式与标准创新	
		6. 信息化背景下各领域重点机构改革	
		7. 政府网站资源共享与安全保障	
		8. 各领域信息化与互联网的智能融合	
		9. 智能化影响下的新兴行业发展	
		10. 信息化环境下网络资源共享与融合	

1. 单篇政策案例解读

上述对"互联网+"政策文本的结构化解析,将非结构化的政策文本转化为结构化的政策文本数据,最终形成了包括内容主题属性要素和外部结构属性要素在内的共 15 项要素，形成了"互联网+"政策文本的结构化解析框架。

以选取的《国务院办公厅关于促进"互联网+医疗健康"发展的意见》[①]为例，LDA2Vec 模型输出的主题-文档距离值结果归一化处理后的结果[②]如表 2-8 所示。通过多轮交叉人工判读检验主题与文档之间的关系，本章将 1.3 作为距离阈值，即当距离值小于或等于 1.3 时，该主题属性为高相关的主题属性项，其他则为低相关的主题属性项。以选取的该篇政策文本为例，距离值小于 1.3 即高相关的主题属性项分别是主题 1、主题 3、主题 4、主题 6 与主题 7。

表 2-8 案例文本主题-文档距离值表

序号	主题属性项	距离值
1	融合人工智能的各行业智能服务能力提升	0.213 369 95
2	互联网环境下各领域服务改革与示范	1.325 647 95
3	政府业务的服务平台化办理	1.100 438 76
4	政府资源与业务的线上化转变	1.149 555 27
5	互联网环境下各行业创业模式与标准创新	1.273 007 53
6	信息化背景下各领域重点机构改革	0.581 000 88
7	政府网站资源共享与安全保障	1.239 885 5
8	各领域信息化与互联网的智能融合	1.388 938 75
9	智能化影响下的新兴行业发展	2.147 036 68
10	信息化环境下网络资源共享与融合	1.582 479 68

结合提取出来的外部属性项，《国务院办公厅关于促进"互联网+医疗健康"发展的意见》[①]的结构化解析框架如表 2-9 所示。

表 2-9 《国务院办公厅关于促进"互联网+医疗健康"发展的意见》结构化解析框架

属性	属性要素项	"互联网+"政策文本要素项	数据类型
外部属性	时间	发文时间	2018 年 4 月 28 日
	机构	发文机构	国务院办公厅
		接收机构	各省、自治区、直辖市人民政府，国务院各部委、各直属机构
	字号	发文字号	国办发〔2018〕26 号

[①]国务院办公厅. 国务院办公厅关于促进"互联网+医疗健康"发展的意见[EB/OL]. (2018-04-28)[2025-03-14]. http://www.gov.cn/zhengce/content/2018-04/28/content_5286645.htm.

[②]宋勇, 蔡志平. 大数据环境下基于信息论的入侵检测数据归一化方法[J]. 武汉大学学报(理学版), 2018, 64(2): 121-126.

续表

属性	属性要素项	"互联网+"政策文本要素项	数据类型
外部属性	政策引用	引用政策	《"健康中国2030"规划纲要》《国务院关于积极推进"互联网+"行动的指导意见》
内部属性	政策主题	1. 融合人工智能的各行业智能服务能力提升	√
		2. 互联网环境下各领域服务改革与示范	
		3. 政府业务的服务平台化办理	√
		4. 政府资源与业务的线上化转变	√
		5. 互联网环境下各行业创业模式与标准创新	
		6. 信息化背景下各领域重点机构改革	√
		7. 政府网站资源共享与安全保障	√
		8. 各领域信息化与互联网的智能融合	
		9. 智能化影响下的新兴行业发展	
		10. 信息化环境下网络资源共享与融合	

根据解析结果可知，该篇政策文本发文于 2018 年 4 月 28 日，由国务院办公厅下发至各省、自治区、直辖市人民政府，国务院各部委、各直属机构。与该政策文档高相关的主题属性分别是"1. 融合人工智能的各行业智能服务能力提升"、"3. 政府业务的服务平台化办理"、"4. 政府资源与业务的线上化转变"、"6. 信息化背景下各领域重点机构改革"以及"7. 政府网站资源共享与安全保障"。追溯原文档发现，该政策第一项第七条为推进"互联网+"人工智能应用服务，即人工智能是健全"互联网+"医疗服务的重点改革方向，要求在基于人工智能的基础上研发有关支持决策系统，并开展智能医学场景下的各类技术应用，与主题 1 高度相关。

为促进"互联网+医疗健康"发展，国务院要求各直属机构协助搭建各类服务平台、信息平台、培训云平台、科普平台和共享交换平台，依托各类平台系统加强医疗信息采集和各项业务协同应用，优化资源配置，通过平台管理各项服务与业务的线上化转变，加强医院对基层的各类支持，构建覆盖诊前、诊中、诊后的线上线下一体化医疗服务模式，拓展医疗服务空间和内容从而提升医疗卫生现代化管理水平，与主题 3、主题 4 高度相关。

为健全"互联网+医疗健康"服务体系、支撑体系，该政策鼓励医疗机构与互联网企业等合作，发展疾病防控、检测检验等医疗健康服务，并加快基层医疗卫生机构标准化建设，转变传统的机构服务模式，与主题 6 高度相关。"互联网+"

为传统行业提供了转变与发展机会,也带来了新的挑战,该政策同时也要求加强行业监管与安全保障,出台规范互联网诊疗行为的管理办法,研究制定健康医疗数据确权、开放、流通和保护的法规,严格执行信息安全和健康医疗数据保密规定,保障数据信息安全,与主题7高度相关。

综上,本章的结构化解析框架对"互联网+"政策内容的解析结果,与政策文本所反映出的内容重点基本一致,有效凸显出了"互联网+"的重点主题,直观有效地展现了当前我国"互联网+"的发展态势。

2. 多篇政策规律解读

在单篇分析层面,结构化解析能够直观地展现"互联网+"单篇政策文本的主题分布、内容结构;在多篇分析层面,结构化解析则可以帮助重构大规模的"互联网+"政策文本的内容数据,直观展现政策的数量变化、主题衍化、继承关系等特征。

统计发现,"互联网+"政策共涉及59个发文单位,图2-6显示了发文最多的前20个单位,其中国务院办公厅发文数量最多,达到20篇;其次是国务院,发文16篇。国务院作为最高国家权力机关的执行机关,统一领导各部和各委员会的工作,领导和管理国家经济、社会、教育、文化、卫生等各方面工作建设,因此是"互联网+"战略的总领机构,而国务院办公厅作为国务院日常工作的执行机构担任助手和运转枢纽的角色,协助处理国务院的日常工作,督促检查国务院各部门对国务院决定事项的贯彻与落实情况,因此二者的发文数量较多。国家不同行政部门的职能各有侧重,发文机构的不同以及其发文数量的多少能够在一定程度上反映"互联网+"计划的侧重领域。其他发文数量在3篇及以上的发文机构还包含教育部、国家发展和改革委员会办公厅、工业和信息化部、国家发展和改革委员会、国家文物局、农业部办公厅、科学技术部、民政部和农业部。

"互联网+"应用的目的在于实现互联网与传统产业的联合,以推动移动互联网、云计算、大数据、物联网与传统现代制造业的结合,不断地优化生产要素、更新旧的业务体系、重建新的商业模式。目前,国家重点关注互联网与教育、能源、文化、农业的有机融合,并关注互联网在升级管理体系和优化组织架构上的可能,从而激发工业互联网、互联网金融、互联网健康和信息时代下新农业的健康发展,并专注电子商务、电子政务的转型与升级,从而继续优化各行业信息资源配置与共享,完成重点领域的机构改革,达到互联网环境下各行业服务的信息化与智能化。

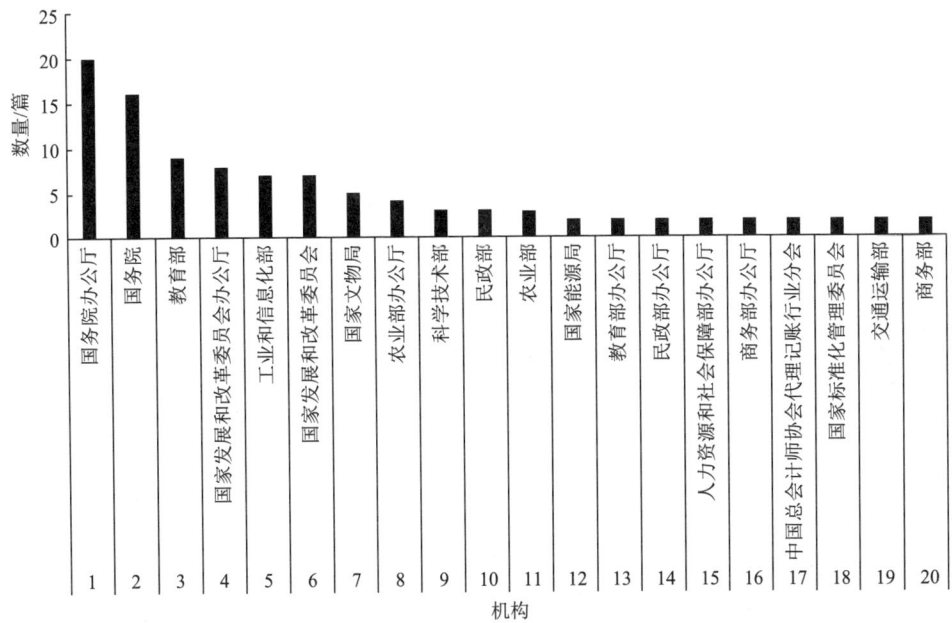

图 2-6　政策发文机构统计

"互联网+"领域的政策文本所抽取出的主题统计结果如图 2-7 所示。10 个主题的关注度总体较为均衡，相对侧重于"智能化影响下的新兴行业发展"，以及相对应的"互联网环境下各行业创业模式与标准创新"，重点关注新兴产业在"万物互联"时代的发展与融合。这是由于"互联网+"行动计划的提出是伴随着新一轮信息技术的高速发展而形成的，新技术带来的生产方式变革影响了传统产业的价值观从而助推了产业的转型升级。国家为应对产业价值链体系重构以及新一轮经济变革带来的挑战，鼓励各行业开展技术变革与应用模式创新，依靠大数据、物联网、云计算等技术带领传统行业释放潜力，使跨界融合成为常态，激发信息化环境下新行业、新业态、新产业、新模式的生长与发展。

对"政府网站资源共享与安全保障"这一主题的关注相对较低，由于政府信息资源共享与安全是"互联网+政务服务"重大项目中的重点方向，与"政府业务的服务平台化办理""政府资源与业务的线上化转变"平行，都属于信息化环境下政府公共数据资源开放与共享的范畴，因此关注度虽相对较低但仍非常重要，可作为日后专项调整的发力点。

观察发现国家对于"互联网+"战略计划的专注点可以大致概括为：智能环境下服务能力的升级优化（主题 1、主题 3）、各行业在互联时代的转型与改革（主题 2、主题 6、主题 8）、信息化环境下的新兴产业发展（主题 5、主题 9）以及政府公共数据资源开放与共享（主题 4、主题 7、主题 10），整体关注度都较为平均。

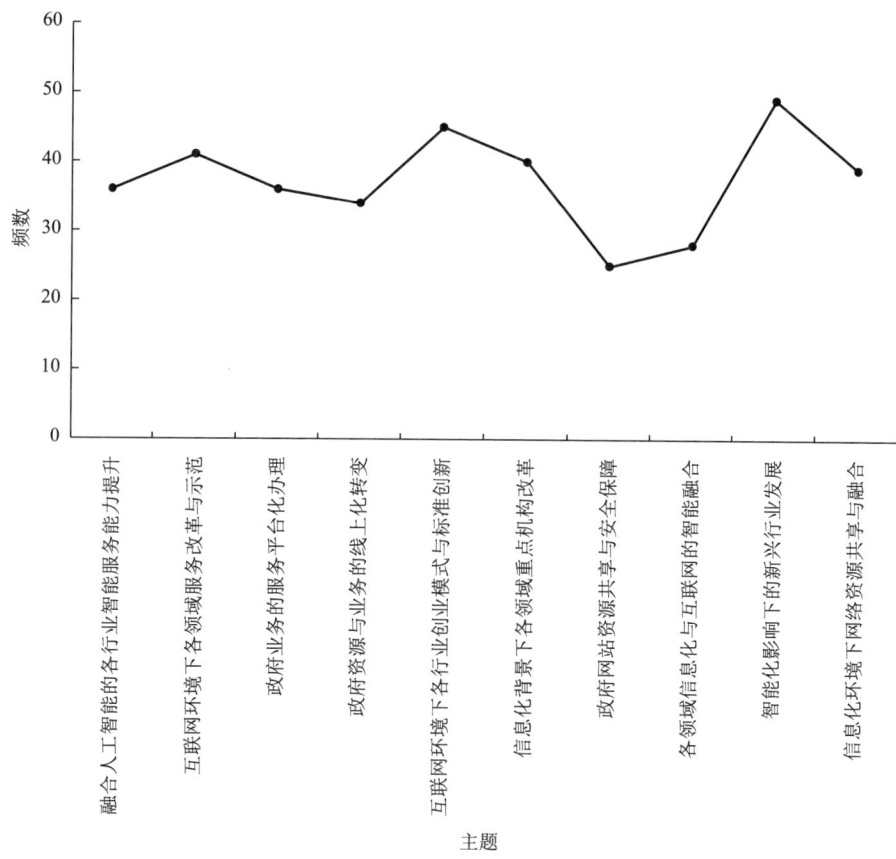

图 2-7 政策主题统计

通过观测具有引证关系的政策文本可以发现（表 2-10），本次实验选取的 106 篇政策样本中有 58 篇正文中引用了其他政策，被引用的政策文本有 47 篇。由此可以看出政策的制定与实施非单一部门所能完成的，具体政策的落地需要不同机构与部门间的协调合作。其中，被引用次数最多的政策文本是《国务院关于积极推进"互联网+"行动的指导意见》[①]，达到了 17 次（表 2-10），说明该政策是国家关于"互联网+"战略发展顶层设计的根政策，对其他政策文本具有很强的指导与借鉴意义，它决定着"互联网+"战略实施的总体路线与整体要求，以及各下属部门制订细分方向计划的行动路径。

更进一步，本章结合政策文本主题和政策引证关系，对典型案例进行实证分析，发现国家层面"互联网+"政策的发布与推行具有较强的脉络演化规律（图 2-8）。

---

① 国务院. 国务院关于积极推进"互联网+"行动的指导意见[EB/OL]. (2015-07-04)[2025-03-04]. http://www.gov.cn/zhengce/content/2015-07/04/content_10002.htm.

第 2 章 面向主题挖掘的政策文本结构化解析

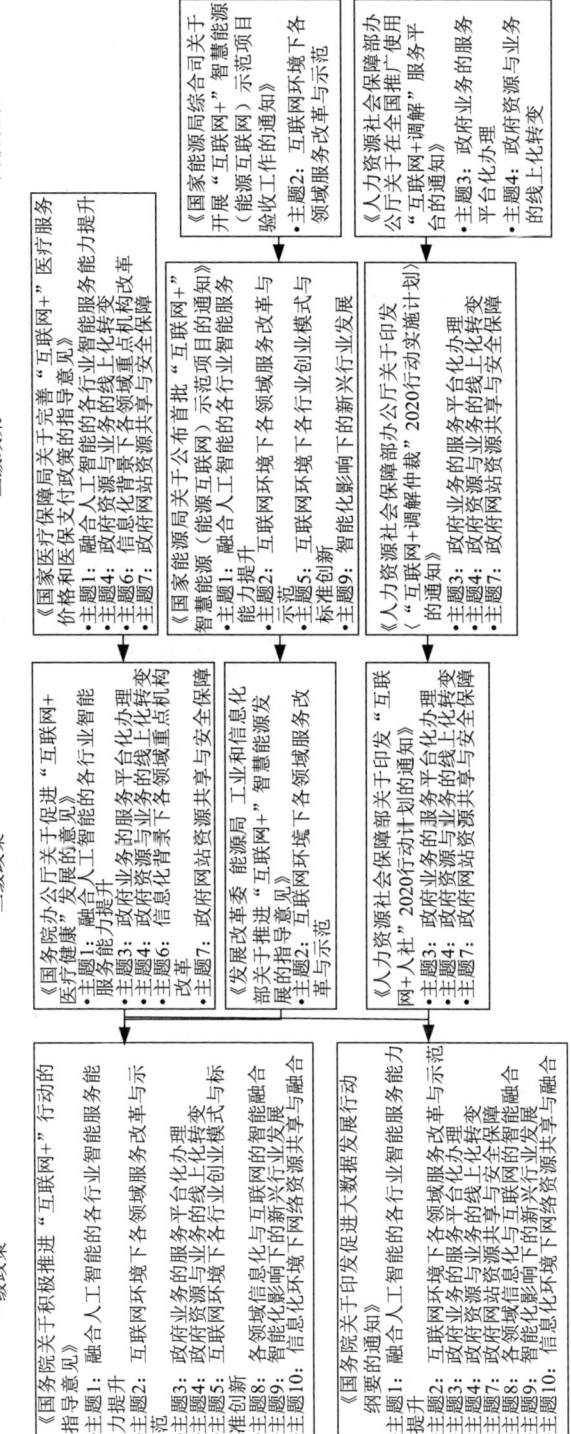

图 2-8 典型案例政策引用关系图

表 2-10　被引用政策数量统计（部分）

被引用政策	被引次数/次
《国务院关于积极推进"互联网+"行动的指导意见》	17
《国务院关于加快推进"互联网+政务服务"工作的指导意见》	4
《国务院办公厅关于促进"互联网+医疗健康"发展的意见》	2
《商务部办公厅关于印发"互联网+流通"行动计划的通知》	2
《发展改革委 能源局 工业和信息化部关于推进"互联网+"智慧能源发展的指导意见》	2
《人力资源社会保障部关于印发"互联网+人社"2020 行动计划的通知》	1
《人力资源社会保障部办公厅关于印发〈"互联网+调解仲裁"2020 行动实施计划〉的通知》	1
《国家文物局、国家发展和改革委员会、科学技术部、工业和信息化部、财政部关于印发〈"互联网+中华文明"三年行动计划〉的通知》	1
《国务院关于印发促进大数据发展行动纲要的通知》	1
《国家能源局关于公布首批"互联网+"智慧能源（能源互联网）示范项目的通知》	1

首先，引证政策和被引政策在主题分布上会呈现一定的相关度，即呈现延续性特征，引证政策会继承部分被引政策主题。例如《国务院关于积极推进"互联网+"行动的指导意见》①作为被引政策，其主题分布涉及主题 1、主题 2、主题 3、主题 4、主题 5、主题 8、主题 9 和主题 10，《国务院办公厅关于促进"互联网+医疗健康"发展的意见》②作为引证政策，其主题分布涉及主题 1、主题 3、主题 4、主题 6 和主题 7，继承了被引政策的相同主题有主题 1、主题 3 和主题 4。同时《国家医疗保障局关于完善"互联网+"医疗服务价格和医保支付政策的指导意见》③作为《国务院办公厅关于促进"互联网+医疗健康"发展的意见》②的引证政策，主题分布涉及主题 1、主题 4、主题 6 与主题 7，继承了前者的相同主题有主题 1、主题 4、主题 6 和主题 7，同时继承了《国务院关于积极推进"互联网+"行动的指导意见》①的相同主题为主题 1 和主题 4。上述情况说明具备引证关系的政策文本会继承根政策的主题特征。

其次，引证政策的主题分布会呈现特异性特点，即引证政策会在继承被引政策部分主题的情况下，增加新的政策主题以达到政策内容再生产的目的。如引证

---

①国务院. 国务院关于积极推进"互联网+"行动的指导意见[EB/OL]. (2015-07-04)[2025-03-04]. http://www.gov.cn/zhengce/content/2015/07/04/content_10002.htm.

②国务院办公厅. 国务院办公厅关于促进"互联网+医疗健康"发展的意见[EB/OL]. (2018-04-08)[2025-03-14]. http://www.gov.cn/zhengce/content/2018/04/28/content_5286645.htm.

③国家医疗保障局. 国家医疗保障局关于完善"互联网+"医疗服务价格和医保支付政策的指导意见[EB/OL]. (2019-08-30)[2025-03-14]. http://www.nhsa.gov.cn/art/2019/8/30/art_37_1707.html.

政策《国务院办公厅关于促进"互联网+医疗健康"发展的意见》①在继承部分相同主题的情况下，比被引政策《国务院关于积极推进"互联网+"行动的指导意见》新增主题 6 与主题 7。由此可以推断已发布的政策文本通常会成为其他部门制定相应政策标准的依据，从而提高政策文本的合理性与科学性，因此在主题上呈现出延续性特征。而上级部门发布的政策需要下级部门辅助具体落地，在保证总体原则与整体目标一致的情况下，按照实际情况制定适应本领域需求的具体细分策略，在主题上又产生了特异性。

3. 政策文本结构化解析结果总结

本章从单篇和多篇两个视角对中国"互联网+"政策文本内容进行结构化解读，总结该领域政策文本所呈现出的规律性特点，并为该领域后续政策的制定与政策体系的完善提供参考性意见。

（1）上层总体调控下的有序分散。通过对本次实验数据进行观察和解读，可以发现中国"互联网+"战略的施行是自上而下的，呈现出"长尾"化特征。由国务院和国务院办公厅总领整体工作，二者发文数量最多，其他机构发文量较为分散和平均，涉及工业、教育、卫生、农业等部门。总指导性政策是《国务院关于积极推进"互联网+"行动的指导意见》②，作为被引用次数最多的政策文本，所影响的行业涉及工业、卫生、金融、文化、农业等，影响力深远。从上述主题分布的结果看，目前"互联网+"战略的实施是"化整为零"，在整体调控的背景下，抓住新一轮科技革命和产业变革带来的转型升级已经初见成效，模式创新、应用拓展、服务创造和资源整合在各行各业得到了充分的发展。因此在总指导意见下，"互联网+"政策涉及部门多、分散行业广、关注主题多。

（2）关注主题分布分散但有重点。"互联网+"政策包含了 10 个主题，在整体上分布较为平均和分散，但是具体到年份则发现重点关注的主题还是存在差异的。每年关注主题的不同反映出当年"互联网+"战略实施的重点领域，较好地反馈了国家在制定战略计划时每一步的发力点。由本次实验所呈现出的主题差异可以推断出国家在实施"互联网+"战略时，第一步的重点是"发展"，在激发各行各业的生产力之后，重点则是发展新兴产业，接着关注的重点主题则是配套制度与服务体制的更新，布局科学合理且有效。同时，具有引证关系的政策之间在主题分布上也具备延续性特征，并依据实际涉及的方向不同而呈现出特异性，也

---

① 国务院办公厅. 国务院办公厅关于促进"互联网+医疗健康"发展的意见[EB/OL]. (2018-04-28)[2025-03-14]. http://www.gov.cn/zhengce/content/2018/04/28/content_5286645.htm.

② 国务院. 国务院关于积极推进"互联网+"行动的指导意见[EB/OL]. (2015-07-04)[2025-03-14]. http://www.gov.cn/zhengce/content/2015-07/04/content_10002.htm.

从侧面印证了政策主题依据实际情况而各有侧重。

（3）中央层面的调控手段已趋于完善。通过对政策发文数量和主题分布的观察可以发现，中央层面发布的政策文本数量自 2016 年之后呈现出下降趋势，每个关注主题政策的发布数量趋于均衡。由此可以推断，宏观调控层面国家对"互联网+"战略已基本做出部署，在大方向不变的前提下，不会对各领域进行大的调整。中央层面的调控手段在当前已趋于完善，未来中央层面关注的重点可能会在配套制度的跟进以及对下层执行效果的监督上。

在前述有关数据结论的支持下，本章提出以下相应对策与建议。

（1）在做优存量的基础上细化"互联网+"融合领域。"互联网+"在工业、金融、健康等领域的融合已见成效，激发了一大批新兴行业的健康成长，电子商务、物联网、工业互联网的发展如火如荼，但在垂直领域和特殊场景下的服务能力还有欠缺。例如，电商行业已经搭建起成熟的生产与营销体系，服务模式专注于个性化，但农村电商、跨境电商和特殊生产资料的电子商务增长体系有待进一步完善。

（2）不断做大增量，提升更多基于场景的互联服务能力。生活场景下的业务涉及更为具体的互联要素，随着人民对物质文化生活的要求不断提高，对生活服务也提出了更高的要求。推行业务线上办理和应用集成的同时，更要考虑使用场景的变化，推进跨地域业务办理的进度。要激励社会团体、企业等组织挖掘"互联网+"在提高生活质量方面的新业务机会，扩大跨界融合的范围。建立起积极的培育与引导模式，相关资金重点倾向于创新业务和新兴产业，带动新业务和业态的诞生与成长。

（3）继续关注"万物互联"背景下行业配套制度与数据安全保障。"互联网+"战略的施行带动了全社会的转型升级，并加快了社会优质资源的开放与共享，生产方式产生了巨大的改变，同时也带来了信息化社会下必然会产生的忧虑——信息安全问题。对应的监管模式能力的提高、相关信息立法的发展建设应作为日后政策制定的重点，只有加强互联网信息安全的监管和管控，管理网络环境下的公民行为，规范互联信息市场秩序，才能更好地发挥"互联网+"战略的积极作用。

2.5　总结与展望

本章从内涵发掘视角搭建政策文本结构化解析框架，为政策文本分析提出了全新的研究范式。结合实证验证结果发现，本章提出的路径具有可实现性，并通过结果反推验证了本章的研究结论具备合理性。

2.5.1 研究工作总结

本章构建的结构化解析框架，是在参照政策文本分析、政策文本量化研究相关理论和研究成果的基础上，构建政策文本结构化解析的实现思路，结合 LDA2Vec 主题模型设计技术路线。

1. 结构化解析框架能有效提升政策文本的解读效率

本章提出的政策文本结构化解析框架的本质是通过语义框架对政策文本内容进行拆解，从而更加直观地呈现出政策文本的外部特征与内容主题。结构化解析框架从外部特征与内容主题两个角度对政策文本的内容进行描述，将复杂的长篇政策文本转换成表格式的结构框架，能有效帮助政策接收者快速理解一篇政策文本所要表达的重点内涵，同时了解政策发布者所要达成的政策目标。该框架通过明晰政策内容从而有效提升政策文本的解读效率，对后续政策文本内容的价值挖掘和利用具有基础性作用。

2. 结构化解析的视角丰富了政策文本分析研究的理论体系

本章从结构化解析的角度对政策文本内容进行深入挖掘，为政策文本分析提供了新思路，丰富了政策文本分析的理论体系。结构化解析视角区别于传统的政策文本分析方法，其利用结构化的解析框架形成了一种全新的政策文本分析模式。这是对政策文本分析理论体系、传统政策解读的补充与拓展，是一种全新的研究范式。该范式利用更为直观的表达方式对政策文本内容进行重组，并在此过程中规范了政策文本各要素的表达方式，在一定程度上对政策文本分析、政策内容挖掘和政策文本量化研究起到了拓展作用。

3. LDA2Vec 主题模型提升了政策文本解读的客观性

区别于传统偏向实证的政策文本分析和偏向计量方法的政策量化研究模式，本章结合机器学习的方法，基于 LDA2Vec 主题模型在保留文本内在语义的情况下，更为准确地描述了政策文本主题特征，是对政策文本分析方法的创新。该方法弥补了传统政策文本分析在研究过程中出现的丢失语义特征、人工介入过多的缺点，利用非介入式的主题模型，为政策文本主题挖掘提供了一个更为客观的技术实现路径，从而帮助得出更为准确的政策文本主题解读结果。

4. 结构化解析框架为规模化解读政策奠定了基础

结构化解析框架规范了细分领域的政策文本内容主题属性和外部结构属性，为领域政策、领域文本后续的规模分析和解读创造了条件。通过结构化解析框架对政策文本进行拆解和解读,对政策文本的重点内容进行快速有效的抓取和重组,有利于政策接收方快速把握政策文本的核心主题和外在结构信息。更进一步,对大规模领域政策的解析,为政策制定者观察领域政策的演化规律创造了条件;所形成的规范化和结构化的政策文本内容数据集,为政策智库系统构建提供了可能。

2.5.2 研究展望

本章针对政策文本内容结构化解析研究进行了探索,同时由于理论水平与实验条件的限制,依然存在一定的局限性。

1. 在技术方法层面尚未实现全流程自动化

虽然本章选用了 LDA2Vec 主题模型,在一定程度上实现了包含语义关系的主题抽取,相对于采用专家编码和直接解读的传统政策量化手段,提高了结果的合理性和科学性,但在自然语言处理上需要人工干预词项的清理与合并,在内容主题词项抽取之后,对主题属性项的归纳概括以及最终对距离阈值的判断依然需要人工判读,无法完全避免人工的主观性特征,因此尚未达到完全消除人工干预的全流程自动化。

2. 在主题计算的准确度方面仍有提升空间

本章采用了主题模型及相关的技术方法,其科学性和合理性已得到验证,所探索的结构化解析框架能够有效解读政策文本内容。但本章所采用的政策文本数据量偏少,难以实现大规模的文本主题模型训练,其结果准确度依然有所欠缺。因此在后续的研究中,为进一步提升政策文本主题抽取与分类的准确性,一是可增加训练样本的数量,二是可利用计算结果更为精准的深度学习神经网络算法。

总体上,本章提出的政策文本结构化解析框架的有效性得到了验证,其后续作用的发挥仍有待持续挖掘,如在此基础上融合主题演化、引用关系、机构合作网络等方法,实现政策文本的准确分类、精准推送、内涵自动提取等功能,系统化地推进政策文本的深层挖掘与价值发挥。

第3章　基于多维特征融合的政策文本语义增强表示

中文文本数据具有显著的非（半）结构化特征[①]，这给计算机识别、处理和分析带来了困难。文本表示概念和文本表示模型的提出，实现了将自然语言表达转换成结构化特征表示形式的过程，使得文本挖掘和信息检索等工作成为可能[②]，因而文本表示一直是自然语言处理领域的核心任务。

本章在总结和梳理前人对政策文本内容挖掘研究的基础上，为将政策转换成用于后续实验所需的向量形式，探索以语义准确性为导向的政策文本表示策略，在政策文本初始向量的基础上，融合主题、实体等多维特征增强政策文本语义表示的准确性。

3.1　融合多维特征的政策文本表示方案

近年来，深度学习因具有强大的特征选择和特征抽取能力[③]，能够自动捕获文本更高层次、更抽象和更全面的语义信息，在政策文本研究中得到了应用[④][⑤]。应用较为广泛的如：CNN 可通过卷积层对政策文本的局部内容进行特征提取[⑥]，保留其中最重要的特征信息，实现对政策文本的准备表示[⑦]。RNN 则在时间序列数据处理上具有优势[⑧]，通过其网络结构的循环机制[⑨]，对政策文本序列整体进行

[①] 第八章 信息抽取研究进展、现状及趋势[C]//中国中文信息学会. 中文信息处理发展报告(2016). 北京：中国中文信息学会, 2016: 49-54.

[②] Rui W K, Xing K, Jia Y W. BOWL: bag of word clusters text representation using word embeddings[C]//Lehner F, Fteimi N. Knowledge Science, Engineering and Management. Cham: Springer, 2016: 3-14.

[③] 刘婷婷, 朱文东, 刘广一. 基于深度学习的文本分类研究进展[J]. 电力信息与通信技术, 2018, 16(3): 1-7.

[④] 杨锐, 陈伟, 何涛, 等. 融合主题信息的卷积神经网络文本分类方法研究[J]. 现代情报, 2020, 40(4): 42-49.

[⑤] Liang D C, Yi B C. Two-stage three-way enhanced technique for ensemble learning in inclusive policy text classification[J]. Information Sciences, 2021, 547: 271-288.

[⑥] Johnson R, Zhang T. Deep pyramid convolutional neural networks for text categorization[C]//Barzilay R, Kan M Y. Proceedings of the 55th Annual Meeting of the Association for Computational Linguistics. Stroudsburg: ACL, 2017: 562-570.

[⑦] 朱正. 政府通告文本分类系统的设计与实现[D]. 南京：东南大学, 2018.

[⑧] 杨丽, 吴雨茜, 王俊丽, 等. 循环神经网络研究综述[J]. 计算机应用, 2018, 38(S2): 1-6, 26.

[⑨] 李志鹏. 基于 LSTM 网络的政策挖掘研究与应用[D]. 北京：北京交通大学, 2019.

建模和特征提取，提高政策文本的表示效果①。

政策作为中央党政机关公文的一种，既具有公文的一般特征，也具有面向服务领域的特殊性。对其文本内容进行结构化处理与特征提取，有助于明确和突出政策中的关键信息，增强政策文本的语义内涵，有效提高政策表征的准确性和其与公众匹配的准确度。

综上，本章构建了如图3-1所示的政策文本向量表示方案，即融合文档特征、主题分布特征和实体特征进行政策文本表示，在构建政策文本数据集的基础上，先采用Doc2Vec模型训练词向量，通过LDA模型获取政策的主题，并提取政策文本中的关键句子组成新的政策文本；根据实体识别任务提取政策文本中的实体，并实现其对应的向量生成；通过预训练语言模型等深度学习模型，利用大规模的中文语料数据进行模型预训练，更好地学习政策文本中词汇和语句以及理解政策文本所蕴含的丰富语义内涵，最终获得融合实体和主题分布特征的政策文本表示，进而提高政策文本的向量化表示效果，以此作为后续政策深度挖掘的基础。

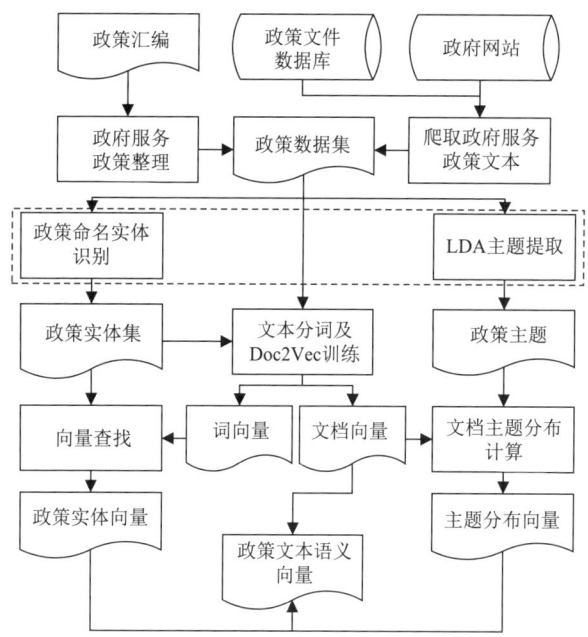

图3-1　融合多维特征的政策文本向量表示方案

---

① Liu P F, Qiu X P, Huang X J. Recurrent neural network for text classification with multi-task learning[C]//Brewka G. Proceedings of the Twenty-Fifth International Joint Conference on Artificial Intelligence. Menlo Park: AAAI, 2016: 2873-2879.

3.2 政策主题挖掘与文本向量生成

因政策文本涉及领域广泛，包含的词语繁多且分散，传统向量空间模型生成的词向量高维且稀疏，限制了表示模型计算的准确性。而浅层神经网络模型如 Doc2Vec 输出的词向量低维且包含丰富的语义信息，有助于保障后续文本建模的质量①。

因此，本章首先采用 Doc2Vec 模型训练词向量，生成政策文本的词向量表，利用 LDA 主题模型对政策文本进行主题建模，生成政策文本中主题与词汇的概率分布，得到政策文本中词汇对应的主题特征向量，融合词向量和词汇-主题特征向量，最终得到语义更加完整和丰富的词向量，以此作为后续政策文本向量化表达的基础。最后，考虑到政策文本篇幅较长，包含冗余信息较多，本章利用改进的 TextRank 模型提取出政策文本的关键句子，组成新的政策文本。在保留政策文本重要语义信息的基础上，浓缩政策文本的关键信息，使得其向量化表示更加精简、高效。其中产生的词向量和词汇-主题特征向量将有助于增强政策文本的语义性，进而提高关键句子及文本向量化表示的质量（图 3-2）。

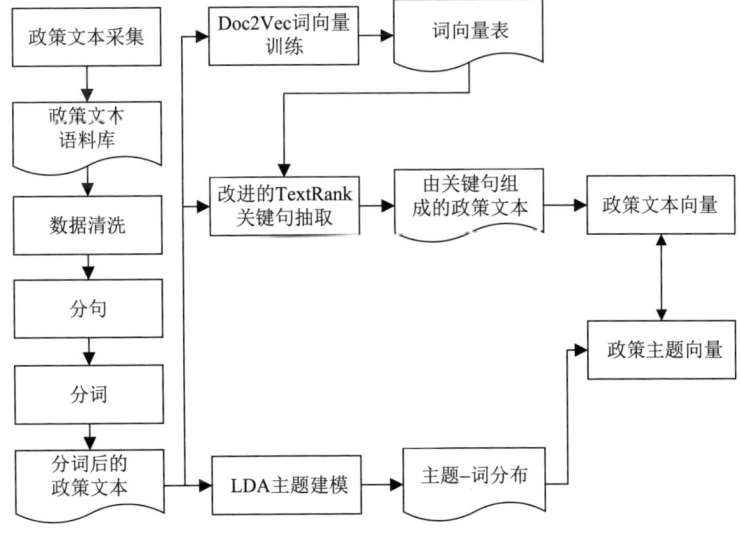

图 3-2 政策主题挖掘与文本向量生成框架

---

①Mikolov T, Chen K, Corrado G, et al. Efficient estimation of word representations in vector space[R]. Scottsdale: 1st International Conference on Learning Representations, 2013.

3.2.1 基于 LDA 的政策文本主题建模

在一定的流程和规范下，政策文本内容必然是围绕一个或多个主题展开的，并由一系列与主题密切相关的词汇构成，即主题反映了政策文本的语义主旨，对其挖掘有助于增强政策文本向量化表示的语义性。

上述分析中业已指出，LDA 模型在主题挖掘中获得了广泛应用[①]，本章将其应用于政策文本的主题建模，提取政策文本的主题信息。假设所有的政策文本包含 K 个主题，LDA 模型要生成政策文本集中的第 m 个文本 X_m，首先需要根据 Dirichlet 分布 $\mathrm{Dir}(\alpha)$ 得到该文本的主题分布 θ_m，对于每个主题 k 需要根据 Dirichlet 分布 $\mathrm{Dir}(\beta)$ 得到该主题的词分布 φ_k，对于政策文本 X_m 中每一个词语的确定，需要从 θ 的多项式分布中随机选择一个主题 z，然后从主题 z 的多项式条件概率分布中随机选择一个单词 $W_{m,n}$。最终，通过 LDA 模型可以得到政策文本-主题概率分布 θ 和主题-词概率分布 φ，其模型结构见图 3-3。

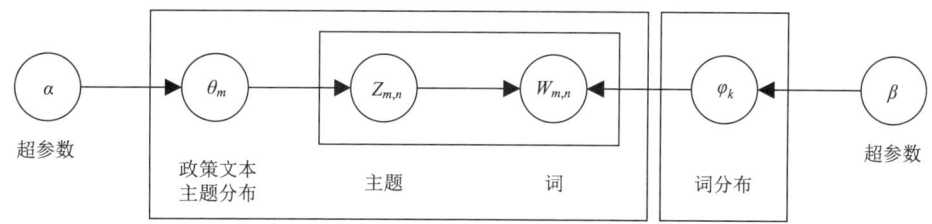

图 3-3　基于 LDA 模型的政策文本主题挖掘结构

图 3-3 中，α 和 β 是超参数，需要根据经验确定。θ_m 是政策文本 X_m 对应主题的分布，它是一个 K 维向量，K 是所有主题的数量；φ_k 是主题 k 对应词的分布，它是一个 N 维向量，N 是政策文本语料库中所有词语的数量；$Z_{m,n}$ 是政策文本 m 中第 n 个词的主题，θ_m、φ_k、$Z_{m,n}$ 都是未知的隐含变量，需要通过模型学习估计。$W_{m,n}$ 是政策文本 m 中的第 n 个词，它是能够观察到的已知变量。

本章利用主题-词概率分布反映政策文本中每个词语所包含的主题信息，得到词对应的主题特征向量。后续将该特征向量与上述原始词向量进行拼接，使词向量的语义信息更加丰富，从而有助于进一步提升政策文本的表示和后续挖掘应用的效果。

3.2.2 融合政策主题的文本向量生成

当前研究大多采用某种或多种深度学习模型，直接对政策文本进行表示。但

[①] 王鹏, 高铖, 陈晓美. 基于 LDA 模型的文本聚类研究[J]. 情报科学, 2015, 33(1): 63-68.

政策文本篇幅较长及由此带来的文本序列过长现象，将增大模型的训练成本，以及因神经网模型的长期依赖而产生梯度消失或梯度爆炸等问题。基于此，本章采用改进的 TextRank 模型抽取政策文本中的关键句子，组成新的政策文本；既保留政策文本整体核心的语义信息，同时又去除冗余信息，保证了政策文本表示的质量和效率。基于改进的 TextRank 的政策文本关键句子提取是后续政策文本深度挖掘与利用的重要基础，在后续的摘要生成中，本章将具体展开政策文本关键句子的抽取研究。

结合上述研究的成果，本章通过提取政策文档-主题分布矩阵，将政策文档和相应主题的概率作为向量可实现文档向主题空间的投影[①]，但该方法不能得到其在所有政策主题下的分布情况，且缺少了对政策文档上下文语义的考量，会导致生成的政策主题特征不能直观展现政策文档的语义内涵。因此，需要基于上下文将主题及文档置于同一向量空间，并计算两者间的距离，获取政策文档在各主题下的分布情况，从而最大限度地保留政策的主题信息。

具体实现如图 3-4 所示，在上述获取主题特征和生成文档及词向量表示的基础上，本章进行政策主题的向量化表示。其中，政策主题由主题-词矩阵中前 n 个高频词来表示，词频归一化后作为词对主题的贡献率，进而通过词向量和其在主题表示中占有的权重生成主题向量。任一政策的主题表示符合式（3-1）和式（3-2）：

$$\omega_i = \frac{t_j}{\sum_{l=1}^{n} t_l} \qquad (3\text{-}1)$$

$$v(t_i) = \sum_{l=1}^{n} \omega_{i_l} \cdot v(w_{i_l}) \qquad (3\text{-}2)$$

依次测量每篇政策文档向量与 n 个主题间的欧几里得距离，该距离表示政策文本与各主题间的关联程度，距离越大说明政策越接近该主题，最后将政策与各主题的距离存储为列表，作为政策文本的主题分布向量。

$$\text{dis}(v(d_i), v(t_i)) = \frac{1}{|v(d_i) - v(t_i)|} \qquad (3\text{-}3)$$

至此，政策文本主题表示不再是单纯依赖主题下的高频词，而是保留了整篇文档语义和主题的相关性，使得主题表示在更贴合文本内容的同时涵盖更多主题分布信息。

[①] Zhang P, Wang S G, Li D Y, et al. Combine topic modeling with semantic embedding: embedding enhanced topic model[J]. IEEE Transactions on Knowledge and Data Engineering, 2020, 32(12): 2322-2335.

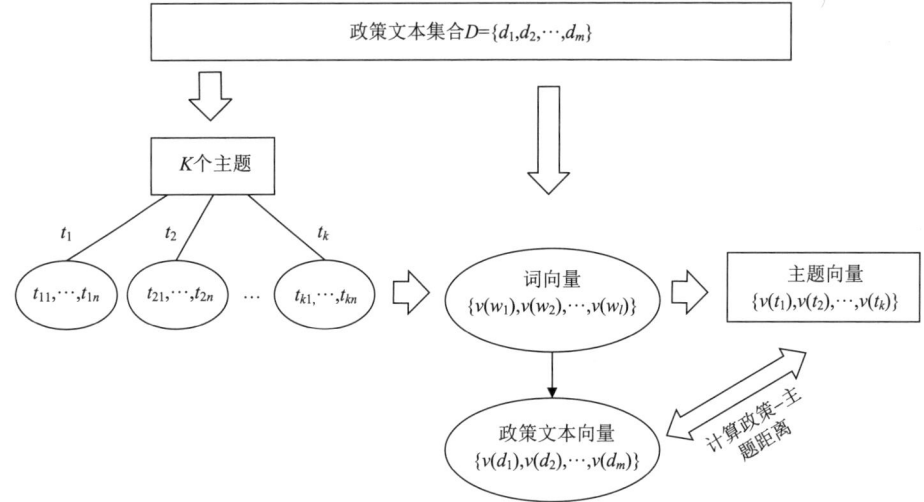

图 3-4 基于主题分布的文本向量生成

3.3 政策文本中的实体特征提取

从广义上来说，文本表示实质是一种文本特征提取[1]，文档粒度的文本表示提取的是整篇文本的特征，词粒度的文本表示提取的是文本构词的特征，当前只考虑文本基础向量化的文本表示方法虽能在一定程度上满足文本理解与处理的需要，却不足以进行完整的语义理解。为了尽可能在文本表示中丰富其语义内涵，研究人员尝试在文档或词向量基础上加入统计特征[2]、词性[3]、主题[4]、实体[5]等信息，甚至有学者将领域特定任务信息[6]融入文本表示向量来提升文本的分类预测

---

[1] 冯斌, 张又文, 唐昕, 等. 基于 BiLSTM-Attention 神经网络的电力设备缺陷文本挖掘[J]. 中国电机工程学报, 2020, 40(S1): 1-10.

[2] 俞琰, 陈磊, 姜金德, 等. 结合词向量和统计特征的专利相似度测量方法[J]. 数据分析与知识发现, 2019, 3(9): 53-59.

[3] Liu W F, Liu P Y, Yang Y Z, et al. A embedding model for text classification[J]. Expert Systems, 2019, 36(6): e12460.

[4] Jiang Z L, Gao S, Chen L C. Study on text representation method based on deep learning and topic information[J]. Computing, 2020, 102(3): 623-642.

[5] Hou W F, Liu Q, Cao L B. Cognitive aspects-based short text representation with named entity, concept and knowledge[J]. Applied Sciences, 2020, 10(14): 4893.

[6] 黄露, 周恩国, 李岱峰. 融合特定任务信息注意力机制的文本表示学习模型[J]. 数据分析与知识发现, 2020, 4(9): 111-122.

效果。而政策文本作为政策执行的信息载体,目的性强、关键信息突出;行文多围绕政策核心(即主题),且所涉主题占比各不相同,因而针对政策实体和主题分布进行特征提取,是增强政策文本表示效果的有效思路。

政策文本因文体特殊性,其行文结构格式较为固定,一般都包含政策背景、政策主体、政策客体、政策目标和政策措施等内容要素[①],这些政策要素有助于政策浏览人员快速了解政策概况、定位重要信息,因而从政策文本中准确提取此类政策特征是增强政策文本向量表达的有效途径。命名实体(简称实体)是文本中承载特定意义信息的词组[②],可以通过实体识别任务来提取,结合实体识别在政策新闻类文本中的广泛应用,本章尝试借助实体识别任务来提取政策中的政策要素,以增强政策文本表示的语义内涵。

基于此,本章融入政策实体特征进行政策文本表示以及政策实体识别,提取政策文本中的关键要素,结合政策主题挖掘,实现融合政策文档、实体、主题分布的向量化表示,以尽可能保留政策文本的上下文语义,丰富政策文本向量的语义内涵。

3.3.1 面向领域场景的政策实体标注

政策实体识别的首要工作是进行实体标注,但值得指出的是相较于英文文本,中文文本的命名实体识别工作面临的挑战更大,目前未解决的难题更多。一方面,中文文本存在着词边界模糊的问题及复合构词的情况,实体边界的识别完全依赖人工标注。另一方面,政策文本因其文体专业性和领域特殊性,无法直接复用目前普遍使用的三大类(实体类、时间类和数字类)和七小类(人名、地名、机构名、时间、日期、货币和百分比)实体类别[③],因此本章针对政策的特点、政策用户的关注点,结合前人研究确定适用于政策的实体类别,提出了一套适用于政策的命名实体标注策略。具体包括:一是识别政策命名实体的边界;二是确定政策命名实体的类别

1. 实体边界的界定

考虑到汉语分词任务和命名实体识别工作间的互相影响关系,先分词再标注可能会因为分词的不准确产生严重误差,并造成误差的向后传递,如"肢体残疾人"在分词过程中会被划分为"肢体"和"残疾人"两个词汇,使得一个

---

① 李国锋, 孙雨洁. 文献量化视角下人才引进政策评估[J]. 科技管理研究, 2020, 40(4): 61-72.
② 牟冬梅, 金姗, 琚沅红. 基于文献数据的疾病与基因关联关系研究[J]. 数据分析与知识发现, 2018, 2(8): 98-106.
③ 孙镇, 王惠临. 命名实体识别研究进展综述[J]. 现代图书情报技术, 2010, (6): 42-47.

指代具体政策对象的实体被标注为一个与政策对象无关的实体和一个指代政策对象范围扩大化的实体，势必会影响后续政策文本表示的效果。针对这一情况，在基于字和基于词的两种主流标注粒度选择中，现有研究多以字粒度进行实体标注[1]，再将实体作为分词器中的未登录词（out of vocabulary，OOV）以提高分词准确度。本章以此为思路，拟进行字粒度下的命名实体识别工作，并进一步考虑选用何种标注模式来确定构词边界。这是因为中文文本与英文文本语法结构不同，英文文本将空格作为词语的界限标志，而且中文文本也不具备英文中大小写字母等形态指示，所以中文文本标注需要对命名实体的边界进行有效界定。为解决这一问题，前人提出了多种标注体系，包括 IO、BIO、BIOES、BMES、BMEWO 等模式，其中 BIO、BIOES 两种序列标注模式较为常用且效果稳定[2]；同时 BIO 标注模式只需标注实体的开头和结尾，进一步简化了实体的提取工作。因此，本章将 BIO 标注模式应用于政策实体的前期标注工作中。

2. 实体类别的划分

在确定实体边界后，还需进一步确定实体类别。政策文本的内容结构遵循政策行文的一般规律，政策实体要素的构成也具有普遍性。当前学术界已围绕政策实体识别研究展开了诸多探索，本章整理分析前人在政策实体识别研究中的经验成果，以期为政策命名实体类型的划分提供参考。刘建华等[3]在科技政策演化路径研究中将实体划分为政策行为主体、政策目标主体、政策举措三大类，其中政策行为主体为政策发布方，政策目标主体或政策受众指政策作用对象，政策举措指包括奖励、法案在内的具体措施，其中政策目标主体、政策举措是与政策用户密切相关的两类实体。张雨和吴俊[4]在构建科技政策知识图谱时抽取了科技政策、政府机构、关联政策等七类实体，其中关联政策旨在揭示科技政策间的引用关系，帮助政策发布方和政策用户定位相关政策。

但通过梳理已有研究发现，当前政策实体识别的工作多从政策主体视角出发，

---

[1] Liu Z X, Zhu C H, Zhao T J. Chinese named entity recognition with a sequence labeling approach: based on characters, or based on words?[C]//Huang D S, Zhang X. Proceedings of the Advanced Intelligent Computing Theories and Applications, and 6th International Conference on Intelligent Computing. Berlin: Springer, 2010: 634-640.

[2] 王若佳, 魏思仪, 王继民. BiLSTM-CRF 模型在中文电子病历命名实体识别中的应用研究[J]. 文献与数据学报, 2019, 1(2): 53-66.

[3] 刘建华, 张智雄, 张琴. 基于多维政策实体及其关系的科技政策演化路径揭示方法研究[J]. 数据分析与知识发现, 2019, 3(5): 57-67.

[4] 张雨, 吴俊. 科技政策知识图谱构建研究[J]. 数字图书馆论坛, 2021, (8): 31-38.

聚焦于政策文本的外部属性,如政府部门名称[①]、发文时间和政策类型[②]等,并服务于政策文本量化分析,少有政策实体研究面向政策用户,利用命名实体识别任务提取政策内容要素,因而通过参考前人工作来确定政策实体的帮助有限。为使本章确定的政策要素实体类型能充分反映政策用户的关切,并服务于后续的政策文本深度挖掘与应用,如政策摘要生成、政策精准推送等,需要根据任务目标和内容特点来进一步明确实体类别划分。

本章通过梳理政策的行文结构发现,政策的行文主要涵盖政策背景、任务目标、主要内容、工作要求等[③],其中主要内容又涵盖服务对象(如服务范围、帮扶对象、补助对象)、主要举措(如帮扶措施、保障措施)、申报程序(如申请流程、申请材料、审批程序)、资金安排(如资助标准、资金拨付)等。结合实际,政策用户需要先知晓政策服务范围以明确该政策的适用性,当其处于政策适用范围内,会进一步关注具体的政策举措并搜寻获取相应服务流程等内容。基于上述考虑,本章初步拟定了适用于政策推送的命名实体类别,如表3-1所示。

表3-1 政策实体类别

实体类别	类型的定义	标识符号	示例
政策对象	政策客体,是政策的目标对象	Object	离退休人员、视力残疾
政策举措	为推动政策落实而采取的具体措施	Measures	就业培训、康复服务
申请流程	政策对象获取政府服务的流程	Process	提出书面申请、填写××申报表
相关材料	政策对象获取政府服务所需的自证材料或相关材料	Needed	身份证、社会保险缴费凭证
关联政策	当前政策引用的其他政策(可方便政策对象查阅相关政策并享受相关政府服务)	Related	《关于进一步加强残疾人证管理工作的通知》

3.3.2 基于BiLSTM-CRF的政策实体识别

针对命名实体识别研究工作提出的模型众多,其中基于统计机器学习和基于深度学习的方法在各类标注任务中展现出的性能更为优异。为提升政策实体识别准确度,本章分析了不同模型的作用机制和政策文本特征,在上述标注策略的基础上,集成BiLSTM和CRF模型构建中文政策的命名实体识别模型(图3-5),以期实现政策实体的智能准确识别。

---

① 胡漠,马捷,张云开,等. 我国智慧政府信息协同网络结构识别与分析[J]. 情报学报, 2020, 39(1): 47-56.
② 魏宇,邢剑华. 自然语言处理视角下分散化政策情报信息量化研究:以1986—2018年旅游交通政策演进为例[J]. 情报杂志, 2020, 39(8): 16-23, 121.
③ 马有晶. 地方政府职业教育精准扶贫政策比较研究[J]. 中国职业技术教育, 2021, (4): 46-54.

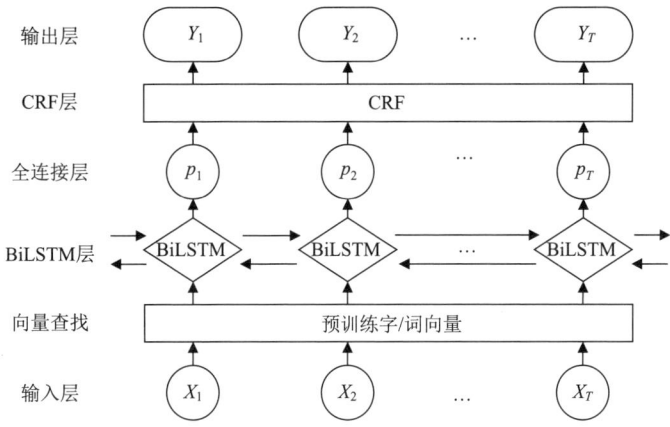

图 3-5 BiLSTM-CRF 政策实体识别模型

1. 基于 BiLSTM 的上下文信息提取

从广义上讲，不同领域的政策文种基本相同，除通知、公告、意见等 15 种格式化公文种类外[1]，还包括章程、条例、细则和办法等规章制度类公文。不同公文种类和政策内容安排决定了政策文本体量的差异，当行文较长时，就需要通过长期记忆处理长期依赖。BiLSTM 是满足这一需求的典型模型，其可以通过 LSTM 中的记忆单元和门限机制有效记忆上文信息，实现长距离信息利用并缓解梯度消失问题[2]。LSTM 单元结构如图 3-6 所示，其作用原理是将政策文本处理为字或词的序列$[x_1, x_2, \cdots, x_t]$，按先后顺序（$t-1$ 时刻）依次输入神经单元完成以下处理。

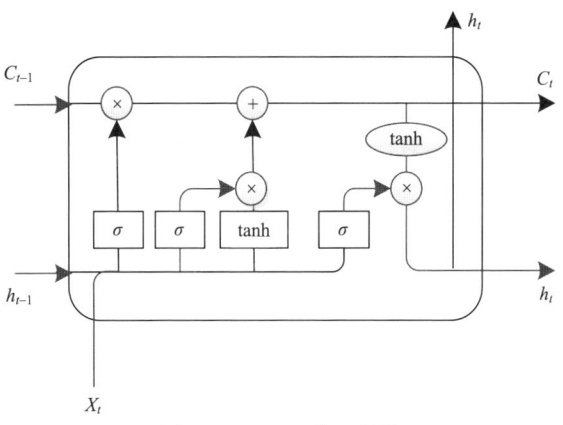

图 3-6 LSTM 单元结构

---

[1] 中共中央办公厅, 国务院办公厅. 党政机关公文处理工作条例[EB/OL]. (2013-02-22)[2020-12-12]. http://www.gov.cn/zwgk/2013-02/22/content_2337704.htm.

[2] Hochreiter S, Schmidhuber J. Long short-term memory[J]. Neural Computation, 1997, 9(8): 1735-1780.

遗忘门：将 $t-1$ 时刻神经元输出的政策上文信息 h_{t-1} 和 t 时刻输入字（词）x_t 输入 sigmoid 层，计算出一个(0,1)之间的向量，以此表示对政策上文的记忆程度，f_t 作为忘记门控如式（3-4）所示：

$$f_t = \sigma\left(W_f \cdot [h_{t-1}, x_t] + b_f\right) \tag{3-4}$$

输入门：通过输入门的操作来决定输入政策前文 h_{t-1} 和字（词）x_t 的哪些信息，记 i_t 为记忆门控。同时计算政策前文 h_{t-1} 和字（词）x_t 输入到当前神经单元内的文本信息 $\tilde{C}_t$：

$$i_t = \sigma\left(W_i \cdot [h_{t-1}, x_t] + b_i\right) \tag{3-5}$$

$$\tilde{C}_t = \tanh\left(W_C \cdot [h_{t-1}, x_t] + b_C\right) \tag{3-6}$$

更新记忆状态：通过遗忘门忘记部分 $t-1$ 时刻的上文信息，通过输入门添加部分输入信息 $\tilde{C}_t$，得到政策序列$[x_1, x_2, \cdots, x_t]$在当前神经单元留有的信息 C_t，如式（3-7）所示：

$$C_t = f_t \times C_{t-1} + i_t \times \tilde{C}_t \tag{3-7}$$

输出门：输出门负责输出字（词）经当前神经单元处理得到的特征，h_{t-1} 和 x_t 通过 sigmoid 层决定输出特征 o_t，然后将神经单元学习到的信息 C_t 通过 tanh 层得到一个(-1,1)间的向量，该向量与 o_t 相乘就得到了神经单元最终的输出：

$$o_t = \sigma\left(W_o [h_{t-1}, x_t] + b_o\right) \tag{3-8}$$

$$h_t = o_t \times \tanh(C_t) \tag{3-9}$$

多个单元结构串联即构成 LSTM 网络，通过各细胞单元不断执行记忆更新操作，完成对政策文本序列上文信息的有效保留。但根据图 3-7 的链式结构可以看出，LSTM 只是单向记忆前文信息，随着政策文本长度的增加，文本后端有效保留了前文的语义信息，但文本前端却无法感知下文语境。为了使文本中的元素保留同样的上下文信息量，BiLSTM 组合前向 LSTM 与后向 LSTM 来捕捉上文及下文特征。如图 3-8 所示，前向 LSTM 计算单个词或字符向量 x_i 的上文信息 l_i，后向 LSTM 计算文本的下文信息 r_i，通过向量拼接得到该字符的隐藏层输出 $h_i=(l_i;r_i)$，即双向提取文本信息以最大限度地保留政策语义，继而输入全连接神经网络，通过 $e_t = \tanh(W_h \times h_t)$ 计算用于预测单个词或字符所有可能标记序列的置信度。

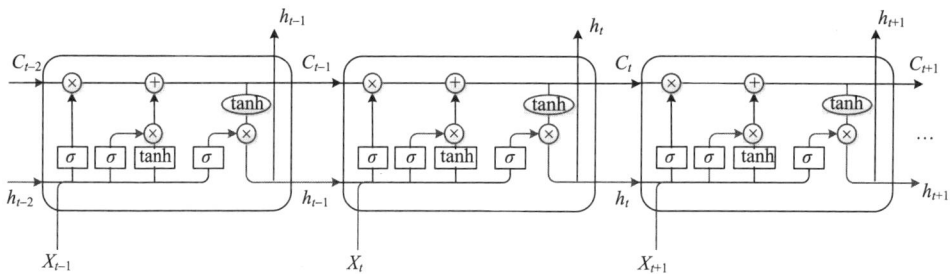

图 3-7　LSTM 链式结构

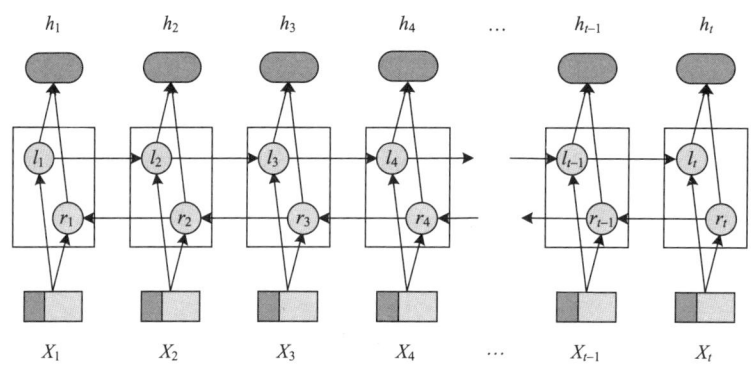

图 3-8　BiLSTM 网络结构

2. 基于 CRF 的标签优化

Lafferty 等[①]于 2001 年提出了 CRF 模型，该模型结合了最大熵模型和隐马尔可夫模型的特点，能够以给定输入序列为条件预测输出序列的联合概率分布，而命名实体识别可以定义为序列标注问题，因此 CRF 模型被广泛应用于命名实体识别任务。以线性链 CRF 为例，其原理图如下（图 3-9）。

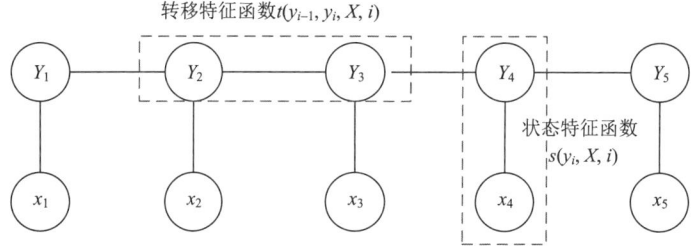

图 3-9　CRF 模型

---

① Lafferty J D, McCallum A, Pereira F C N. Conditional random fields: probabilistic models for segmenting and labeling sequence data[C]//Brodley C E, Danyluk A P. Proceedings of 18th International Conference on Machine Learning. San Francisco: Morgan Kaufmann Publishers, 2001: 282-289.

首先，定义 CRF 中的两个特征函数，即转移特征函数 t 和状态特征函数 s，前者表示从第 $i-1$ 个词标注的标签转移到第 i 个词标注的标签时的可能性，函数包含四个参数：X 指政策文本待标注序列（$X=x_1,x_2,\cdots,x_t$），i 指句子 X 中第 i 个词，y_i 指第 i 个词的标注标签，y_{i-1} 指第 $i-1$ 个词的标注标签。对任一转移特征函数，其输出表示当前标注序列是否符合该特征。按上述所示标注策略，$t_1(y_{i-1},y_i,X,i)$ 表示当第 $i-1$ 个词标注为政策对象实体 Object 的开始时，第 i 个词标注为政策对象实体 Object 的结尾，则当 y_i 是 "Object-B" 且第 i 个单词标签为 "Object-I" 时，$t_1=1$，否则为 0。而状态特征函数 s 与转移特征函数类似，其表示的是第 i 个单词标注上标签 y_i 的可能性。所以 CRF 的参数化可定义为

$$P(Y|X)=\frac{1}{Z(X)}\exp\left(\sum_{i,k}\lambda_k t_k(y_{i-1},y_i,X,i)+\sum_{i,l}\mu_l s_l(y_i,X,i)\right) \quad (3\text{-}10)$$

$$Z(X)=\sum_Y \exp\left(\sum_{i,k}\lambda_k t_k(y_{i-1},y_i,X,i)+\sum_{i,l}\mu_l s_l(y_i,X,i)\right) \quad (3\text{-}11)$$

其中，k、l 是定义的不同的特征函数；λ、μ 是每个特征函数不同的权重。从式（3-10）和式（3-11）中得出，可以通过定义特征函数集合来为一个标注序列打分，从而挑选出最佳标注序列。该原理解答了为何 BiLSTM 已经能在命名实体识别研究中取得比其他神经网络更好的识别效果，但单独使用该模型进行命名实体识别仍无法超越 CRF 模型的疑问。因此将 CRF 模型与神经网络模型结合能够提高识别效果①，后续学界也提出了各类相关模型，其中就包括组合模型 BiLSTM-CRF，这其中 CRF 层就负责在 BiLSTM 层提取上下文特征和全连接层计算标签概率分布（表 3-2）的基础上，在所有可能标记路径中解码出最优预测路径。

表 3-2 实体标签概率分布

实体类别	给	予	贫	困	户	补	贴
Object-B	0	0	0.7	0.3	0.1	0.2	0.1
Object-I	0	0	0.3	0.5	0.6	0.1	0
Measures-B	0.3	0	0.1	0	0	0.8	0.3
Measures-I	0.1	0.2	0	0	0.1	0.2	0.7
⋮							
O	0.6	0.5	0.1	0.1	0.1	0	0

---

① Collobert R, Weston J, Bottou L, et al. Natural language processing (Almost) from scratch[J]. The Journal of Machine Learning Research, 2011, 12: 2493-2537.

将所有可能的预测结果视为矩阵 $P_{k \times n}$（表3-2），k 为标签集下的标签数量，n 表示序列的字符个数，$p_{i,j}$ 就是第 i 个字符被打上第 j 个标签的概率。标签转移矩阵 T_i 表示字符标签从 $i-1$ 变化到 i 的转移概率，于是输入序列 $X=(x_1,x_2,\cdots,x_n)$ 被打上序列标签 $Y=(y_1,y_2,\cdots,y_n)$ 的概率为

$$s(X,Y) = \sum_{i=1}^{n} \left(T_{y_{i-1},y_i} + P_{x_i,y_i} \right) \tag{3-12}$$

由 softmax 函数归一化后计算实体标签序列 Y 的条件概率，$\tilde{Y}$ 代表输入政策文本序列 X 所有可能的预测标签集：

$$p(Y|X) = \frac{e^{s(X,Y)}}{\sum_{\tilde{Y}} e^{s(X,\tilde{Y})}} \tag{3-13}$$

对式（3-13）取对数求最大值对应的就是最佳标记路径：

$$Y^* = \arg\max_{\tilde{Y}} s(X,\tilde{Y}) \tag{3-14}$$

至此，通过 CRF 完成对标注路径的优化并得到最终的标注标签，最大限度地提高了政策命名实体识别的准确度。

在上述政策文本结构化解析的研究中，本章提出通过 LDA 主题模型进行政策文本主题的挖掘，达到提炼政策内容内涵的目的。向量化表示是政策文本后续挖掘的前提，本章试图通过融合政策实体和主题信息实现政策语义内涵的准确、丰富和完整表达。

3.3.3 政策实体向量查找与生成

在自然语言处理工作中，命名实体识别和文本表示都是服务于后续文本挖掘的基础性任务，但在以往研究中往往彼此独立。其实，命名实体作为文本内容的构成成分，承载着重要的语义内涵，如人名、时间、事件的实体能帮助浏览者迅速识别一篇新闻的大意，了解事件的相关人员与发生时间，因而能够成为在词粒度层面提升文本语义的有效途径。在此思路下，本章将词粒度的政策实体信息与文档层面的政策文本信息结合，实现融合实体特征的政策文本向量生成。

上述研究中，本章将政策文本作为训练语料，经 Doc2Vec 模型训练获取了政策的文本向量和词向量，同时提到了为保证分词的准确性，将政策命名实体识别的结果作为分词的领域词典，来保证分词过程中保留实体划分，进而通过查找词向量得到政策实体对应的向量。随后，记政策文本 D 的向量为 d，正则表达式抽取第 i 篇政策 D_i 中包含的实体，针对政策对象实体集 $\{o_1,o_2,o_3,\cdots,o_{n1}\}$ 中各实体查询对应的词向量，生成实体向量集合 $\{\vec{o_1},\vec{o_2},\cdots,\vec{o_{n1}}\}$，对其加和求平均得到政策文

本 D_i 中政策对象实体的向量 $o_1 = \dfrac{1}{n1}\sum_{j=1}^{n1} o_j$，同理得到各篇政策下有关政策举措、申请流程等类别实体对应的向量。

3.4 基于预训练语言模型的政策文本增强表示

在自然语言处理中，文本的向量化表示通常是后续应用的基础，对模型最终的效果具有重要影响，政策文本高质量应用离不开政策文本的高质量向量化表示，对政策文本进行向量化表示是模型准确理解文本语义内涵的基础。因此，本章考虑对政策文本及各句子进行向量化表示，通过句向量中包含的丰富语义信息来提高句子相似度计算的准确性，为政策文本关键信息的抽取和后续应用奠定基础。

3.4.1 基于 RoBERTa 的政策文本向量表示

文本的向量化表示就是对文本进行处理，表示为一系列的向量，通过文本的向量化表示，可以将普通文本转化为可以被计算机识别和处理的数据形式。对于政策文本中的句子而言，其由多个字词单元组成，因此可以先将政策文本的字词转换为向量，再对这些向量求和平均后转换为一个句向量。独热编码是将政策文本中的词语转化为词向量的最简单的方法，但是当词表较大时，利用这种编码方法得到的词向量维度也较大，不利于模型计算，且无法有效地对政策文本中词与词之间的语义关联进行表示。

后来学者普遍采用 Word2Vec 和 Doc2Vec 模型来获得词向量，它可以通过词语与其上下文之间的关系特征来对词语的语义信息进行表示，将词语转化为一个低维稠密的向量。但是 Word2Vec 和 Doc2Vec 模型得到的词向量是对词语的一种静态表征，无法解决一词多义问题，而多义词在各种语言内是普遍存在的，而且浅层的神经网络模型通常不具备捕捉高级语义特征的能力，尤其对于政策文本后续利用（如摘要生成、精准推送）来说，多义词的正确区分和高级语义特征都对模型生成摘要和推送结果的质量有着重要的影响。

近年来，预训练语言模型逐渐替代 Word2Vec 和 Doc2Vec 等传统词嵌入模型，开始成为主流的文本表示模型。预训练语言模型是一种深度学习架构，首先在大规模的数据集上，通过特定任务对模型进行训练，让模型从数据中学到丰富的先验知识，从而得到更准确的文本向量化表示，这有利于模型对政策文本的深层次语义内涵进行准确的理解和把握。其中，BERT 模型就是一种典型的预训练语言模型，其模型结构如图 3-10 所示，由双向的 Transformer 编码器（Trm）组成，可以生成文本深层的双向语言表征。BERT 模型通过掩码语言模型和下句预测①两种训练任务进行训练,可以对词语和句子级别的特征进行建模表示。BERT 模型得到的政策文本向量化表示是一种动态表征,词向量能够随着上下文的变化而动态调整,能够有效解决一词多义问题,更好地表达出词语在政策文本中的实际语义内涵,能够有效支撑政策文本的摘要生成、精准推送等相对复杂且对文本表示效果要求高的任务。

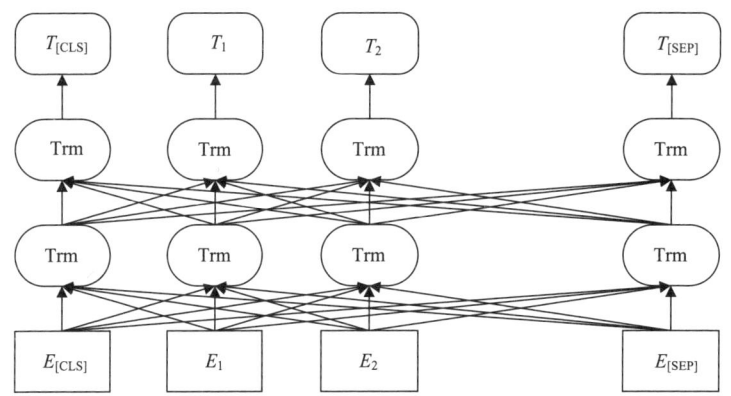

图 3-10　BERT 模型结构图

CLS([CLS])是 BERT 模型中的一个特殊标记,位于输入序列的第一个位置。SEP([SEP])是 BERT 模型中的另一个特殊标记,它位于输入序列的最后一个位置

本章所用的 RoBERTa 模型是对 BERT 模型的改良,其在 BERT 模型的基础上,使用更大规模的训练数据集、更多的训练批次、更长的句子输入序列进行训练,并去除下句预测任务使得 RoBERTa 模型更加高效,取得了优于 BERT 模型的卓越性能,并在许多自然语言处理任务中获得了最优的结果②。将 RoBERTa 模型应用于政策文本深度挖掘中能够获得更加准确和全面的向量化表示,从而支撑后续研究的开展。

为了使 RoBERTa 模型更好地应用于中文政策文本的向量化表示,本章使用哈尔滨工业大学的 RoBERTa-wwm-ext 模型③(下文所指的 RoBERTa 模型均为该版本模型),该模型是在预训练阶段采用全词掩码(whole word masking,WWM)

---

①Devlin J, Chang M W, Lee K, et al. BERT: pre-training of deep bidirectional transformers for language understanding[EB/OL]. (2019-07-02)[2025-03-14]. https://aclanthology.org/N19-1423.pdf.

②Liu Y H, Ott M, Goyal N, et al. RoBERTa: a robustly optimized BERT pretraining approach[EB/OL]. (2019-06-26)[2022-03-13]. https://arxiv.org/pdf/1907.11692.

③Cui Y M, Che W X, Liu T, et al. Pre-training with whole word masking for Chinese BERT[J]. IEEE/ACM Transactions on Audio, Speech, and Language Processing, 2021, 29: 3504-3514.

策略并使用大规模中文语料进行训练的专门适用于中文的 RoBERTa 模型。RoBERTa 模型通过对文本中的整个词语进行掩码而不是仅对单个汉字进行掩码，能够更好地学习对政策文本中整个词语的建模和表示，这有助于模型更好地理解政策文本所蕴含的丰富语义内涵，同时利用大规模的中文语料数据对该模型进行预训练，也使得该模型包含丰富的中文语言知识，将其应用于政策文本能够极大地提高政策文本的向量化表示效果。

因此，本章将通过上述 RoBERTa 模型实现政策文本的向量化表示，RoBERTa 模型总是以一个特殊的标记"[CLS]"作为输入序列的开始，并输出整个输入序列的特征表示，输入序列的每个词都有其对应的隐藏状态，"[CLS]"标记对应的隐藏状态被用来汇总整个输入序列的语义信息。因此，将政策文本中的句子依次输入 RoBERTa 模型，然后取模型在"[CLS]"标记对应的隐藏状态作为该句子对应的句向量，该向量则代表了 RoBERTa 模型对政策文本句子的语义表示，包含政策文本句子丰富的上下文信息。

3.4.2 基于 SimCSE 的政策文本表示优化

RoBERTa 等预训练语言模型由于经过了大规模数据的训练，包含丰富的先验知识，所以可以直接用来编码政策文本中的句子，得到政策文本中各句子的向量表示。但是有研究表明，BERT 类模型的语义空间是非光滑的各向异性（non-smooth anisotropic）的语义空间，直接利用 3.4.1 节中的方法得到的句向量来进行后续计算（如句子相似度计算），通常不能得到特别理想的效果[1][2]。针对这一问题，学者又提出了 BERT-flow[3]、BERT-whitening[4]等模型，但是采用对比学习思想的 SimCSE 模型[5]在句向量表示上超越了之前所有的模型，该模型可以采用无监督的方式进行微调训练，有助于获得更加准确的政策文本句向量，且与本章抽取政策文本关键句子的目标相契合，因此，本章将 SimCSE 模型应用于政策文本中句子

---

[1] Gao J, He D, Tan X, et al. Representation degeneration problem in training natural language generation models[EB/OL]. (2019-07-28)[2025-03-15]. https://arxiv.org/pdf/1907.12009.

[2] Wang L X, Huang J, Huang K, et al. Improving neural language generation with spectrum control[R]. Addis Ababa: International Conference on Learning Representations, 2020.

[3] Li B H, Zhou H, He J X, et al. On the sentence embeddings from pre-trained language models[C]//Webber B, Cohn T, He Y L, et al. Proceedings of the 2020 Conference on Empirical Methods in Natural Language Processing. Stroudsburg: ACL, 2020: 9119-9130.

[4] Su J L, Cao J R, Liu W J, et al. Whitening sentence representations for better semantics and faster retrieval[EB/OL]. (2021-03-29)[2022-03-13]. https://arxiv.org/abs/2103.15316.

[5] Gao T Y, Yao X C, Chen D Q. SimCSE: simple contrastive learning of sentence embeddings[C]//Moens M F, Huang X J, Specia L. Proceedings of the 2021 Conference on Empirical Methods in Natural Language Processing. Stroudsburg: ACL, 2021: 6894-6910.

的向量化表示,提高 RoBERTa 模型对政策文本句子语义的表示效果。

SimCSE 模型的核心是运用对比学习来学习句子嵌入,简单来说对比学习的思想就是让模型将相似的样本对即正样本对拉近,将不相似的样本对即负样本对推开,从而使模型学习如何正确地区分正负样本。对比学习的一个关键问题是如何构造正样本对,在计算机视觉领域,有效的解决方法通常是将同一图片随机进行两次变换,如裁剪、翻转、变形或旋转[①],类似地,在自然语言处理领域,通常采用的变换方法有单词删除、替换或重新排序[②],但是这些方法较难把控,很容易彻底改变原始文本的意思,引入负面噪声,增大模型学习难度。然而 SimCSE 模型却通过两次标准的 dropout mask 操作对句子增加噪声,增加噪声后的两个句子是语义相关的,可以组成正样本对,而负样本对则是在同批样本中选取的其他句子构成的,这是 SimCSE 模型关键的创新点,实验表明这也是其有效的重要原因。

本章根据构建政策文本挖掘应用(如摘要生成、精准推送)数据集的需要,选取无监督的 SimCSE 模型(图 3-11),它将同一政策文本句子两次输入编码器(Encoder)中,应用不同的 dropout mask 操作,得到两个不同的嵌入表示,组成正样本对,与同批样本中其他政策文本句子组成负样本对,模型通过学习区分正负样本来对政策文本中的句子进行建模和向量化表示。编码器是 SimCSE 模型的重要组成部分,用以实现对输入句子的编码,得到句子特征的向量化表示。本章将使用 3.4.1 节中的 RoBERTa 模型作为 SimCSE 模型的编码器,并在对 SimCSE 模型进行训练后,取出其中的 RoBERTa 模型用于后续对政策文本的编码和向量化表示。

具体地,给定一个政策文本句子集合 $\{x_i\}_{i=1}^m$,首先令 $x_i^+ = x_i$,表示 x_i 和 x_i^+ 是相似的或语义相关的,编码器 f_θ 为 RoBERTa 模型,然后在编码器中分别对 x_i 和 x_i^+ 运用独立采样的 dropout mask 操作 z 和 z',得到 $h_i^z = f_\theta(x_i, z)$ 和 $h_i^{z'} = f_\theta(x_i, z')$,那么在包含 N 条政策文本句子的小批量样本中,SimCSE 模型的训练目标为

$$l_i = -\log \frac{e^{\text{sim}(h_i^{z_i}, h_i^{z'_i})/\tau}}{\sum_{j=1}^{N} e^{\text{sim}(h_i^{z_i}, h_j^{z'_j})/\tau} \sum_{j=1}^{N} e^{\text{sim}(h_i^{z_i}, h_j^{z'_j})/\tau}} \tag{3-15}$$

[①]Dosovitskiy A, Springenberg J T, Riedmiller M, et al. Discriminative unsupervised feature learning with convolutional neural networks[C]//Ghahramani Z, Welling M, Cortes C. Proceedings of the 28th International Conference on Neural Information Processing Systems. Cambridge: The MIT Press, 2014, 27: 766-774.

[②]Meng Y, Xiong C Y, Bajaj P, et al. COCO-LM: correcting and contrasting text sequences for language model pretraining[C]//Ranzato M, Beygelzimer A, Dauphin Y, et al. Proceedings of the 35th International Conference on Neural Information Processing Systems. New York: Curran Associates, 2021: 23012-23114.

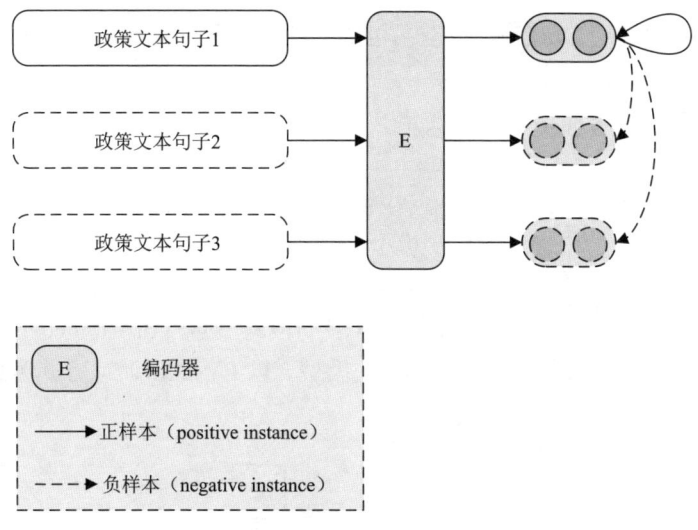

图 3-11 无监督的 SimCSE 模型

按照上述训练目标,利用采集的政策文本语料,对 SimCSE 模型进行训练后,便可以使用编码器 RoBERTa 模型按照 3.4.1 节中的方法对政策文本句子进行编码,得到政策文本句子的向量表示。此外,在后续政策文本的挖掘应用模型构建中,该 RoBERTa 模型也将用于对政策文本的向量化表示。

3.4.3 多特征融合的政策文本表示增强

文本表示作为自然语言处理领域的重要研究方向,其发展经历了从词的计量到全局语义关系考虑的过程[1],衍生出基于词、短语、句子和文档四种粒度的表示方法[2],并生成了各式文本表示模型。其中 Google(谷歌)团队提出的 Word2Vec[3][4] 词向量模型以及基于 Word2Vec 框架的 Doc2Vec 文档向量模型被广泛应用于各类文本研究中,前者能从局部的上下文中学习词的语义信息,从而拓展词向量的语义丰富度,后者则在前者的基础上增加了语句上下文信息来生成定长的文档向量。考虑到政策文本往往体量较大,单独使用 Word2Vec 模型可能存在文本向量过长

---

[1] Pa T L, Kumari M, Singh T, et al. Semantic representations in text data[J]. International Journal of Grid and Distributed Computing, 2018, 11(9): 65-80.

[2] 宗成庆, 夏睿, 张家俊. 文本数据挖掘[M]. 北京: 清华大学出版社, 2019: 29-49.

[3] Mikolov T, Chen K, Corrado G, et al. Efficient estimation of word representations in vector space[EB/OL]. (2013-09-07)[2025-03-15]. https://arxiv.org/pdf/1301.3781.

[4] Mikolov T, Sutskever I, Chen K, et al. Distributed representations of words and phrases and their compositionality[C]//Burges C J C, Bottou L, Welling M. Proceedings of the 27th International Conference on Neural Information Processing Systems. New York: Curran Associates, 2013: 3111-3119.

的问题，而单独使用 Doc2Vec 模型又可能存在信息丢失的情况，因此本章尝试在训练文档向量的基础上融合提取到的主题分布和政策实体特征，以便在得到定长文本特征的同时尽可能丰富文本的语义信息。

Doc2Vec 模型是 Le 和 Mikolov[①]在 Word2Vec 模型的基础上提出的，其在保留 Word2Vec 模型结构的同时，增加了文档的语义信息，从而有效解决词袋模型忽视词序和语义的问题。与 Word2Vec 模型一样，Doc2Vec 模型有两种训练方式，一种是基于分布记忆的段落向量模型（distributed memory model of paragraph vectors，PV-DM），另一种是基于分布词袋的段落向量（distributed bag of words version of paragraph vector，PV-DBOW）模型。以 PV-DM 训练方式为例，其结构如图 3-12 所示。

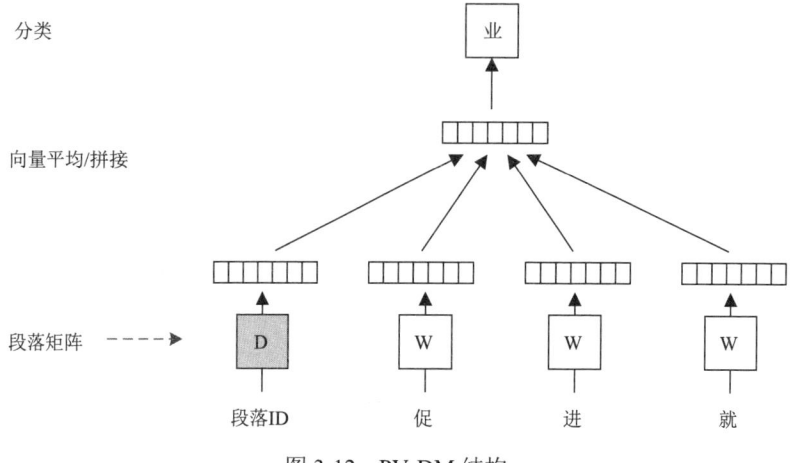

图 3-12　PV-DM 结构

本章的应用对象为政策文本，则在 PV-DM 中，一篇政策就被视为一个段落标签，所有段落（M 篇）投影到一个向量空间中，生成每篇政策对应的段落向量（V 维）和所有政策文档对应的投影矩阵 D（$M×V$）；另外，对训练的所有政策文本中的词（N 个），将其投影到另一个向量空间，生成每个词对应的词向量（V 维）和所有词对应的投影矩阵 W（$N×V$）。值得指出的是，因为政策文本有其领域特殊性，存在相当一部分的命名实体是未登录词，如果在中文分词过程中不考虑这些未登录词，则必然影响中文分词的质量[②]，因此在进行向量映射前，要将上述研

[①] Le Q, Mikolov T. Distributed representations of sentences and documents[C]//Xing E P, Jebara T. Proceedings of the 31st International Conference on Machine Learning. New York: Curran Associates, 2014: 1188-1196.

[②] 俞鸿魁, 张华平, 刘群, 等. 基于层叠隐马尔可夫模型的中文命名实体识别[R]. 北京: 全国网络与信息安全技术研讨会, 2005: 185-194.

究中识别到的政策实体作为领域词典,提高分词质量并保证政策实体有对应的实体向量。

此时,段落标签就相当于一个词参与后续训练,不同之处在于它记忆了整篇政策文本的上下文语义。接下来,对段落和词向量进行平均或者拼接操作,生成 $(M+N)×V$ 维的矩阵,与初始化权重矩阵 W($V×T$,T 为目标向量维度)进行运算,所得向量相加求平均生成隐层向量($1×T$),再乘以输出权重矩阵 W'($T×V$)得到 V 维向量,经激活函数处理后得到预测词的概率分布。通过预测词与实际目标词的误差反向调整权重矩阵 W,收敛时 W 即为文档和各词对应的向量矩阵,将矩阵行索引与文档、词一一对应就得到了每篇政策的文档向量和所有词向量。

在已有研究中,学者将实体、概念和知识信息嵌入到词向量中一起用于表示短文本[①],或是基于深度神经网络将主题信息和词序信息结合以实现文本表示[②],即通过引入不同层次的信息来扩展文本语义。结合实际工作来看,政策中的实体和主题对于政策推送工作具有重要意义,这不仅提升了词层面和主题层面的信息内涵,更是将政策用户所关注的政策关键信息融入了文本表示,提高了政策文本表示内容的可解释性。

最后,本章综合上述工作,将政策文本向量与主题分布向量、政策实体向量进行拼接、平均或生成特征矩阵,获得融合实体信息和主题分布信息的政策文本向量 $d'_i = [d_i, o_{i1}, \cdots, o_{it}, t_i]$ 或 $d'_i = \dfrac{d_i, o_{i1}, \cdots, o_{it}, t_i}{c+1}$,或矩阵 $d'_i = [d_i, o_{i1}, \cdots, o_{it}, t_i]^T$($i$ 表示第 i 篇政策,t 为实体类别数目)。

3.5 总结与展望

政策文本具有结构复杂多样、信息密度大及内涵分布不均衡等特点,其关于语义表达的完整性与准确性等一直是研究者关注的关键问题。但已有的政策文本表示研究,过多地依赖单一表示维度,对融合多维特征的集成不足,限制了政策文本表示的准确性和完整性。因此,本章在总结和梳理前人对政策文本内容挖掘研究的基础上,探索以语义准确性为导向的政策表示策略,即融合主题和政策实体增强政策文本语义表示的准确性,基于预训练语言模型实现政策文本的向量化表示。

---

① Hou W F, Liu Q, Cao L B. Cognitive aspects-based short text representation with named entity, concept and knowledge[J]. Applied Sciences, 2020, 10(14): 4893.

② Jiang Z L, Gao S, Chen L C. Study on text representation method based on deep learning and topic information[J]. Computing, 2020, 102: 623-642.

3.5.1 研究工作总结

政策文本语义内涵的挖掘和表达，需要充分考虑其所包含的多维特征，即在原始文本特征挖掘的基础上，融入文本的其他属性特征，尽可能地丰富政策文本的语义内涵。

第一，政策文本的基础向量生成。在上述研究的基础上，本章将政策文本进行词汇层面的特征提取和表达，通过浅层神经网络对政策文本词汇进行训练，以此作为后续工作的基础。同时，为了挖掘政策文本的主旨内涵，本章通过 LDA 主题模型实现政策主题的挖掘，得到政策文本、主题及词汇间的概率分布关系。值得注意的是，政策文本多数情况下为长文本，所包含的冗余信息较多，如果对所有内容进行向量转化及后续的深度挖掘，则会严重影响挖掘和利用的准确性。因此，本章通过 TextRank 算法实现关键句子提取，组合生成新的政策文本，并将其作为后续向量生成的基础。最后，本章将主题向量和政策文本基础向量置于同一向量空间中并进行融合，得到了体现政策主旨内涵的政策文本向量。

第二，政策实体提取与特征向量生成。政策文本中的内容如某些特定词汇因功能作用的需要而具有专指性或特殊性，如代表政策主体、反映政策背景、表示政策目标或政策措施等。因此，本章扩展词汇的属性特征，挖掘其功能作用特征，即进行政策词汇的实体特征提取。通过对比已有中英文命名实体识别研究，本章首先根据政策文本文体的专业性和领域特殊性，基于 BIO 标注模式进行政策实体的边界确定和类别划分，将政策对象、政策举措、申请流程、相关材料，特别是关联政策作为本章中政策实体的类别。其次，在分析不同模型的作用机制和政策文本特征后，本章集成 BiLSTM 和 CRF 进行中文政策的命名实体识别工作，充分考虑政策文本的上下文信息，实现实体标签的优化排序，得到更加准确的政策实体识别结果。最后，从词粒度层面通过查找词向量得到政策实体对应的向量，完成政策实体的向量化表达。

第三，多特征融合的政策文本向量增强表示。本章充分考虑政策文本的基础向量、主题向量和实体向量，以此达到更加准确和完整地表达政策语义内涵的目的。在最终向量生成中，本章基于预训练语言模型 RoBERTa 有效处理更大规模的政策文本数据集，增加更多的训练批次，更好地解决更长句子序列的训练优化问题，充分地反映政策文本的语义内涵。同时，考虑到政策文本向量对后续摘要生成、精准推送等深度挖掘的有效适配，本章将对比学习思想引入向量优化中，基于 SimCSE 模型进一步提高上述模型对政策文本句子语义的表示效果。最后，本章得到了融合政策文本基础向量、主题向量和实体向量的政策文本向量，并实现了最优化处理。

3.5.2 研究展望

本章的主要工作是融合多种模型充分挖掘政策文本的语义特征，实现了对政策文本的高效、准确和完整地表达。然而，本章依然存在诸多不足，未有效挖掘政策文本的结构特征，尚未充分利用政策的功能属性，在内涵语义的挖掘上有待进一步提升。同时，政策文本向量表示语义丰富度可进一步增强。本章从文档、实体词、主题分布三个层面进行政策文本向量化表示，在一定程度上丰富了文本语义内涵，但本章认为可以通过进一步完善特征维度设计来加强特征提取，在突出政策文本特殊性的同时，提高政策文本向量对政策文本语义的表示能力，如增加段落级的文本摘要信息等，形成融合多粒度和多维特征的政策文本语义表示，这将是本章后期优化的一个重要方向。

政策实体类型的确定可进一步考虑用户真实需求。在以往的命名实体识别工作中（如电子病历命名实体识别），实体类型是依据前人研究和测评任务要求来确定的，本章政策实体类型的确定也是基于前人研究和政策行文内容分析获得的。但鉴于推送任务中的关键信息提取（即实体提取）应涵盖用户关切，因而可以将用户因素引入实体类型确定环节，如通过问卷、访谈等形式了解用户浏览阅读政府服务政策时更关注哪些类型实体，从而使实体界定更为科学实用，并更好地挖掘和丰富政府服务政策的文本语义内涵。

第 4 章 政策文本生成式摘要模型构建与技术实现

文本自动摘要技术是一种通过浓缩文档主旨内容来获取重要信息的方法，生成的摘要可以让人们快速且准确地把握原始文本的关键信息，特别是在当今社会信息爆炸的背景下，信息繁杂的政策文本内容冗余度高、处理难度大、利用效率低，严重阻碍政务信息资源的挖掘和利用，不利于政府政务数字化转型，而这些问题可以通过文本自动摘要技术得到有效缓解。文本自动摘要是自然语言处理领域中的一项既传统又极具挑战性的任务，通常分为抽取式摘要（extractive summarization）和生成式摘要（abstractive summarization）两类，其中，生成式文本自动摘要更接近人类思维方式，具有更大的发展前景。

4.1 面向深层次挖掘的政策文本摘要生成研究

近年来，我国政府数字化转型持续推进，通过数字化转型对政府决策和政府服务质量进行优化和提升，进而提高政府治理体系和治理能力现代化水平，这一理念正不断深入人心[1]。作为数字中国战略的重要组成部分，数字政府建设是顺应时代变革趋势，构筑数字时代国家竞争新优势的时代之需[2]。在政府数字化转型过程中产生的各类政务信息资源蕴含的潜在价值大，亟待挖掘和利用。因此，为充分发挥政府信息资源的价值，推动数字政府的构建，本章以政策文本为实证研究对象，探索和构建生成式政策文本自动摘要模型，实现对政务信息资源的挖掘和利用，具有现实意义和应用价值。

政策文本是对国家或地区在特定历史阶段内的政治、经济、文化和社会发展等的全面反映，包括各种因政策活动而产生的文档资料，如国家和地区各级权力机关或行政机关颁布的法律、法规、部门规章等文件[3]。政策文本内涵丰富，是一类典型的政务信息资源，对其挖掘和利用日益成为研究的热点方向。

但是，由于政策文本往往具有篇幅较长、蕴含信息量大和内容冗余度高等特点，直接对其进行阅读或全文检索所花费的时间往往较多，利用效率较低，不利于对政策文本进行大规模的挖掘利用，更难以推进各种基于政策内容的智慧政务

---

[1] 谢思淼, 董超. 我国地方数字政府建设存在问题及对策建议[J]. 财经界, 2021, (34): 26-28.
[2] 孙海悦. 中国数字政府建设报告(2021)蓝皮书发布[N]. 中国新闻出版广电报, 2021-11-30(3).
[3] 裴雷, 孙建军, 周兆韬.政策文本计算：一种新的政策文本解读方式[J]. 图书与情报, 2016, (6): 47-55.

服务的开展①,如政策推荐、政策问答、政策解读等。

政策文本自动摘要在对政策文本进行语义理解的基础上,将政策文本的核心信息进行汇总凝练,生成一篇高度概括且流畅的新短文本。此短文本即政策文本摘要,是对一篇政策文本核心内容的简要表述,与政策文本高度相关且十分简练,可以辅助政策检索和阅读,提高人们对政策文本的检索和利用效率,有助于人们从海量的政务信息资源中快速高效地挖掘出有用的信息,作为相关智慧政务服务的数据支撑,加速政务信息资源服务应用的落地,顺应政府数字化转型的时代潮流。随着相关研究的逐渐深入,自动摘要在政策文本上的应用已有了技术支撑。

4.1.1 政策文本摘要生成研究的动因与价值

当前,大数据和人工智能等新一代信息技术的发展和应用极大地推动了社会生产力的提高,人们的生活方式也得到了极大的丰富,我们正步入数字时代这一全新的时代②。随着数字时代的到来,政府的数字化转型也在加速推进,由此而产生的复杂多样、来源广泛的各类政务信息资源也日益激增。

此外,《中华人民共和国国民经济和社会发展第十四个五年规划和2035年远景目标纲要》在"加快数字化发展 建设数字中国"一篇中,指出"迎接数字时代,激活数据要素潜能,推进网络强国建设,加快建设数字经济、数字社会、数字政府,以数字化转型整体驱动生产方式、生活方式和治理方式变革"③。作为政府部门重要的数据资产,各类政务信息资源也越来越成为重要的生产要素,对提高政府治理能力和效率、优化政府服务质量、加快社会和经济发展等具有重要作用。因此,深层次地挖掘和利用各类政务信息资源是充分发挥数据要素潜能和加快推进数字政府建设的关键。

1. 研究动因

政策是政府和政治团体等在特定时期内所采取的政治行动或规定的行为准则,其目的是实现一定的政治、经济、文化和社会目标④,政策存在的物理载体和展现形式即为政策文本。政策文本作为档案文献资料,天然具备档案文献资料所具有的记录功能⑤,它见证了政府政治活动和政策执行过程,记录了社会政治

---

①徐玉德, 董木欣. 数字政务建设整体性治理模式、架构分析与路径选择[J]. 财会月刊, 2021, (16): 140-145.
②张斌, 杨文. 数字时代我国政务信息资源治理体系优化研究[J]. 图书情报工作, 2020, 64(11): 3-10.
③中华人民共和国国民经济和社会发展第十四个五年规划和 2035 年远景目标纲要[EB/OL]. (2021-03-13) [2021-09-29]. http://www.gov.cn/xinwen/2021-03/13/content_5592681.htm.
④苏竣. 公共科技政策导论[M]. 北京: 科学出版社, 2014.
⑤任弢, 黄萃, 苏竣. 公共政策文本研究的路径与发展趋势[J]. 中国行政管理, 2017, (5): 96-101.

生活的发展变化，蕴含的信息量以及潜在价值极大，在政策分析挖掘研究领域中发挥着重要的作用。如何从大规模政策文本中快速准确地挖掘其主旨内涵，特别是以摘要的方式呈现，已成为当前学界关注的重点问题。

（1）政策文本深层次语义挖掘存在的问题。经过对国家各级政府部门公开的政策文本数据进行采集和统计分析发现，政策文本篇幅普遍较长且未有摘要，而标题能够反映的信息内涵很少，不足以涵盖政策文本的核心内涵，仅仅通过阅读标题无法总结出政策文本实际所要表达的具体信息。相比于普通文本，政策文本虽然在整体结构、格式上相对规范，未包含过多的修饰或描述性的内容，但是字数过多的话，往往还是会存在大量冗余的信息，有价值的核心信息在政策文本中相对分散，这使得普通百姓和政府工作人员在面对一大段政策文本时，往往无法在短时间内快速把握和提取政策文本的核心内容，阅读和利用政策文本的时间成本较高、效率较低，特别是在不需要政策文本全文详细信息的时候更是如此，影响政策文本的深层次语义挖掘和价值发挥。

另外，国家各级政府部门都在积极地推动政府数字化转型，运用各种高技术手段构建数字政府，努力实现治理体系和治理能力现代化。在政府数字化转型和数字政府构建的过程中，数据是重中之重，应充分发挥数据作为生产要素的潜在价值。而政策文本作为典型的政务信息数据资源，是便民政务信息服务的基础，如政策推荐、政策问答等，篇幅过长、信息冗余过多的政策文本显然不利于政务信息服务应用的落地，不利于挖掘和发挥政策文本深层次语义信息所蕴含的巨大价值，从而造成资源的浪费。

（2）面向深层次语义理解的政策文本摘要生成。将文本自动摘要技术应用到电子政务和政策研究领域是一个具有应用价值且相对新颖的研究方向，目前国内相关研究还比较少，亟待深入探索和研究。在对政策文本深层次语义内涵理解的基础上，对政策文本进行摘要生成能够有效缓解上述问题，提高政策文本阅读、检索和利用的效率，有利于挖掘和发挥政策文本蕴含的巨大价值，推动各种基于政策内容的智慧政务服务，加速政府数字化转型，同时也能丰富电子政务和政策领域的相关研究成果，为后续其他关于政策文本更深层次的研究奠定基础。

摘要质量的好坏是至关重要的，质量差的摘要可能有消极的负面作用，影响对政策文本内涵信息的把握。评价摘要质量的好坏主要考虑简洁性、可读性、连贯性、语法句法、非冗余性、信息多样性和信息覆盖率[1]，一个好的摘要往往具有以下特点。

（1）重点明确，内容简洁。摘要需要覆盖政策文本的所有重要信息，既要能

---

[1] Gambhir M, Gupta V. Recent automatic text summarization techniques: a survey[J]. Artificial Intelligence Review, 2017, 47(1): 1-66.

够全面反映政策文本的中心思想和各个主题，同时也要确保尽可能简练，其篇幅通常远远短于政策文本。

（2）可读性强。摘要应该尽可能不违反特定的语法、句法规则，不出现大量的语法、句法错误，而且也要保持句子与句子之间良好的相关性和连贯性，条理清晰，确保语言流畅通顺，更不能出现明显的逻辑错误或违背原始文本已有内容的错误等。

（3）低冗余。摘要要有一定的信息多样性，不应该出现不必要的重复，如连续重复地出现某个词、某个词语片段或某句话。

通过文献调研发现，基于深度学习的生成式文本自动摘要已逐渐成为研究主流，且借助深度学习强大的特征表征和提取能力，能够充分理解和把握政策文本的深层次语义内涵，从而对政策文本的核心语义信息进行总结和凝练。生成效果好的摘要，须满足上述三个要求，但是现有的深度学习模型并不能有效处理政策文本这类篇幅很长的数据。

因此，本章先探索政策文本关键句子抽取策略，通过抽取关键句子，去除政策文本冗余信息，缩短政策文本的篇幅，以关键句子作为政策文本的精简形式，在此基础上构建基于依存句法的生成式政策文本自动摘要模型，并进行模型的训练和优化，对政策文本自动摘要的结果进行对比和呈现，进而实现对大规模政策文本的摘要生成，为政策文本深层次语义挖掘奠定坚实的基础。

2. 研究价值

政策文本是重要的政务信息资源，文本自动摘要是人们利用机器理解人类语言的重要技术手段，将文本自动摘要技术应用于政策文本，研究价值大，不仅能在理论上对政策文本挖掘和利用的研究方法进行创新与拓展，而且能够在实践上提高政策文本的检索效率，降低政策文本利用过程中因其内容繁杂和冗余而产生的高成本，从而能够辅助政府决策，提升政府服务质量，推动政府数字化转型和数字政府建设。

（1）理论上拓展政策文本挖掘研究方法。本章针对政策文本摘要生成这一问题，将深度学习相关技术应用于政策文本的摘要生成，并充分考虑政策文本句法依存信息，构建基于依存句法分析的政策文本自动摘要深度学习模型，实验结果表明本章所提出的模型和其他已有模型相比，在 ROUGE-1、ROUGE-2 和 ROUGE-L 等评价指标上均有所提高，生成摘要的质量较高，能够反映出政策文本的核心内容。

因此，本章所提出的模型和方法不仅能够有效实现政策文本的摘要生成，而且丰富了政务信息资源挖掘领域的相关研究，拓展了政策文本语义内涵挖掘的思路，为后续对政策文本及其他政务信息资源的深层次挖掘和高效利用奠定了理论基础。

（2）实践上提高政策文本检索和利用效率。互联网等信息技术的发展，推动了政府数字化转型，各类政务信息资源电子化，为政务信息资源的挖掘和研究提供了良好的环境。政策文本因篇幅较长、信息冗杂等因素制约，不利于对其进行高效的检索和利用，本章借助深度学习技术，实现对政策进行摘要生成，生成的摘要浓缩了政策文本核心的主旨信息，去除了不重要的冗余信息，缓解了政府工作人员和普通群众对于烦琐复杂的政策文本阅读困难的问题，有利于提高人们对政策文本的阅读效率，帮助人们快速获取政策文本的主要内容，及时把握需要的政策信息，节省时间成本。

此外，本章所提出的政策文本摘要生成模型，可以提高各类政务信息服务应用对政策文本的检索效率，推动各类以政策文本内容为数据基础的政务信息服务应用的落地。因此，本章所提出的模型和方法具有较高的实际应用价值。

4.1.2 政策文本摘要生成研究的发展趋势

政策文本蕴含丰富的语义信息，对政策文本进行挖掘和分析具有重要的理论意义和实践价值，无论在国内还是在国外，关于政策文本挖掘的研究也越来越多且越来越深入。政策文本自动摘要通过抽取式或生成式两类模型或算法，可以从政策文本中提取或凝练出一段简洁的摘要文本，用来总结和表述政策文本的关键信息，对于快速提取和把握政策文本的语义内涵具有重要作用和意义。

政策文本自动摘要是政策文本挖掘的基础任务之一，但是目前关于政策文本自动摘要的研究仍然比较匮乏，尚未有较多的应用实践工作。因此，本章将对政策文本挖掘特别是抽取式和生成式两类文本自动摘要相关的研究现状进行梳理，总结现有文本自动摘要研究的不足，为政策文本自动摘要模型的构建提供参考，奠定政策文本自动摘要挖掘研究的理论基础。

政策文本是政策行为的具体体现，其语义内涵真实地反映了政策意图和政府的执政过程，对其进行主旨内涵的挖掘有助于充分发挥其蕴含的巨大价值，促进政策制定与实施的准确性和科学性的提高[1]。近年来，研究者着手开展政策文本摘要式的内涵挖掘研究，但国内外相关研究仍然不够深入，缺乏相关的数据集，模型和方法的应用也较为局限，还存在广阔的发展空间[2]。因此，加强对政策文本摘要生成的研究，具有重要的理论意义和实践价值。

---

[1] 张涛, 蔡庆平, 马海群. 一种基于政策文本计算的政策内容分析方法实证研究: 以互联网租赁自行车为例[J]. 信息资源管理学报, 2019, 9(1): 66-76.

[2] 魏彦宸. 基于文本挖掘的科技创新政策对创新绩效影响研究[D]. 济南: 济南大学, 2021.

1. 抽取式文本自动摘要研究

文本自动摘要是指利用计算机程序对原始文本进行信息压缩处理，生成一个长度较短的新的文本即摘要，并且该摘要需包含原始文本的主要内容信息。自1958年由Luhn[①]首次提出文本自动摘要方法以来，文本自动摘要相关的研究逐渐兴起，目前该领域的研究成果逐渐丰富，且仍在快速发展。文本自动摘要的方法主要可以分为抽取式和生成式两种类型。

抽取式文本自动摘要方法的核心思想是从原始文本中抽取出若干个重要的句子，然后将这些句子组成摘要并输出，此类方法的关键在于原始文本各句子重要性的计算、排序和筛选等。生成式文本自动摘要方法更加注重在对原始文本语义内涵理解的基础上，凝练、总结并重构原始文本的核心语义信息，输出一个能反映原始文本核心内容的全新文本[②]。

抽取式文本自动摘要方法又可以分为基于统计信息的方法、基于主题模型的方法、基于图模型的方法以及基于机器学习和深度学习的方法等[③]。

基于统计信息的方法是早期广泛使用的抽取式文本自动摘要方法，通常基于启发式规则，以统计学为支撑，利用词语、句子级的各类特征[④][⑤]计算原始文本中各句子的重要性，然后选取重要性相对较高的句子组成摘要[⑥]，选取的特征通常较为简单或者局限性较强[⑦]，最终效果较差。

基于主题模型的方法是根据文本中词语的频次预测其主题概率分布，从而将词项空间映射到低维的主题空间，用于文本摘要的提取[⑧]，抽取得到的摘要能够

---

①Luhn H P. The automatic creation of literature abstracts[J]. IBM Journal of Research and Development, 1958, 2(2): 159-165.

②秦展展. 基于深度学习的文本摘要相关技术研究及应用[D]. 成都: 电子科技大学, 2020.

③汪旭祥, 韩斌, 高瑞, 等. 基于改进 TextRank 的文本摘要自动提取[J]. 计算机应用与软件, 2021, 38(6): 155-160.

④Nenkova A, Vanderwende L, McKeown K. A compositional context sensitive multi-document summarizer: exploring the factors that influence summarization[C]//Efthimiadis E N. Proceedings of the 29th Annual International ACM SIGIR Conference on Research and Development in Information Retrieval. New York: ACM, 2006: 573-580.

⑤Radev D R, Allison T, Blair-Goldensohn S, et al. MEAD-a platform for multidocument multilingual text summarization[C]//Lino M T, Xavier M F, Ferreira F, et al. Proceedings of the Fourth International Conference on Language Resources and Evaluation, May 26-28, 2004, Lisbon. Paris: ELRA, 2004: 699-702.

⑥魏媛媛. 融合主题信息的抽取生成式摘要技术研究与应用[D]. 曲阜: 曲阜师范大学, 2021.

⑦王梦颖. 基于神经网络的两阶段文本摘要模型研究[D]. 南京: 南京大学, 2020.

⑧王刚. 面向法律文书的文本摘要算法研究[D]. 大连: 大连理工大学, 2021.

尽可能地覆盖原始文本的主要内容，同时降低冗余性①，且取得了优于基线模型的结果②③。

基于图模型的方法通常是将原始文本中的基本单元（如词语和句子）作为节点，以基本单元之间的关系（如共现关系）作为边构建图模型，然后通过特定的算法从图中抽取重要的基本单元组成摘要④，比较常用的算法以 LexRank 算法⑤和 TextRank 算法⑥为主。特别是在 TextRank 算法提出后，因其简单、高效等优势，有许多学者提出了对其改进的方法以促进摘要抽取效果的提高⑦⑧。

基于机器学习和深度学习的方法通常将抽取式文本自动摘要任务看作句子分类任务或序列标注任务⑨。早期常用朴素贝叶斯⑩⑪、隐马尔可夫模型⑫、CRF⑬等传统机器学习的方法，对训练数据的质量和人工特征工程较为依赖。近年来，自然语言处理的各项任务开始广泛使用基于深度神经网络模型的深度学习技

---

①Gong Y H, Liu X. Generic text summarization using relevance measure and latent semantic analysis[C]//Kraft D H, Croft W B. Proceedings of the 24th Annual International ACM SIGIR Conference on Research and Development in Information Retrieval. New York: ACM, 2001: 19-25.

②Kar M, Nunes S, Ribeiro C. Summarization of changes in dynamic text collections using latent Dirichlet allocation model[J]. Information Processing & Management, 2015, 51(6): 809-833.

③李金鹏, 张闯, 陈小军, 等. 自动文本摘要研究综述[J]. 计算机研究与发展, 2021, 58(1): 1-21.

④侯圣峦, 张书涵, 费超群. 文本摘要常用数据集和方法研究综述[J]. 中文信息学报, 2019, 33(5): 1-16.

⑤Erkan G, Radev D R. LexRank: graph-based lexical centrality as salience in text summarization[J]. Journal of Artificial Intelligence Research, 2004, 22: 457-479.

⑥Mihalcea R, Tarau P. TextRank: bringing order into text[C]//Lin D, Wu D. Proceedings of the 2004 Conference on Empirical Methods in Natural Language Processing. Stroudsburg: ACL, 2004: 404-411.

⑦Barrios F, López F, Argerich L, et al. Variations of the similarity function of TextRank for automated summarization[EB/OL]. (2016-02-11)[2025-03-15]. https://arxiv.org/pdf/1602.03606.

⑧王子璇, 乐小虬, 何远标. 基于 WMD 语义相似度的 TextRank 改进算法识别论文核心主题句研究[J]. 数据分析与知识发现, 2017, 1(4): 1-8.

⑨张思卿. 基于深度学习的文本摘要自动生成模型研究与应用[D]. 成都: 电子科技大学, 2020.

⑩Kupiec J, Pedersen J, Chen F. A trainable document summarizer[C]//Fox E A, Ingwersen P, Fidel R. Proceedings of the 18th Annual International ACM SIGIR Conference on Research and Development in Information Retrieval. New York: ACM, 1995: 68-73.

⑪Larsen B. A trainable summarizer with knowledge acquired from robust NLP techniques[M]//Mani I, Maybury M T. Advances in Automatic Text Summarization. Cambridge: The MIT Press, 1999: 71-80.

⑫Conroy J M, O'Leary D P. Text summarization via hidden Markov models[C]//Kraft D H, Croft W B, Proceedings of the 24th Annual International ACM SIGIR Conference on Research and Development in Information Retrieval. New York: ACM, 2001: 406-407.

⑬Shen D, Sun J T, Li H, et al. Document summarization using conditional random fields[C]//Sangal R, Mehta H, Bagga R K. Proceedings of the 20th International Joint Conference on Artifical Intelligence. New York: ACM, 2007: 2862-2867.

术，如 CNN[①]和 RNN[②③④]等深度学习模型逐渐被用于抽取式文本自动摘要的研究，这些深度学习模型往往具有较强的自动特征表示和提取能力，效果更好且省时省力[⑤]。

无论是早期相对简单的抽取式文本自动摘要方法，还是近年来基于深度学习的抽取式文本自动摘要方法，通常都是直接抽取出原始文本中的句子组成最终的摘要。这类方法虽然很少出现语法和句法等问题，且抽取出的重要句子能够在一定程度上表达原始文本的核心内容，但仍存在冗余的问题。此外，简单地将抽取出的句子进行组合，很容易造成句子之间转折生硬，影响摘要的连贯性和可读性[⑥]。于是，越来越多的学者开始转向生成式文本自动摘要的研究。

2. 生成式文本自动摘要研究

抽取式文本自动摘要方法是先前文本自动摘要研究的主导方法[⑦]，但在美国国家标准与技术研究院文本分析会议（Text Analysis Conference，TAC）2011 Summarization Track 等评估中[⑧]，表现最优的结果仅被认为勉强可接受[⑨⑩]。Genest

---

①Yin W P, Pei Y L. Optimizing sentence modeling and selection for document summarization[C]//Yang Q, Wooldridge M. Proceedings of the 24th International Conference on Artificial Intelligence. Menlo Park: AAAI, 2015: 1383-1389.

②Nallapati R, Zhai F F, Zhou B W. SummaRuNNer: a recurrent neural network based sequence model for extractive summarization of documents[C]//Singh S, Markovitch S. Proceedings of the Thirty-First AAAI Conference on Artificial Intelligence. Menlo Park: AAAI, 2017: 3075-3081.

③Cheng J P, Lapata M. Neural summarization by extracting sentences and words[C]//Erk K, Smith N A. Proceedings of the 54th Annual Meeting of the Association for Computational Linguistics (Volume 1: Long Papers). Stroudsburg: ACL, 2016: 484-494.

④Zhou Q Y, Yang N, Wei F R, et al. Neural document summarization by jointly learning to score and select sentences[C]//Gurevych I, Miyao Y. Proceedings of the 56th Annual Meeting of the Association for Computational Linguistics (Volume 1: Long Papers). Stroudsburg: ACL, 2018: 654-663.

⑤El-Kassas W S, Salama C R, Rafea A A, et al. Automatic text summarization: a comprehensive survey[J]. Expert Systems with Applications, 2021, 165: 113679.

⑥黄鹏. 基于深度神经网络的文本生成技术研究[D]. 成都: 电子科技大学, 2021.

⑦刘家益, 邹益民. 近 70 年文本自动摘要研究综述[J]. 情报科学, 2017, 35(7): 154-161.

⑧Owczarzak K, Dang H T. Overview of the TAC 2011 summarization track: guided task and aesop task[R]. Gaithersburg: National Institute of Standards and Technology, 2011.

⑨Genest P E, Lapalme G. Fully abstractive approach to guided summarization[C]//Li H Z, Lin C Y, Osborne M, et al. Proceedings of the 50th Annual Meeting of the Association for Computational Linguistics (Volume 2: Short Papers). Stroudsburg: ACL, 2012: 354-358.

⑩石磊, 阮选敏, 魏瑞斌, 等. 基于序列到序列模型的生成式文本摘要研究综述[J]. 情报学报, 2019, 38(10): 1102-1116.

和 Lapalme[①]在多文档自动摘要研究中发现，与生成式文本自动摘要方法相比，纯抽取式文本自动摘要方法的性能更低。此外，与抽取式文本自动摘要方法相比，生成式文本自动摘要方法在思想上更加接近人工书写摘要的过程，因此研究价值和实践价值也更高[②]。在早期关于生成式文本自动摘要的研究中，受限于传统算法模型在文本表征、理解和生成能力以及硬件设备的计算能力，该领域研究进展缓慢，生成摘要的质量也相对较差[③]。在相关研究和技术快速发展的推动下，基于深度学习的生成式文本自动摘要方法逐渐成为研究的主流，并取得了不错的效果[④⑤]。

在深度学习领域，生成式文本自动摘要通常被建模为序列到序列的问题，即从一个较长的文本序列（原始文本）生成一个较短的文本序列（摘要），通常采用 Seq2Seq 模型架构[⑥]。

Seq2Seq 模型由编码器和解码器构成，编码器对输入的文本序列进行建模和语义特征提取，将输入文本序列所包含的语义信息编码为上下文向量，解码器根据上下文向量解码为目标文本序列[⑦]。Seq2Seq 模型首先被提出并应用于解决机器翻译问题[⑧⑨]。2015 年，Rush 等[⑩]最先将 Seq2Seq 模型应用于文本自动摘要，实验

---

① Genest P E, Lapalme G, Yousfi-Monod M. HEXTAC: the creation of a manual extractive run[EB/OL]. (2009-11-16) [2025-03-14]. https://tac.nist.gov/publications/2009/presentations/TAC2009_Summ_HexTac.pdf.

② 赵洪. 生成式自动文摘的深度学习方法综述[J]. 情报学报, 2020, 39(3): 330-344.

③ Andhale N, Bewoor L A. An overview of text summarization techniques[C]//2016 International Conference on Computing Communication Control and Automation (ICCUBEA), April 29-30 2016, Greater Noida. New York: IEEE, 2016: 1-7.

④ Widyassari A P, Rustad S, Shidik G F, et al. Review of automatic text summarization techniques & methods[J]. Journal of King Saud University-Computer and Information Sciences, 2022, 34(4): 1029-1046.

⑤ Abualigah L, Bashabsheh M Q, Alabool H, et al. Text summarization: a brief review[M]//Elaziz M A, Al-qaness M A A, Ewees A A, et al. Recent Advances in NLP: The Case of Arabic Language. Cham: Springer, 2020: 1-15.

⑥ Shi T, Keneshloo Y, Ramakrishnan N, et al. Neural abstractive text summarization with sequence-to-sequence models[J]. ACM Transactions on Data Science, 2020, 2(1): 1-37.

⑦ 施云生. 基于序列到序列模型的生成式文本摘要研究[D]. 大连: 大连理工大学, 2020.

⑧ Bahdanau D, Cho K, Bengio Y. Neural machine translation by jointly learning to align and translate[EB/OL]. (2014-09-01)[2025-03-14]. https://arxiv.org/abs/1409.0473.

⑨ Cho K, van Merriënboer B, Gulcehre C, et al. Learning phrase representations using RNN encoder: decoder for statistical machine translation[C]//Moschitti A, Pang B, Daelemans W. Proceedings of the 2014 Conference on Empirical Methods in Natural Language Processing. Stroudsburg: ACL, 2014: 1724-1734.

⑩ Rush A M, Chopra S, Weston J. A neural attention model for abstractive sentence summarization[C]//Màrquez L, Callison-Burch C, Su J. Proceedings of the 2015 Conference on Empirical Methods in Natural Language Processing. Stroudsburg: ACL, 2015: 379-389.

验证了 Seq2Seq 模型在文本自动摘要问题上的可行性和有效性,并且通过引入注意力机制,增强了模型效果,为后续研究奠定了基础[1]。为了解决 Seq2Seq 模型存在的无法处理未登录词和生成重复词等问题,See 等[2]提出了 PGN 模型,有效缓解了这两个问题的出现。

Seq2Seq 模型只有在对原始文本进行充分理解的基础上,才能够生成流畅通顺、语义信息完整的摘要,对文本重要信息提取和学习的文本表示是生成高质量摘要的关键[3]。在原始的 Seq2Seq 模型中,编码器和解码器通常由 RNN[4]或 CNN 实现[5][6],存在如并行能力不足、长期依赖、文本表示效果不理想等问题或缺陷。

2017年 Vaswani 等[7]为解决机器翻译问题提出了更为先进的 Transformer 模型,极大地推动了包括文本自动摘要在内的各项自然语言处理任务研究的发展,为了增强文本特征提取和表示的效果,基于 Transformer 模型架构的 BERT 等一系列包含大量先验知识的预训练语言模型逐渐被应用于生成式文本自动摘要的研究

---

[1] Nallapati R, Zhou B W, dos Santos C, et al. Abstractive text summarization using sequence-to-sequence RNNs and beyond[C]//Riezler S, Goldberg Y. Proceedings of The 20th SIGNLL Conference on Computational Natural Language Learning. Stroudsburg: ACL, 2016: 280-290.

[2] See A, Liu P J, Manning C D. Get to the point: summarization with pointer-generator networks[C]//Barzilay R, Kan M Y. Proceedings of the 55th Annual Meeting of the Association for Computational Linguistics. Stroudsburg: ACL, 2017: 1073-1083.

[3] El-Kassas W S, Salama C R, Rafea A A, et al. Automatic text summarization: a comprehensive survey[J]. Expert Systems with Applications, 2021, 165: 113679.

[4] Sutskever I, Vinyals O, Le Q V. Sequence to sequence learning with neural networks[C]//Ghahramani Z, Welling M, Cortes C. Proceedings of the 28th International Conference on Neural Information Processing Systems. Cambridge: The MIT Press, 2014: 3104-3112.

[5] Gehring J, Auli M, Grangier D, et al. Convolutional sequence to sequence learning[EB/OL]. (2017-07-25)[2025-03-14]. http://proceedings.mlr.press/v70/gehring17a/gehring17a.pdf.

[6] Zhang M L, Zhou G, Yu W T, et al. A survey of automatic text summarization technology based on deep learning[C]//2020 International Conference on Artificial Intelligence and Computer Engineering. New York: IEEE, 2020: 211-217.

[7] Vaswani A, Shazeer N, Parmar N, et al. Attention is all you need[C]//von Luxburg U, Guyon I. Proceedings of the 31st International Conference on Neural Information Processing Systems. New York: Curran Associates, 2017: 6000-6010.

中[1][2][3][4]，实验表明，将这些模型加入到编码器和解码器的构建中，能够显著提高模型生成摘要的质量。

国内也有大量学者对文本摘要生成进行了广泛的研究，如李晨斌等[5]在 Seq2Seq 模型的基础上，引入 Decoder/Pointer 机制解决未登录词的问题，引入额外的语言特征增强摘要的连贯性，并成功应用于新闻摘要的生成。丁建立等[6]构建了基于双编码器的新闻文本摘要生成模型，包含高层和底层双编码器结构，为摘要的生成提供了更丰富的文本特征，此外还融入了位置嵌入和词性等特征以增强文本表示效果，提高模型的语义理解能力。王伟泽[7]将摘要生成技术应用于政府公文，并通过分层注意力机制提升模型对分散信息的概括能力，取得了不错的效果。王义真等[8]以民事裁判文书为实验数据，提出了一种面向裁判文书的两阶段式自动摘要的方法，首先抽取裁判文书的关键句子，然后输入 Seq2Seq 模型完成最终摘要的生成。柳静[9]针对移动支付政策文件，构建了集成双向长短期记忆网络、注意力机制和强化学习算法的文本自动摘要模型，利用该模型提取摘要进行文本分析。可以发现，上述关于文本摘要生成的研究以领域应用研究为主，较少涉及政策类文本的摘要生成。

3. 政策文本摘要生成研究总结

当前关于政策文本挖掘的研究越来越注重对政策文本深层语义内涵的挖掘，对政策文本进行自动摘要有助于快速理解和把握政策文本的重要信息。目前文本

---

[1] Liu Y, Lapata M. Text summarization with pretrained encoders[C]//Inui K, Jiang J, Ng V, et al. Proceedings of the 2019 Conference on Empirical Methods in Natural Language Processing and the 9th International Joint Conference on Natural Language Processing. Stroudsburg: ACL, 2019: 3730-3740.

[2] Zhang H Y, Cai J J, Xu J J, et al. Pretraining-based natural language generation for text summarization[C]//Bansal M, Villavicencio A. Proceedings of the 23rd Conference on Computational Natural Language Learning. Stroudsburg: ACL, 2019: 789-797.

[3] Kieuvongngam V, Tan B W, Niu Y M. Automatic text summarization of COVID-19 medical research articles using BERT and GPT-2[EB/OL]. (2020-06-03)[2022-03-13]. https://arxiv.org/abs/2006.01997.

[4] Ma T H, Pan Q, Rong H, et al. T-BERTSum: topic-aware text summarization based on BERT[J]. IEEE Transactions on Computational Social Systems, 2022, 9(5): 879-890.

[5] 李晨斌, 詹国华, 李志华. 基于改进 Encoder-Decoder 模型的新闻摘要生成方法[J]. 计算机应用, 2019, 39(S2): 20-23.

[6] 丁建立, 李洋, 王家亮. 基于双编码器的短文本自动摘要方法[J]. 计算机应用, 2019, 39(12): 3476-3481.

[7] 王伟泽. 基于深度学习的政府公文摘要生成算法研究[D]. 成都: 电子科技大学, 2020.

[8] 王义真, 欧石燕, 陈金菊. 民事裁判文书两阶段式自动摘要研究[J]. 数据分析与知识发现, 2021, 5(5): 104-114.

[9] 柳静. 基于自动摘要技术的支付平台治理研究[D]. 武汉: 武汉纺织大学, 2021.

摘要生成技术以 Seq2Seq 模型架构为主流，已被成功地应用于很多领域，但是对政策文本摘要生成的研究相对较少，基于深度学习的摘要生成技术尚未广泛地应用于政策文本的摘要生成。

此外，研究者都比较重视文本特征的提取和表示，如使用更先进、特征提取能力更强大的模型作为编码器或解码器的基础组件，充分挖掘文本的词性等语言特征等，这些研究都表明增强文本的表示效果、提高模型对文本的理解能力对生成摘要的质量至关重要。但是包含文本重要语义信息的依存句法结构特征，在摘要生成中的应用研究却未得到足够的重视，相比词层面的特征[如词性、TF-IDF（term frequency - inverse document frequency，词频-逆向文件频率）等特征]以及句法层面的特征，更有利于模型从整体结构上把握文本的语义内涵[①]，特别是对于信息密度大、语义内涵丰富的政策文本来说，这种从整体上理解文本的能力更有利于高质量摘要的生成，而依存句法分析能够有效支撑文本的句法结构建模[②]。因此，探索融合依存句法分析的生成式政策文本自动摘要模型对政策文本深层语义内涵的挖掘很重要。

4.2 政策文本摘要生成的研究方案

在互联网和信息技术高速发展的背景下，我国各级政府正在积极推动数字化转型，构建面向现代社会的数字政府，以提高政府执政效率和水平，方便人民群众。政策文本是重要的政务信息数据资源，在数字政府构建的过程中，因其具有巨大的潜在价值而亟待挖掘，本章以政策文本自动摘要为研究切入点，探索政策文本深层次语义内涵的挖掘和利用。为此，在分析深层次语义理解需求的基础上，有针对性地提出政策文本自动摘要研究框架，为本章后续研究的具体实施提供支撑。

4.2.1 政策文本摘要生成研究的方案设计

随着数字时代的到来，我国政府数字化转型不断推进与深入，由此而产生的各类政务信息资源所蕴含的潜在价值巨大，亟待挖掘和利用。政策文本作为一类典型的政务信息资源，是对国家或地区在特定历史阶段内政治、经济、文化和社会发展等深刻且全面的反映。由于政策文本具有篇幅较长、蕴含信息量大和内容冗余度高等特点，直接对其进行阅读或全文检索所花费的时间往往较多，利用效率较低，不利于对政策文本进行大规模的挖掘利用。政策文本摘要生成通过对政策文本的核心内容信息进行汇总凝练，生成一篇精简概括的摘要，能够缓解政策

[①] 刘文锋. 基于表示学习和依存句法的自动文本摘要方法研究[D]. 济南: 山东师范大学, 2020.
[②] 中国中文信息学会. 中文信息处理发展报告(2016)[R]. 北京: 中国中文信息学会, 2016.

文本信息过载的问题，提高政策文本阅读和检索效率，帮助人们快速获取政策文本的重要信息，加速政务信息资源服务应用的落地。

1. 总体研究方案

本章围绕政策文本摘要生成研究展开，在充分梳理政策文本挖掘和文本自动摘要相关文献资料的基础上，以上述政策文本语义表示研究为前提，系统地分析和阐明了政策文本深层次语义挖掘与自动摘要研究框架。具体而言，本章工作包括以下方面。

（1）提出了基于句向量改进的政策文本关键句子抽取策略。针对政策文本篇幅较长、蕴含信息量大和内容冗余度高的特点，本章集成多种无监督模型和算法，提出了基于句向量改进的政策文本关键句子抽取策略，即通过抽取政策文本的关键句子并将其作为政策文本的精简形式，去除冗余信息，缩短政策文本的篇幅，以此为基础对政策文本进行自动摘要生成。

具体地，与第3章研究相同，本章基于RoBERTa和SimCSE模型对政策文本进行向量化表示和优化后，利用政策文本句向量对TextRank模型进行改进，计算政策文本句子的重要性分数，同时融合政策文本句子层面的多个特征，提高政策文本句子重要性分数的准确性，优化政策文本关键句子抽取的效果，为政策文本自动摘要研究的开展奠定基础。

（2）构建了基于依存句法的生成式政策文本自动摘要模型。政策文本依存句法结构特征有助于模型准确解析和理解政策文本的语义内涵，考虑到现有文本自动摘要模型缺乏对文本依存句法结构特征的显式利用，本章将依存句法分析融入政策文本的自动摘要研究，构建了基于依存句法的生成式政策文本自动摘要模型，实现对大规模政策文本的摘要生成。

具体地，本章首先基于依存句法分析提取出政策文本的依存句法树，然后利用GCN模型解析出政策文本的依存句法结构特征，以增强RoBERTa模型对政策文本的表示效果。在此基础上，本章构建基于Seq2Seq模型的政策文本自动摘要模型，并引入PGN模型缓解生成未登录词和生成重复词语等问题，通过集束搜索（beam search）算法生成多个候选摘要，利用改进的SimCLS模型从中筛选出最佳候选摘要，缓解政策文本自动摘要模型训练的目标函数与评价指标不一致的问题，进一步提升模型性能，提高模型生成摘要的质量。

（3）进行了面向场景的政策文本摘要生成实验。本章从国家政府部门的网站上采集了大批量政策文本，通过人工撰写摘要标注政策文本数据和引入外部的时政新闻摘要数据相结合的方式，构建了政策文本自动摘要实验所需的数据集，进行了政策文本摘要生成实验，以验证所提策略和模型的有效性，并选取具体的政策文本实例直观地呈现了政策文本自动摘要模型的摘要生成效果。实验表明，本章所提出的政策文本关键句子抽取策略和政策文本自动摘要模型能够有效实现政策文本摘要的生成，充分凸显了本章所提策略和模型的优越性。

2. 主要研究内容

本章围绕生成式政策文本自动摘要这一核心研究内容，将研究内容划分为以下四个方面。

（1）基于句向量改进的政策文本关键句子抽取。目前，基于深度学习的生成式文本自动摘要模型虽然已在其他一些领域取得了较好的效果，但是其生成摘要的质量与人工摘要相比仍然存在较大的提升空间，特别是当其应用于篇幅较长的政策文本时，摘要生成模型需要凝练和总结的核心内容信息在政策文本中相对分散，模型生成高质量摘要的难度进一步加大。此外，现有深度学习模型由于自身结构的原因，通常只能处理较短的或特定长度范围内的文本序列，而无法直接对政策文本这种长文本序列进行建模和特征提取，从而导致处理效果不理想。

因此，本章在探索构建生成式政策文本自动摘要模型之前，先对政策文本的核心信息进行抽取，在保证政策文本信息覆盖率的同时，尽可能地去除政策文本中的冗余信息，缩短政策文本的篇幅，为后续政策文本摘要的准确生成提供支撑。为此，本章采用无监督的方法，利用政策文本句向量以及句子层面的多种特征来计算政策文本句子的重要性，抽取出政策文本中重要性程度较高的关键句子，将关键句子组合为精简形式的政策文本，以此为基础对政策文本进行摘要生成。

（2）政策文本依存句法结构特征提取。政策文本由政府部门编撰而成，相对严格规范，政策文本中的句子必然符合中文的句法结构，依存句法分析能够将句子解析为一棵依存句法树，对句子中词与词之间的相互依存关系进行描述，并以此来揭示整个句子的句法结构。这种依存关系是和句子的语义内涵相关联的，也就是说，对句子中词与词之间依存关系的准确把握有助于理解句子的语义内涵。文本的句法结构分析是语言理解的重要一环，将依存句法分析应用到政策文本上，提取出政策文本的依存句法结构特征，有助于模型准确解析和理解政策文本的语义内涵。

因此，本章通过依存结构分析得到政策文本的结构特征，将其融入政策文本自动摘要模型中，增强政策文本向量化表示的效果，帮助模型捕获政策文本更丰富的句法和语义信息，以此作为后续自动摘要模型学习和训练的基础，提高生成摘要的质量。

（3）基于改进 Seq2Seq 的政策文本摘要生成与优化。近年来，深度学习技术在自然语言处理领域被广泛应用，相比于传统的统计机器学习模型，深度学习模型的神经网络结构能够实现对文本深层次语义内涵特征的自动提取，无须人工进行大量的特征提取工作，而且深度学习模型往往具有强大的表征学习能力，使其能够在向量空间中对词语、句子甚至整篇文章进行表示，这对政策文本摘要自动生成的有效实现至关重要。同时基于深度学习的生成式文本自动摘要模型能够生成原始文本中没有的词语，更加灵活和智能，也更加接近人工撰写摘要的过程，是今后研究的主流方向。

因此，本章选择生成式作为政策文本摘要生成的主要策略，将深度学习技术应用到政策文本的摘要生成中，通过集成 Seq2Seq 等多种深度学习模型，探索适用于政策文本的生成式自动摘要模型，并对其进行优化和改进，实现对大批量政策文本的高质量摘要自动生成。

（4）政策文本摘要生成实证分析。本章所构建的适用于政策文本的摘要生成模型，集成了多种深度学习模型，且融合了政策文本的依存句法结构特征，具有强大的表征能力，但这容易导致模型陷入过拟合的困境，因此需要在大规模的政策文本数据中进行训练、评价并对模型进行优化。为此，本章从政府网站采集政策文本并以此为对象进行实证分析，以验证所构建模型的有效性，使用自动评价指标 ROUGE（recall-oriented understudy for gisting evaluation，面向召回率的摘要评估）和人工评测相结合的方式对模型生成的摘要进行评价，根据评价结果分析模型的不足并尝试进行改进。

本章主要是围绕融合依存句法分析的政策文本自动摘要模型展开研究，研究思路与内容安排如图 4-1 所示。

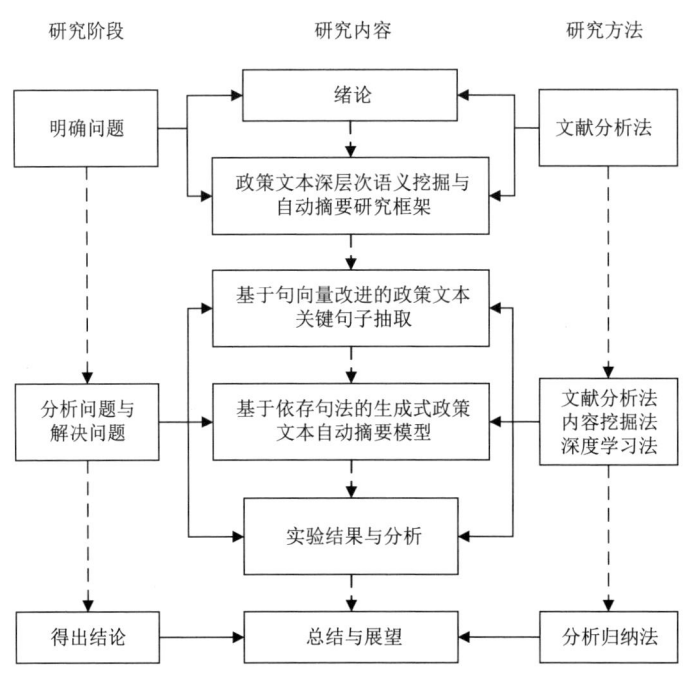

图 4-1　政策文本摘要生成研究内容

第一，阐明政策文本深层次语义挖掘与自动摘要研究框架，即针对政策文本深层次语义挖掘的现实需要，在梳理相关研究的基础上，分析政策文本自动摘要研究的必要性，探索适合政策文本的自动摘要研究框架。

第二，提出一种基于句向量改进的政策文本关键句子抽取策略，该策略通过集成多种无监督模型，并利用政策文本句向量为模型提供更多的语义信息，提高关键句子抽取效果，以抽取出的关键句子作为政策文本的精简形式，支撑政策文本摘要生成研究。

第三，开展基于依存句法的生成式政策文本自动摘要模型研究，该模型通过依存句法分析提取政策文本的依存句法结构特征，增强政策文本的表示效果，同时采用多种策略对政策文本自动摘要模型进行优化改进，提高模型生成摘要的质量。

第四，在政策文本关键句子抽取策略和政策文本自动摘要模型构建的基础上，通过构建实验数据集和设计对比实验，对所提策略和模型的有效性与优越性进行验证，并通过具体实例对模型生成的摘要进行结果呈现与分析。

第五，对本章的工作，即政策文本关键句子抽取和政策文本摘要生成进行梳理与总结，并且分析本章研究的不足，未来将在政策文本摘要数据集和自动摘要模型构建等方面加以改进。

4.2.2 政策文本摘要生成研究的方案创新

本章立足于生成式文本自动摘要研究，同时考虑到政策文本篇幅普遍较长等特点，现有的生成式文本自动摘要模型受制于梯度消失、梯度爆炸以及最长输入长度等问题，很难直接对长篇幅的政策文本进行摘要生成，模型学习难度大、训练成本高。因此，本章首先采用无监督的模型和方法抽取政策文本的关键句子，对政策文本的核心信息进行提取，然后在此基础上探索构建融合依存句法分析的生成式政策文本自动摘要模型，进行政策文本摘要生成的实证分析，验证所提模型的效果并进行优化和改进。

本章将自然语言处理领域中关于文本自动摘要的方法模型应用于政策领域，通过政策文本关键句子抽取实现对政策文本的精简，去除冗余信息，缩短篇幅，并在此基础上融合政策文本的依存句法结构特征，进行政策文本自动摘要的深度学习模型研究，探索大规模政策文本的语义内涵挖掘和摘要自动生成的实现方案，形成体系化的研究框架和实施策略，从而实现政策领域应用视角下深度学习理论与方法的拓展与创新。因此本章的创新主要集中于以下两点。

1. 基于句向量改进的政策文本关键句子抽取策略创新

现有关于文本自动摘要的研究主要集中于中短文本，对政策文本这种长文本的自动摘要研究仍有待进一步深入，本章通过梳理当前抽取式文本自动摘要研究的现状，考虑通过抽取政策文本的关键句子作为政策文本的精简形式，以关键句子为基础实现政策文本的摘要生成。但是在关于文本关键句子抽取或摘要抽取的研究中，无监督模型普遍缺乏对文本深层语义信息的利用，有监督模型需要有大批量标注好的语料数据进行训练。因此，本章针对上述研究的不足，结合政策文本关键句子抽取的现实要求，提出了一种无监督、基于句向量改进的政策文本关键句子抽取策略，通过句向量为模型提供丰富的语义信息，提高模型对关键句子的抽取效果，将抽取出的关键句子作为政策文本的精简形式，去除政策文本的冗余信息，缩短政策文本的篇幅，支撑后续生成式政策文本自动摘要的研究。

2. 基于依存句法分析的政策文本自动摘要模型应用创新

政策文本摘要生成是政策文本语义内涵挖掘的重要组成部分，也是提高以政策文本内容为数据基础的政策文本检索效率，以及推动各类政务信息服务应用落地的关键步骤。但是目前关于政策文本自动摘要的研究缺乏，而且现有的文本自动摘要模型缺乏对文本依存句法结构特征的直接利用。文本的依存句法结构特征有助于模型对文本语义内涵的准确理解，从而生成高质量的摘要。因此，本章在大量相关文献调研的基础上，探索性地将依存句法分析和多种深度学习模型相结合，构建了适用于政策文本的自动摘要模型，并通过多种有效的优化策略来提高模型的性能，最后通过模型训练与测试，验证模型的有效性和优越性，以实现政策文本高质量摘要的生成。

4.2.3　政策文本摘要生成研究框架

政策文本自动摘要研究对政策文本语义内涵的挖掘和利用具有重要意义和价值，本章重点研究基于深度学习技术的生成式政策文本自动摘要实现问题，探索研究的技术方案和框架，以期达到政策文本摘要生成及优化的目的，为后续政策文本的更深层次研究提供支撑。

1. 政策文本摘要生成研究策略

由于政策文本篇幅较长、蕴含信息量大和内容冗余度高，价值较高的重要信息在政策文本中分布相对分散，不利于对大规模政策文本进行高效的深层次挖掘和利用。政策文本自动摘要通过对政策文本核心语义信息的理解、总结和凝练，生成高质量的短文本摘要，能够提高政策文本阅读、检索和利用的效率，有利于挖掘和发挥政策文本蕴含的巨大价值。随着深度学习技术的发展，政策文本自动摘要研究已有了丰富的理论和技术支撑，将深度学习模型应用于政策文本自动摘要研究，有助于充分理解和把握政策文本的深层次语义内涵，从而生成高质量的摘要。

但是深度学习模型在处理长文本序列时，可能会存在梯度消失或梯度爆炸等问题，模型难以进行学习训练，而且对输入文本序列的长度存在限制。政策文本作为一种冗余度较高的长文本，若不经处理直接应用深度学习模型进行摘要生成，模型难以全面理解和把握其中的核心语义信息，从而难以生成高质量的摘要。因此，在基于深度学习的政策文本自动摘要研究中，有必要针对政策文本的长篇幅等特点，对其进行精简，去除冗余信息，缩短其篇幅。

同时，考虑到现有文本自动摘要模型缺乏对文本依存句法结构特征的利用，而政策文本的语法和句法相对严格规范，将政策文本的依存句法结构特征融入政策文本的摘要生成，有助于模型准确解析和理解政策文本的语义内涵，提高模型生成摘要的质量。因此，本章整合集成多种深度学习模型，将依存句法分析引入政策文本摘要生成研究中，构建和扩充政策文本摘要数据集，支撑政策文本自动摘要模型的训练和测试，从而实现对大规模政策文本的摘要生成。

综上，本章提出了如图4-2所示的政策文本摘要生成研究策略，即给定一篇政策文本，首先对其进行关键句子抽取，提取重要信息，将抽取到的关键句子作为政策文本的精简形式，然后对关键句子进行依存句法分析，得到政策文本依存句法树，接下来将政策文本关键句子和依存句法树同时输入到构建的政策文本自动摘要模型中，进行句法和语义特征提取，实现摘要生成，最终输出生成的政策文本摘要。

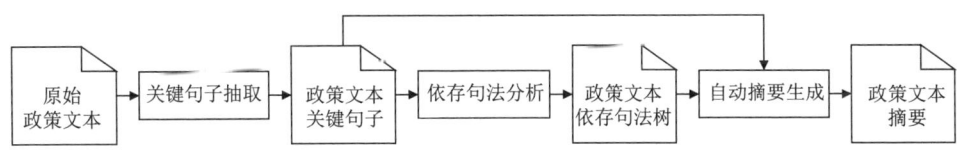

图4-2　政策文本摘要生成研究策略

2. 基于深度学习的政策文本摘要生成研究框架

本章为充分挖掘政策文本的深层次语义内涵，提高政策文本自动摘要的效果和质量，在梳理前人相关研究、归纳和总结主要研究内容的基础上，提出了政策文本摘要生成研究策略，根据该研究策略，本章将其细化并构建出了如图4-3所示的基于深度学习的政策文本摘要生成研究框架。

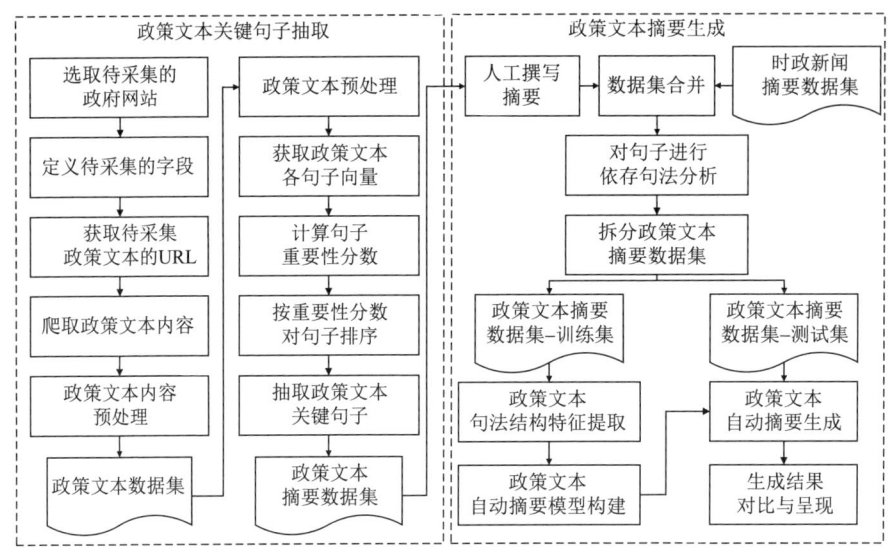

图 4-3 基于深度学习的政策文本摘要生成研究框架

URL 为统一资源定位器（uniform resource locator）

根据如图 4-3 所示的基于深度学习的政策文本摘要生成研究框架，本章将研究的具体步骤分为政策文本关键句子抽取和政策文本摘要生成。

（1）政策文本关键句子抽取。本章拟构建生成式政策文本自动摘要模型，主要以深度学习模型为基础，而深度学习模型的训练是建立在大规模的高质量数据集上的，训练数据集规模大小和质量好坏都对模型的性能有着重要的影响。此外，由于政策文本篇幅较长，冗余内容较多，直接对其进行摘要生成，模型学习和训练的难度较大，影响最终生成的摘要质量。

为了更好地实现对大规模政策文本的摘要生成，有必要对政策文本进行精简，提取核心内容信息，去除冗余信息，缩短文本篇幅。因此，本章首先编写政策文本自动化采集代码，从国务院网站和部分省区市网站的政策文件库或信息公开板块获取各类政策文本，以采集到的政策文本语料数据为基础，通过无监督的模型抽取政策文本的关键句子，并利用政策文本句向量改进句子重要性分数计算的准确性，提高模型抽取关键句子的效果，最终将关键句子作为政策文本的精简形式，并以此作为后续政策文本自动摘要研究的实验数据，为政策文本自动摘要研究奠定基础。

（2）政策文本摘要生成。考虑到当前国内外对于政策文本自动摘要相关的研究还比较少，特别是采用深度学习方法对政策文本进行生成式自动摘要的研究更是缺乏，本章将深度学习中一些成熟的、性能优越的文本自动摘要模型应用于政策文本研究中，同时融合依存句法分析，提取政策文本的依存句法结构特征，构建适用于政策文本的自动摘要模型,充分挖掘政策文本的语义内涵,并通过多种优化和改进方式进一步提高模型效果和生成摘要的质量。

最后,本章对包含关键句子的、精简的政策文本数据进行拆分,通过人工撰写摘要的方式标注一部分政策文本数据;同时为了满足模型训练的需要,本章将引入与政策文本类型和格式具有一定相似性的时政新闻摘要数据集,合并成本章所需的自动摘要实验数据集,以此对政策文本自动摘要模型进行训练、验证和优化,从而实现对大规模未标注政策文本的摘要生成。

4.3 面向摘要生成的政策文本关键语句抽取

近年来,国内外学者对生成式文本自动摘要始终保持着较高的关注度,进行了大量探索,陆续提出了新方法和模型,生成摘要的质量和效果也越来越好,越来越接近人工摘要。同时这些方法和模型已应用于多个领域,实现了对多种类型文本的自动摘要,但是目前关于政策文本的自动摘要研究仍较为缺乏。政策文本属于长文本,其内容丰富,但冗余信息多,核心内容信息在政策文本中相对分散,过多的冗余信息会影响模型对政策文本核心信息的凝练和总结,而且现有深度学习模型存在梯度消失、梯度爆炸以及输入序列长度有限等问题,难以直接进行生成式的政策文本摘要生成。

因此,本章将采用无监督的方法,提出一种基于句向量改进的政策文本关键句子抽取策略,通过抽取政策文本的关键句子实现对政策文本的精简,保留核心信息,去除冗余信息,缩短政策文本篇幅,为后续本章融合依存句法分析进行生成式政策文本自动摘要模型的训练和优化提供支撑,实现高质量摘要的自动生成。

4.3.1 政策文本关键句子抽取策略

本章基于句向量改进的政策文本关键句子抽取策略如图 4-4 所示,首先对政策文本进行句子拆分,然后输入到经训练的 SimCSE 模型编码器——RoBERTa 模型中,得到各句子对应的句向量,通过句向量提高政策文本句子重要性分数计算的准确性,然后根据重要性分数计算结果,抽取出重要性分数较高的若干个句子,以此作为政策文本的关键句子,并将关键句子的组合作为政策文本的精简形式,为后续政策文本自动摘要研究提供高质量数据支撑。本章后续将详细阐述政策文本关键句子抽取工作。

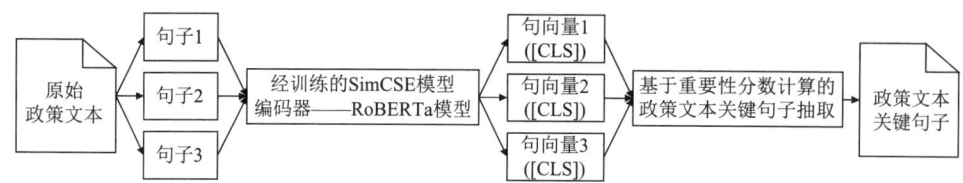

图 4-4　基于句向量改进的政策文本关键句子抽取策略

本章将利用改进的 TextRank 模型，综合考虑政策文本句子层面的多种特征，来计算政策文本句子的重要性分数，并抽取重要性分数最高的若干个句子作为关键句子，从而实现对政策文本的精简，只保留核心信息，去除冗余信息，缩短文本篇幅，降低摘要生成模型对政策文本语义内涵理解的难度，提高理解的准确性，从而实现高质量摘要的生成。政策文本关键句子抽取的总体流程如图 4-5 所示。

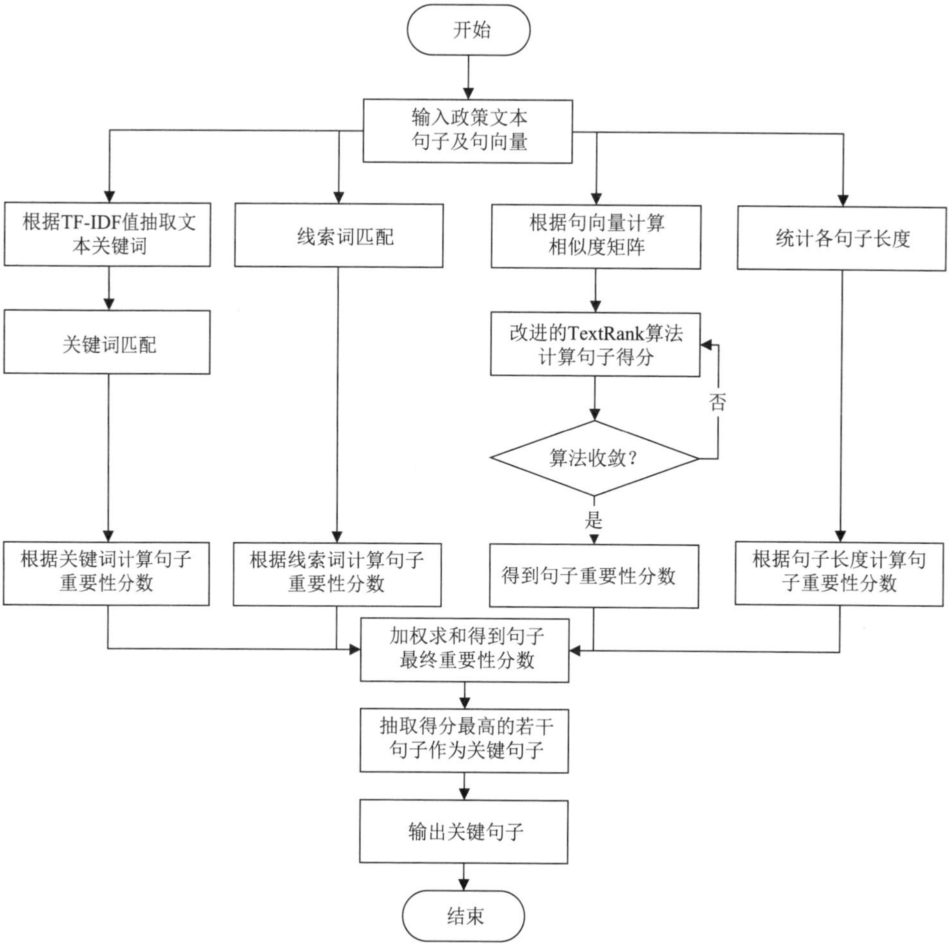

图 4-5　基于句子重要性分数计算的政策文本关键句子抽取流程

TextRank 模型已被广泛应用于文本关键句子抽取或自动摘要生成任务中，但是原始的 TextRank 模型缺乏对文本深层次语义信息的利用，为此，本章将在原始 TextRank 模型的基础上，按照第 3 章中的方法生成政策文本的句向量，在句向量中融入更多的语义信息，提高政策文本句子相似度计算的准确性，从而提高政策文本句子重要性分数计算的准确性。

此外，本章将融合政策文本句子的关键词、线索词和长度等多种特征，作为对改进 TextRank 模型的补充，进一步提高政策文本句子重要性计算的准确性，充分确保准确地抽取出政策文本中的关键句子，并充分且全面地反映出政策文本的核心内容信息。本章后续将对其中起关键作用的三个部分进行详尽阐释，即基于改进 TextRank 的政策文本句子重要性分数计算、基于多特征融合的政策文本句子重要性分数计算和基于重要性分数加权求和的政策文本关键句子抽取。

4.3.2 政策文本句子重要性分数计算

本章所提的政策文本关键句子抽取策略在对政策文本句子重要性分数计算时，主要以 TextRank 模型为核心，其中句子间相似度的计算对于抽取效果有较大的影响，原始的 TextRank 模型在衡量句子间的相似度时仅考虑句子间词共现的频次，缺乏对句子深层次语义特征的挖掘和利用。因此，本章考虑对政策文本及各句子进行向量化表示，通过句向量中包含的丰富语义信息来提高句子相似度计算的准确性，为政策文本关键句子的抽取和政策文本的摘要生成提供支撑。

1. 基于改进 TextRank 的政策文本句子重要性分数计算

TextRank 模型是一种基于图的无监督算法，其核心思想源于 Google 公司的 PageRank 算法，PageRank 算法被用来计算搜索引擎中网页的重要性，对网页进行排名。TextRank 模型将 PageRank 算法的思想应用于自然语言文本处理中，通过对文本中词语或句子的重要性排序，实现文本的关键词抽取或关键句子抽取。

本章进行政策文本的关键句子抽取，目标是计算政策文本各句子的重要性分数，抽取出分数排名靠前的若干个句子。TextRank 模型需要先将政策文本拆分为句子集合，将政策文本转化为图结构，以句子集合构建图模型。图模型用 $G=(V,E)$ 表示，V 表示图中节点的集合，即政策文本句子集合，$|V|$ 表示集合中句子的数量，E 表示边的集合，边的权重通过所连接两个句子的相似度表示，它是 $V \times V$ 的一个子集。

因此，本章根据政策文本句子之间的相似度将政策文本转化为一个有权无向图，进而迭代计算出图中顶点（即句子）的重要性，即

$$\mathrm{WS}(V_i) = (1-d) + d \times \sum_{j \in \mathrm{In}(V_i)} \frac{w_{ij}}{\sum_{v_k \in \mathrm{Out}(V_j)} w_{jk}} \mathrm{WS}(V_j) \quad (4\text{-}1)$$

其中，d 是阻尼系数，其值介于 0 和 1 之间，通常取 0.85[①]，它的作用是将图中节点与其他节点相连接时所存在的随机性整合到模型中；$\mathrm{In}(V_i)$ 是图中所有指向 V_i 节点的集合；$\mathrm{Out}(V_j)$ 是图中由节点 V_j 指向的其他所有节点的集合。

以政策文本句子之间相似度构建的图是无向图，图中节点 V_i 的 $\mathrm{In}(V_i)$ 和 $\mathrm{Out}(V_i)$ 是相同的，表示与节点 V_i 相连接的节点的集合。w_{ij} 是节点 V_i 与 V_j 之间边的权重，用对应句子 S_i 和 S_j 的相似度表示。最终，TextRank 模型通过式（4-1），经过若干次迭代计算，图中各节点的重要性分数会收敛到一个稳定的值，该值即表示节点最终的重要程度。

通过式（4-1）可以发现，政策文本句子相似度的计算是句子重要性分数计算的关键。在原始的 TextRank 算法中，句子相似度是基于词共现和词频统计计算的，即两个句子如果重叠词语的数量越多，那么就越相似。但是这种句子相似度的计算方式具有局限性，它缺乏对政策文本句子语义信息的充分利用，仅仅依靠词共现和词频统计无法有效判断政策文本中的两个句子是否真正语义相关。因此，在基于 TextRank 模型计算政策文本中句子的重要性分数，并提取政策文本关键句子时，本章将句子深层次的语义信息引入到句子相似度的计算中，以此提高 TextRank 模型计算的效果。

因此，为使句子相似度计算结果更加准确，本章对 TextRank 模型进行了改进[②]。本章利用 RoBERTa 模型将政策文本中的句子表示为一个向量，该向量是对句子中所有词语语义信息的整合，能够有效反映和表示整个句子的语义特征，于是政策文本中两个句子 S_i 和 S_j 的相似度可以通过对应句向量的余弦相似度来表示，即

$$\mathrm{Similarity}(S_i, S_j) = \mathrm{Similarity}(\mathrm{SV}_i, \mathrm{SV}_j) = \frac{\mathrm{SV}_i \cdot \mathrm{SV}_j}{\|\mathrm{SV}_i\| \cdot \|\mathrm{SV}_j\|} \quad (4\text{-}2)$$

其中，SV_i 是句子 S_i 通过 RoBERTa 模型得到的句向量。

至此，经过改进 TextRank 模型的迭代计算后，便可以得到政策文本中各个句子的重要性分数，以便后续准确抽取政策文本的关键句子。

[①] Mihalcea R, Tarau P. TextRank: bringing order into text[C]//Lin D, Wu D K. Proceedings of the 2004 Conference on Empirical Methods in Natural Language Processing. Stroudsburg: ACL, 2004: 404-411.

[②] 孙晓腾. 基于关键词过滤和篇章结构的中文自动文摘研究[D]. 重庆：重庆大学，2018.

2. 基于多特征融合的政策文本句子重要性分数计算

本章通过句向量对 TextRank 模型进行改进，用于政策文本句子重要性分数的计算，实现政策文本关键句子的抽取，无须人工标注数据，简单高效。但是改进后的 TextRank 模型仍具有一定的局限性，它主要考虑了政策文本中句子与句子之间的关联信息，而忽略了政策文本中句子本身的一些特征信息对其重要性计算的影响，如句子关键词特征、线索词特征和长度特征等，而这些特征对于政策文本中的一个句子是否应该被抽取出来，并作为关键句子具有较大的参考价值。为了利用政策文本句子的这些特征信息，并将其作为句子重要性分数计算中 TextRank 模型计算的补充，本章融合多种特征改进句子重要性分数的计算，以提高政策文本关键句子抽取的质量。

（1）句子关键词特征。政策文本中的关键词是对其主旨信息的表达和反映，关键词有助于快速把握政策文本的部分要点信息。因此将政策文本中各句子所包含关键词的数量作为句子关键词特征，并为其赋予一定的权值，最终作为句子的重要性分数。政策文本中一个句子所含关键词的数量越多，则其与政策文本整体主旨信息的相关性越强，重要程度也越高，获得的重要性分数也应该越高。政策文本关键词的抽取，不是本章的研究重点，为了满足对大规模政策文本关键词的快速提取，本章选择使用简单高效的 TF-IDF 算法。

具体地，对于给定的一篇政策文本，本章先使用 TF-IDF 算法对该政策文本中所有词语的 TF-IDF 值进行计算，并按照 TF-IDF 值对词语进行从大到小排序，定义关键词集合由前 10%（该值先凭经验设定，再根据关键句子抽取结果进行微调，最终选择 10%）的词语组成，记作 KW，假设句子 S_i 是该政策文本中的一个句子，其包含的词语数量为 $|S_i|$，对句子 S_i 和 KW 中的词语进行匹配，将匹配到的所有词语构成集合 $\{w \mid w \in S_i\ \&\ w \in \text{KW}\}$，其包含词语的数量为 $|\{w \mid w \in S_i\ \&\ w \in \text{KW}\}|$，那么根据句子的关键词特征，本章将句子重要性分数定义为句子所含关键词数量与句子词语总数的比值，计算公式如式（4-3）所示：

$$\text{Score}_{\text{KW}}(S_i) = \frac{|\{w \mid w \in S_i\ \&\ w \in \text{KW}\}|}{|S_i|} \qquad (4\text{-}3)$$

（2）句子线索词特征。线索词是指如"综上""综上所述"等具有概括性的词语[①]，政策文本中包含线索词的句子通常具有总结性作用，往往是对前文内容的概括和总结，与政策文本的主旨内容联系相对紧密，重要程度更高，因此其重要

[①] 汪旭祥, 韩斌, 高瑞, 等. 基于改进 TextRank 的文本摘要自动提取[J]. 计算机应用与软件, 2021, 38(6): 155-160.

性得分也应该更高。本章通过人工筛选的方法从政策文本中筛选出了如表 4-1 所示的线索词集合，然后对政策文本中的各个句子进行线索词匹配以完成重要性分数的计算。

表 4-1 政策文本线索词表

序号	线索词	序号	线索词
1	综上	6	简而言之
2	综上所述	7	简单来说
3	总之	8	所以
4	总而言之	9	因此
5	总的来说	10	因而

具体地，本章将这些线索词组成一个线索词表 CW，对于给定的一篇政策文本，根据该线索词表可计算出句子 S_i 的重要性分数，用 $\{w | w \in S_i \ \& \ w \in \text{CW}\}$ 表示句子 S_i 中词语与线索词表 CW 中词语的交集，即既在句子 S_i 又在线索词表 CW 中的词语集合，若该词语集合不为空，即 $\{w | w \in S_i \ \& \ w \in \text{CW}\} \neq \varnothing$，则句子 S_i 的重要性得分为 1，否则得分为 0，即如式（4-4）所示：

$$\text{Score}_{\text{CW}}(S_i) = \begin{cases} 1, & \{w | w \in S_i \ \& \ w \in \text{CW}\} \neq \varnothing \\ 0, & \text{其他} \end{cases} \tag{4-4}$$

（3）句子长度特征。本章将政策文本的关键句子抽取出来作为政策文本的精简表示，它需要能够尽可能地反映出政策文本的所有核心信息，但是其长度又不应该过长，句子过长可能会包含过多的冗余信息，而冗余信息与政策文本的主旨内容相关性较低。因此，为了达到精简政策文本、缩短篇幅的目的，过长的句子不应进行抽取，即过长句子的重要性分数应该较低。同时，由于政策文本内容丰富、信息密度大，过短的句子并不能有效地反映出政策文本在某一方面的主旨信息，也就是说，抽取出来的关键句子也不能过短。由此，本章将政策文本中句子的长度特征纳入重要性分数计算的过程中，根据政策文本中最长句子的长度，将抽取出来的关键句子的长度控制在一定范围内。

具体地，给定一篇政策文本，其最长句子的长度为 $L_{\max}$，对于其中的一个句子 S_i，其长度为 L_i，首先定义句子 S_i 的长度系数为 CL_i，它是 L_i 与 $L_{\max}$ 的比值，即

$$\text{CL}_i = \frac{L_i}{L_{\max}} \tag{4-5}$$

然后根据经验，定义长度系数值在 0.2 和 0.8 范围内句子的重要性得分为 1，

否则得分为 0，即句子 S_i 重要性分数的计算公式如式（4-6）所示：

$$\text{Score}_L(S_i) = \begin{cases} 1, & 0.2 \leq \text{CL}_i \leq 0.8 \\ 0, & \text{其他} \end{cases} \quad (4\text{-}6)$$

至此，本章综合上述政策文本句子的三个特征，从多维度对政策文本中各个句子的重要性进行了评估，以确保政策文本关键句子的准确抽取。

3. 基于重要性分数加权求和的政策文本关键句子抽取

本章将抽取的政策文本关键句子组合为简化的政策文本，以用于后续政策文本摘要生成。为了确保生成摘要的质量，抽取出的关键句子必须能够充分覆盖到政策文本的重要信息，即在对政策文本进行简化的基础上，还要最大限度地反映政策文本的主旨内容。因此，在政策文本关键句子抽取的过程中，应充分考虑和整合政策文本句子的语义信息及句子本身的一些统计特征信息，本章分别从上述两个角度对政策文本句子的重要性分数进行了计算，并对上述计算得到的句子重要性分数进行加权求和，得到最终的句子重要性分数，从而尽可能地提高政策文本句子重要性计算的准确性，保证抽取的政策文本关键句子的质量。最后，本章根据最终得到的句子重要性分数，筛选出重要性分数较高的若干个句子作为政策文本的关键句子。

具体地，对于政策文本中的任意句子 S_i，根据改进的 TextRank 模型可以计算得到其重要性分数，记为 $\text{Score}_{\text{TR}}(S_i)$，然后根据句子文本的三个统计特征可以得到额外的三个重要性分数，即基于句子关键词特征的重要性分数[记为 $\text{Score}_{\text{KW}}(S_i)$]、基于句子线索词特征的重要性分数[记为 $\text{Score}_{\text{CW}}(S_i)$]和基于句子长度特征的重要性分数[记为 $\text{Score}_L(S_i)$]，句子 S_i 最终的重要性分数 $\text{Score}(S_i)$ 是上述四个重要性分数加权求和的结果，即

$$\begin{aligned}\text{Score}(S_i) = & w_{\text{TR}} \times \text{Score}_{\text{TR}}(S_i) + w_{\text{KW}} \times \text{Score}_{\text{KW}}(S_i) \\ & + w_{\text{CW}} \times \text{Score}_{\text{CW}}(S_i) + w_L \times \text{Score}_L(S_i)\end{aligned} \quad (4\text{-}7)$$

其中，w_{TR}、w_{KW}、w_{CW} 和 w_L 是权重，本章根据最终关键句子抽取的效果，将这四个权重分别设为 0.5、0.3、0.1 和 0.1，使得抽取的关键句子与对应政策文本的余弦相似度最高。

基于上述计算，得到的 $\text{Score}(S_i)$ 充分融合了政策文本中句子的语义信息、关联关系以及句子自身特征，能够有效地反映出句子在政策文本中的重要程度，根据 $\text{Score}(S_i)$ 对政策文本各个句子按倒序排列，抽取前 K 个句子作为政策文本的关键句子。对于 K 值的选取，本章将根据关键句子的总长度进行动态调整，使关键句子的总长度不超过 500 个字符，以满足 RoBERTa 对输入序列长度的限制。最后，本章将按照上述方法抽取出来的政策文本关键句子组合为精简形式的政策文

本，从而实现对政策文本内容的精简，去除冗余信息，保留重要信息，缩短政策文本的篇幅，为后续高质量的政策文本摘要生成提供支撑。

4.4 基于依存句法的政策文本摘要生成模型

目前文本摘要生成的方法主要分为抽取式和生成式两大类，其中生成式文本自动摘要方法是在对原始文本语义内涵充分理解的基础上，整合和浓缩原始文本信息形成摘要，能够生成原始文本中未出现的词语，更加灵活且接近于人工撰写摘要的过程。生成式文本自动摘要方法逐渐成为当前文本自动摘要领域研究的主流方法，也是未来相关研究创新的方向。因此，本章在前期对大量相关文献资料进行梳理和总结的基础上，选择将生成式文本自动摘要方法应用于政策文本的摘要生成，构建适合于政策文本的自动摘要模型，并按照 4.3 节提出的政策文本关键句子抽取策略，利用抽取的关键句子对政策文本进行精简，以精简后的政策文本数据对政策文本自动摘要模型进行训练，最终实现政策文本的摘要生成。

具体地，考虑到现有文本自动摘要模型缺乏对文本依存句法结构特征的显式利用，本章将对利用关键句子精简后的政策文本进行依存句法分析，在构建的生成式政策文本自动摘要模型中，将依存句法分析和 GCN 融入政策文本的依存句法结构特征，增强政策文本向量化表示的效果，为自动摘要模型提供更为丰富的政策文本句法层面的语义信息，使其能够充分理解和把握政策文本的语义内涵，从而使生成的摘要更加准确流畅。

此外，预训练语言模型经过在大规模语料上的训练和学习，包含丰富的先验知识，能够极大地改善文本自动摘要模型的效果，因此，本章使用 RoBERTa 预训练语言模型作为词嵌入层，从而得到政策文本丰富的上下文语义特征，并在此基础上利用深度学习领域的 Seq2Seq 模型构建政策文本自动摘要模型。同时，针对生成式文本自动摘要模型普遍存在的无法处理未登录词和生成重复词语等问题，本章将 PGN 模型引入政策文本自动摘要模型中以缓解上述问题，并且最终通过构建摘要评分模型从多个候选摘要中筛选出最佳候选摘要，进一步提高生成摘要的质量。

综上，本章构建了基于依存句法的生成式政策文本自动摘要模型，其结构如图 4-6 所示。后续本章将重点阐释政策文本基于依存句法结构特征提取和基于改进 Seq2Seq 的政策文本摘要生成问题。

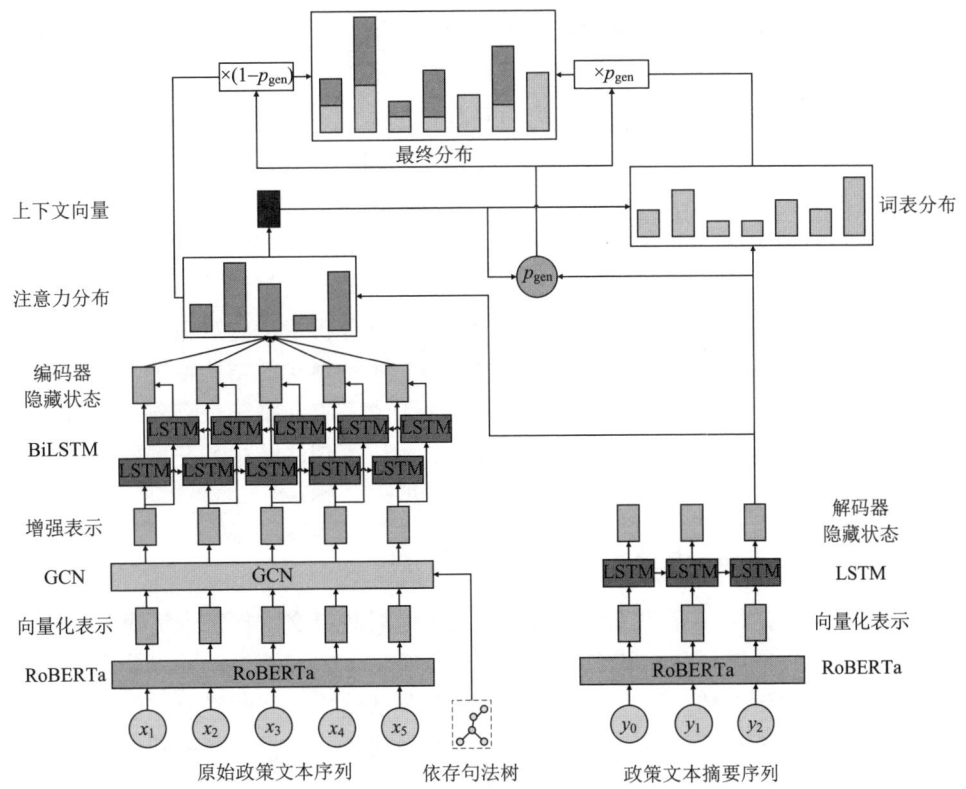

图 4-6　基于依存句法的生成式政策文本自动摘要模型

p_{gen} 是门控概率，表示当前词选中解码器预测的词（来自预测的词汇表分布）的概率，而 $1-p_{gen}$ 则表示当前词选择复制文本词的概率

4.4.1　政策文本依存句法结构特征提取

在现有关于文本摘要生成的研究中，所用模型普遍缺乏对政策文本依存句法结构特征的显式利用，政策文本依存句法结构所蕴含的丰富语义信息未被充分挖掘，而这些特征信息有助于模型对政策文本复杂语义内涵的理解。从语言学的观点来看，依存句法结构特征是指一门语言里支配句子结构的信息，包括句子中的短语、从句以及整个句子组成的结构信息[1]。而提取文本的依存句法结构特征需要对文本进行依存句法分析，即得到输入文本的句法结构。依存句法分析是自然语言处理领域一种基础的句法分析方法，它是实现依存句法结构特征提取和理解文本内涵的重要一环。对于政策文本而言，其语言格式相对规范，不存在语法和句法问题，因此将依存句法分析应用到政策文本中，提取出政策文本的依存句法

---

[1] 马春鹏. 基于句法的序列-序列模型增强方法研究[D]. 哈尔滨：哈尔滨工业大学，2019.

结构特征,将有助于模型准确解析和理解政策文本的语义内涵,支撑模型生成高质量的摘要。

对政策文本进行依存句法分析将得到政策文本的依存句法树,它是一种图结构数据,句子中的词为图中的节点,词和词之间的依存关系是图中的边。由于图结构数据是典型的非欧几里得结构数据,难以利用传统的深度神经网络模型对其进行建模和特征提取;GCN 则可以有效地处理这类图结构数据,提取图中丰富的语义信息。因此,本章将在利用 3.1 节中的预训练语言模型对政策文本进行向量表示的基础上,通过对政策文本句子进行依存句法分析,构建政策文本句法树,利用 GCN 模型从政策文本句法树中提取政策文本依存句法结构特征,以期增强 RoBERTa 模型对政策文本的语义表示效果。下面本章将从基于依存句法分析的政策文本句法树构建和基于 GCN 模型的政策文本依存句法结构特征提取两方面来进行详细的介绍。

1. 基于依存句法分析的政策文本句法树构建

对政策文本进行依存句法分析的主要目的是对政策文本句子中词语与词语之间的相互依存关系进行分析和识别,构建出政策文本的句法树,并以此来反映和描述政策文本的句法结构,支撑政策文本依存句法结构特征的提取。依存句法分析主张句子中的核心动词可以支配句子中的其他成分,而它本身却不受其他任何成分的支配,所有受支配的成分都以某种依存关系从属于支配者[①]。依存关系通常表示为词语间支配与从属的关系,具体来说,句子中的支配词是处于支配地位的词语,而从属词是处于被支配地位的词语,支配词和从属词组成一个依存对,它们之间的从属关系就是依存关系[②]。常见的依存关系主要有主谓关系、动宾关系和间宾关系等。

本章采用哈尔滨工业大学语言技术平台(Language Technology Platform,LTP)[③]作为政策文本依存句法的分析工具,LTP 提供了一系列适用于中文文本的自然语言处理工具,它们被广泛应用且性能优越,利用这些工具可以有效完成对中文文本的分词、词性标注、句法分析等工作。对于依存句法分析,LTP 共定义了 14 种依存关系,如表 4-2 所示。

[①] 许力, 李建华. 基于句法依存分析的图网络生物医学命名实体识别[J]. 计算机应用, 2021, 41(2): 357-362.

[②] 叶娜, 黎天宇, 蔡东风, 等. 利用依存句法关系改进神经译文质量估计[J]. 中文信息学报, 2021, 35(9): 46-57.

[③] Che W X, Feng Y L, Qin L B, et al. N-LTP: an open-source neural Chinese language technology platform with pretrained models[C]//Adel H, Shi S M. Proceedings of the 2021 Conference on Empirical Methods in Natural Language Processing: System Demonstrations. Stroudsburg: ACL, 2021: 42-49.

表 4-2 LTP 句法依存关系类型

关系类型	标签	描述
主谓关系	SBV	subject-verb
动宾关系	VOB	verb-object
间宾关系	IOB	indirect-object
前置宾语	FOB	fronting-object
兼语	DBL	double
定中关系	ATT	attribute
状中结构	ADV	adverbial
动补结构	CMP	complement
并列关系	COO	coordinate
介宾关系	POB	preposition-object
左附加关系	LAD	left adjunct
右附加关系	RAD	right adjunct
独立结构	IS	independent structure
核心关系	HED	head

依存句法分析的结果以依存句法树来表示，句子中的词语为依存句法树中的节点，支配词和从属词之间的依存关系用一个有向边表示，并且从支配词指向从属词，如政策文本中的一个句子"我们要推进区域经济一体化，早日建成高水平亚太自由贸易区。"，使用 LTP 工具对其进行依存句法分析后得到的依存句法树如图 4-7 所示。

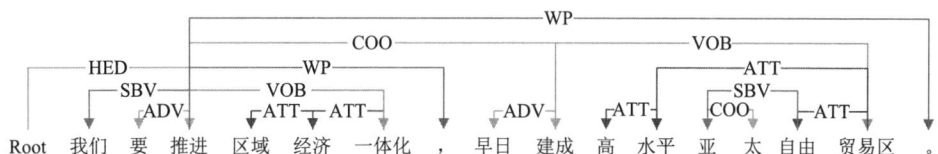

图 4-7 政策文本依存句法树示例

WP 是依存句法关系标签中的一种，一般表示标点

从图 4-7 中可以看到，依存句法树的根节点"Root"与词语"推进"之间的依存关系是"HED"关系，说明词语"推进"是该句子的核心词，它是整个句子的核心，整个句子的语义内涵的表达通常围绕此核心词展开，核心词的词性通常为动词，所以也将核心词称为核心动词①。在一个句子中，核心词往往只有一个。

---

① 万齐智，万常选，胡蓉，等. 基于句法语义依存分析的中文金融事件抽取[J]. 计算机学报，2021, 44(3): 508-530.

在该句中，第二个子句中的词语"建成"所承担的作用虽然和第一个子句中的词语"推进"类似，但词语"建成"并不是核心词。而通过依存句法分析，词语"建成"和词语"推进"之间的依存关系为"COO"关系，即并列关系，这样模型能够理解词语"建成"和词语"推进"在两个子句中的功能是相同的，从而更好地理解该句子中两个子句的内涵。

类似地，词语"我们"和词语"推进"之间的依存关系为"SBV"关系，即主谓关系，"我们"是"推进"这一动作的发起者，词语"推进"和词语"一体化"之间的依存关系是"VOB"关系，即动宾关系，即"一体化"是"推进"这一动作所涉及的对象。因此，该句中的第一个子句可以简化为一个主-谓-宾结构，即"我们""推进""一体化"，这样更有利于模型从整体上把握句子的主旨思想。此外，"ADV""ATT"等其他依存关系能充分反映出句子中词语之间的关系和承担的功能，从而使模型更好地把握各个词语在句子结构中的作用和语义内涵。

综上，本章将利用 LTP 工具，针对前文通过抽取关键句子而精简后的政策文本，依次对其中的各个句子进行依存句法分析，构建出各个句子对应的依存句法树，为下文政策文本依存句法结构特征的提取提供支撑。

2. 基于 GCN 模型的政策文本依存句法结构特征提取

如上所述，政策文本的依存句法树可以看作一种特殊的图结构，政策文本中的词语可以用图中的节点来表示，每个节点都具有词语本身的语义特征信息，而图中的边表示了词语与词语之间的依存关系，由节点和边组成的图则代表了整个政策文本句子，是对整个政策文本句子句法依存及语义信息的充分描述，这种图结构可以使用邻接矩阵表示。

以图 4-7 中给出的政策文本句子中第一个子句的依存句法树为例，其邻接矩阵如图 4-8（a）所示。将政策文本序列转换为上述图结构，从中提取句子的依存句法结构特征，可以为模型提供更多句子层面的政策文本语义信息，而不仅仅是词语本身，将有助于增强模型对政策文本语义内涵的理解和学习能力，达到提高政策文本语义表示效果的目的。

	我们	要	推进	区域	经济	一体化
我们	0	0	1	0	0	0
要	0	0	1	0	0	0
推进	1	1	0	0	0	1
区域	0	0	0	0	0	1
经济	0	0	0	0	1	0
一体化	0	0	1	0	1	0

（a）无自环

	我们	要	推进	区域	经济	一体化
我们	1	0	1	0	0	0
要	0	1	1	0	0	0
推进	1	1	1	0	0	1
区域	0	0	0	1	1	0
经济	0	0	0	1	1	1
一体化	0	0	1	0	1	1

（b）有自环

图 4-8　依存句法树对应的邻接矩阵

0、1 代表邻接矩阵中的值，1 表示有句法关系，0 表示无句法关系本章对政策文本中的句子进行依存句法分析，构建出依存句法树，以期利用依存句法树中蕴含的政策文本句法信息，增强模型对政策文本语义信息的理解，提高最终生成摘要的质量。如果只是简单地将政策文本的依存句法树用于规则和特征的构造，那么政策文本句子中词语与词语之间的非线性语义关系则无法被模型所学习和利用。传统的神经网络（如 CNN 和 RNN）只能处理矩阵形式的欧几里得结构数据，由政策文本依存句法树转换得到的图结构数据则是一种典型的非欧几里得结构数据，应使用专门处理图结构数据的 GNN 对其进行语义特征建模和句法信息提取。

GNN 模型基于信息传播机制来更新节点的状态，图中每个节点通过相互连接的边来交换信息，并对节点本身的状态进行更新。更进一步，GCN 是引入卷积的 GNN 模型，通过提取空间特征来学习节点的表示[1]。GCN 模型能够有效处理具有复杂结构关系的任务，并且与其他神经网络模型结合，在自然语言处理任务上取得了优秀的成果[2]。同时，就上述由依存句法树得到的政策文本结构图而言，节点的语义表示与其他节点之间存在依赖关系，这种依赖关系是对政策文本句子整体句法结构和语义内涵的反映。

为更加充分地实现政策文本语义特征的建模，本章将 GCN 模型应用于政策文本依存句法结构图分析中，即将由 RoBERTa 模型得到的政策文本原始词向量和由依存句法分析得到的政策文本依存句法结构图（用邻接矩阵表示）一同输入到 GCN 模型中，对政策文本的依存句法结构特征进行提取，在原始词向量的基础上融入由 GCN 模型提取的政策文本句法结构特征信息，得到政策文本词语的增强表示，增强政策文本语义表示效果。

具体地，将政策文本依存句法结构图记为 $G=(V,E)$，其中 V 表示图中节点的集合，$|V|$ 表示节点的数量，E 表示图中边的集合，定义 $A \in R^{|V| \times |V|}$ 是图 G 的邻接矩阵，该矩阵是对图结构信息的反映，图中节点对应的词向量矩阵记为 $X \in R^{|V| \times d}$，d 是词向量的维度大小。在 GCN 模型中，对图中的节点进行图卷积操作，从前一个隐藏层到后一个隐藏层所进行的特征变换关系可以用一个非线性函数来表示，即

$$H^{(l+1)} = f\left(H^{(l)}, A\right) \tag{4-8}$$

其中，$H^{(l)} \in R^{|V| \times d}$ 是第 l 个隐藏层的节点特征输出，$H^{(0)} = X$；f 作为非线性函数，表示为一个简单的前向传播的形式，即

---

[1] 王婷, 朱小飞, 唐顾. 基于知识增强的图卷积神经网络的文本分类[J]. 浙江大学学报(工学版), 2022, 56(2): 322-328.

[2] Zhou J, Cui G Q, Hu S D, et al. Graph neural networks: a review of methods and applications[J]. AI Open, 2020, 1: 57-81.

$$H^{(l+1)} = \sigma\left(AH^{(l)}W^{(l)}\right) \tag{4-9}$$

其中，$W^{(l)} \in R^{d \times d}$ 是第 l 个层前向传播的参数矩阵；σ 是非线性激活函数。通过式（4-9）可以发现，第 l 层 $H^{(l)}$ 中对应的每个节点的特征向量，均能够通过邻接矩阵 A 整合其邻接节点，在 $l+1$ 层输出 $H^{(l+1)}$ 中对应的特征向量。但上述操作无法包含节点本身的特征信息，这显然是不合理的，因为政策文本中词语本身就包含丰富的语义信息，仅依靠与其有依赖关系的其他词语是无法准确表示该词语本身的。因此，本章通过在政策文本依存句法结构图中加入自环来解决这一问题，即为每个节点都增加一条自连接的边，加入自环后的邻接矩阵如图 4-8（b）所示，并定义加入自环后图的邻接矩阵为

$$\tilde{A} = A + I \tag{4-10}$$

其中，I 是一个 $|V| \times |V|$ 的单位矩阵。

同时为了防止矩阵 $\tilde{A}$ 中因存在较大的值而导致梯度消失或梯度爆炸的现象，以及影响政策文本摘要模型的最终效果，本章将 $\tilde{A}$ 进行归一化操作，即利用 $\tilde{A}$ 的度矩阵 $\tilde{D} \in R^{|V| \times |V|}$ 来实现，归一化后的结果为 $\tilde{D}^{-\frac{1}{2}} \tilde{A} \tilde{D}^{-\frac{1}{2}}$，那么

$$H^{(l+1)} = \sigma\left(\tilde{D}^{-\frac{1}{2}} \tilde{A} \tilde{D}^{-\frac{1}{2}} H^{(l)} W^{(l)}\right) \tag{4-11}$$

如图 4-9 所示，本章首先根据政策文本依存句法树构建网络关系图，将政策文本中词语的词向量作为图中初始节点的特征向量，按照式（4-11）进行图卷积操作，在 GCN 模型的最后一层中得到图中各节点最终的特征向量表示。该特征向量融合了具有依存关系的其他节点的信息，包含了由 GCN 模型提取到的政策文本依存句法结构特征，从而增强 RoBERTa 模型对政策文本的语义表示效果。其次，在下文基于改进 Seq2Seq 构建的政策文本自动摘要模型的编码器中，输入 GCN 模型得到的特征向量，提高编码器对政策文本句法语义内涵的理解能力，从而提升模型生成摘要的质量。

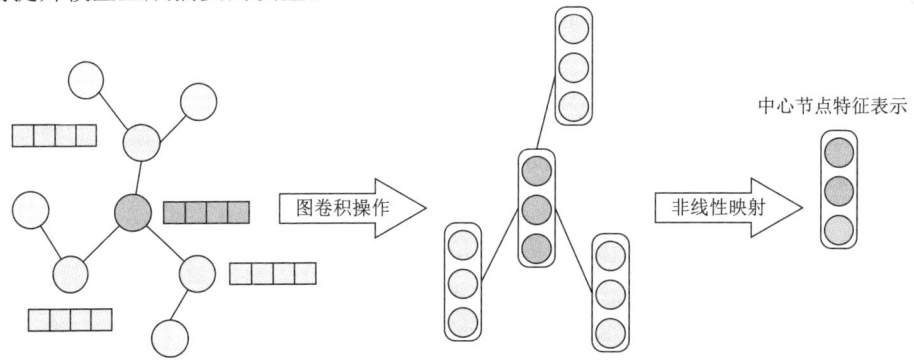

图 4-9　图卷积操作示例

4.4.2 基于改进 Seq2Seq 的政策文本摘要生成

文本自动摘要技术是自然语言处理领域相关研究的热点问题，也是本章研究的最终落脚点，即在对政策文本进行增强语义表示后，探索基于深度学习的政策文本摘要生成方法，并对摘要生成结果进行优化。

1. 政策文本摘要生成模型的总体架构

政策文本自动摘要建模可以形式化地表述为：给定一篇长的政策文本 X 和一个短的参考摘要 $\hat{Y}$，本章所构建的政策文本自动摘要模型 f 的目标是生成候选摘要 $Y=f(X)$，并且使候选摘要 Y 所表达的意思尽可能地接近参考摘要 $\hat{Y}$。在深度学习领域，自动摘要模型 f 通常采用 Seq2Seq 模型架构，Seq2Seq 模型架构主要包含编码器和解码器两个部分，编码器对政策文本 X 进行编码，提取出 X 包含的复杂的语义特征信息，解码器则是利用编码器提取的特征来完成候选摘要 Y 的生成，同时编码器和解码器之间通过注意力机制结合起来，以减少解码过程中政策文本 X 语义信息的损失，提高解码的准确率，增强生成的候选摘要 Y 和参考摘要 $\hat{Y}$ 的语义相似性。

因此，本章先构建基于 Seq2Seq 模型的政策文本摘要生成模型，初步实现对政策文本的摘要生成，但存在前文提到的无法处理未登录词和生成重复词语等问题，特别是对篇幅较长且语义信息内涵丰富的政策文本而言，仅仅依靠基础的 Seq2Seq 模型，上述问题会越发严重，无法生成令人满意的摘要。

为此，本章将 PGN 模型引入政策文本摘要生成模型中，使模型能够直接使用政策文本中的词语，并降低词语重复出现的概率，以缓解上述问题。此外，以 Seq2Seq 模型为基础的政策文本自动摘要模型，通过目标函数计算摘要序列词语级别的损失，无法保证最终生成的摘要序列是最优的，同时考虑到利用集束搜索算法可以生成多个候选摘要，因此本章通过构建无须参考摘要的摘要评分模型对候选摘要整体评分，筛选出最佳候选摘要，确保最终输出的摘要尽可能地准确和流畅。

综上，本章利用 RoBERTa 预训练语言模型实现对政策文本的向量化表示，以及基于政策文本依存句法结构特征增强政策文本表示的准确性和完整性，在此基础上构建基于 Seq2Seq 模型和 PGN 模型的政策文本自动摘要模型，完成政策文本摘要的高质量生成，最终通过改进的 SimCLS 模型筛选出最佳候选摘要作为输出。接下来，本章将详尽阐释以下重点部分，即基于改进的 Seq2Seq 探索政策文本摘要生成策略，并通过 PGN 优化摘要生成的结果。

2. 政策文本摘要生成模型的编码与解码

本章首先利用SimCSE模型中的编码器RoBERTa模型实现对政策文本的向量化表示，并引入政策文本的依存句法结构特征增强语义表示的准确性，其次以Seq2Seq模型为基础，构建适用于政策文本的自动摘要模型。Seq2Seq模型是目前文本自动摘要领域主流的模型架构，已有大量研究在多个领域、不同类型的语料数据上验证了其有效性。考虑到本章所用语料为政策文本，该语料和已有研究中常用的新闻文本语料在篇幅和结构等方面存在一定的相似性，因此，本章所构建的政策文本自动摘要模型具有较强的可行性，生成摘要的质量能够得到保证。

Seq2Seq模型的编码器和解码器通常采用RNN，但是RNN往往存在长期依赖问题，考虑到政策文本的一个显著特点就是篇幅较长，模型极有可能会陷入梯度消失或梯度爆炸的困境中，影响模型效果。为了缓解原始RNN的长期依赖问题，LSTM模型被提出且得到了广泛应用。LSTM模型可以利用其内部经过特殊设计的门控机制，来实现对长期信息的记忆和更新，从而更有效地对长文本序列进行建模。单层的LSTM模型只能利用文本序列的前文信息，考虑不到文本序列的下文信息，如果将两层单独的LSTM模型堆叠起来，即构成BiLSTM模型，则能够从文本序列的前后两个方向对其进行建模，充分考虑文本序列的上下文信息。

政策文本作为一种内容一致性和整体性较强的文本，文中词语的语义表达与其所在的上下文具有强关联，在不同的上下文中，同一个词语所表达的实际含义可能会完全不同，即政策文本自动摘要模型需要利用所输入政策文本序列的历史信息，才能更加准确地理解和把握每个词语的语义内涵和政策文本的整体特征。只有这样政策文本自动摘要模型才能充分整合和浓缩政策文本的关键信息，生成令人满意的摘要。

（1）Seq2Seq模型的编码。对于Seq2Seq模型而言，其编码器需要对原始文本进行建模，理解原始文本的语义内涵，适合采用BiLSTM这种双向的模型结构；解码器适用于生成摘要，通常是逐个词语依次解码的，适合采用LSTM这种单向的模型结构。因此，本章所构建的政策文本自动摘要模型将采用BiLSTM-Attention-LSTM结构，其模型结构如图4-10所示，即编码器为BiLSTM模型，解码器为LSTM模型，解码器通过注意力机制和编码器结合起来。

政策文本在经过RoBERTa模型转化为向量表示，并通过GCN模型提取依存句法结构特征，进而得到政策文本最终增强的语义向量表示后，被输入到政策文本自动摘要模型的编码器中，即BiLSTM模型，从政策文本序列的正向和逆向两个方向对政策文本进行建模和特征提取。具体地，政策文本经过增强的向量化表示后有 $X = \{x_1, x_2, \cdots, x_N\}$，其中，$x_i$ 是政策文本中第 i 个词语对应的词特征向量，N 是政策文本所含词语的数量。

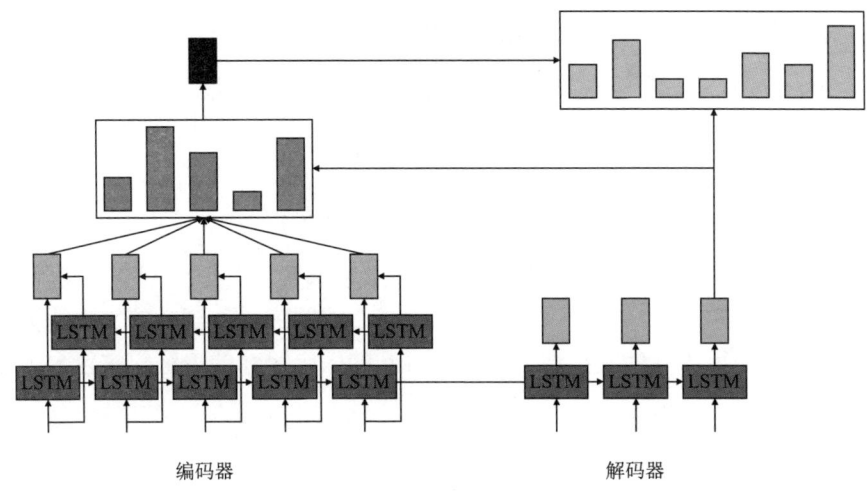

图 4-10 基于 Seq2Seq 的政策文本自动摘要模型

如前文所述，在 LSTM 单元结构中，在时间步 t，LSTM 接收当前时间步对应的词向量 x_t，t–1 时刻对应隐藏状态 h_{t-1} 以及内部状态 c_{t-1}，通过遗忘门 f_t、输入门 i_t 和输出门 o_t 等门控机制及一系列的内部计算来更新当前时间步 t 的隐藏状态 h_t 以及内部状态 c_t，从而控制政策文本序列在各个时间步的信息传递。按照上述计算，LSTM 模型可以对政策文本序列的一个方向进行建模，提取语义特征。

本章构建的政策文本自动摘要模型的编码器 BiLSTM 模型由正向 LSTM 和逆向 LSTM 组成。在 t 时刻，隐藏状态 h_t 由 $LSTM_l$ 在 t 时刻的输出 $\overrightarrow{h_t}$ 和 $LSTM_r$ 在 t 时刻的输出 $\overleftarrow{h_t}$ 拼接得到，即 $h_t = [\overrightarrow{h_t}, \overleftarrow{h_t}]$，$h_t$ 包含了 t 时刻之前和之后两个方向的政策文本序列的特征信息，即 BiLSTM 模型能够完整地对政策文本序列上下文信息进行建模，最终得到政策文本序列的语义特征 $H = \{h_1, h_2, \cdots, h_N\}$。

（2）Seq2Seq 模型的解码。政策文本摘要模型中的解码器通常是逐个生成政策文本摘要中的各个词语，故本章采用单向的 LSTM 模型作为解码器。解码器的初始隐藏状态 s_0 通过编码器最后时刻的隐藏状态计算得到，即

$$s_0 = \tanh(W_s h_N) \tag{4-12}$$

其中，W_s 是参数矩阵。

训练时将参考摘要中的每个词依次输入解码器生成下一个词语，测试时则输入每个由上一时刻模型生成的词，通常在摘要序列的头尾加"<EOS>"和"<SOS>"标记用于表示摘要的起始和结尾。对于摘要序列中时刻 t，解码器可以按照 LSTM 公式计算出对应的隐藏状态 s_t。而摘要中词语 y_t 的生成，通常需要利用注意力机制从政策文本筛选出重要特征，为重要特征分配较高的权重，从而为解码器提供

更多关于政策文本的有用信息,并减少有用信息在生成摘要过程中的损失和衰减,进而保证生成摘要的质量。具体地,在解码过程中的每个时刻 t,首先根据 H 和 s_t 计算出 H 中每个特征向量对应的注意力权重分数,公式如下:

$$a_t = \mathrm{softmax}(e_t) \tag{4-13}$$

$$e_t^i = v^{\mathrm{T}} \tanh(W_h h_i + W_s s_t + b_e) \tag{4-14}$$

其中,v 是参数向量;W_h 和 W_s 是参数矩阵;b_e 是偏置。

对注意力权重 a_t 和 H 中每个特征向量进行加权求和,得到政策文本的上下文向量 z_t,该向量可以视为模型通读原文后得到的固定尺寸的表征,它包含了在当前时刻进行解码生成词语 y_t 的有用信息,即

$$z_t = \sum_i a_t^i h_i \tag{4-15}$$

其次,将 s_t 和 z_t 进行拼接,并经过两层线性映射和 $\mathrm{softmax}(\cdot)$ 函数计算后,得到当前时刻所要生成词语的概率分布 P_{vocab},即

$$P_{\mathrm{vocab}} = \mathrm{softmax}(W'(W[s_t, z_t] + b) + b') \tag{4-16}$$

其中,W 和 W' 是参数矩阵;b 和 b' 是偏置。

生成词语 $\hat{y}_t$ 的概率为

$$P(\hat{y}_t) = P_{\mathrm{vocab}}(\hat{y}_t) \tag{4-17}$$

在训练阶段,t 时刻的损失为

$$\mathrm{loss}_t = -\log P(\hat{y}_t) \tag{4-18}$$

对于生成的长度为 N 的摘要序列,其整体损失为

$$\mathrm{loss} = \frac{1}{N} \sum_{t=1}^{N} \mathrm{loss}_t \tag{4-19}$$

训练时根据政策文本的参考摘要最小化上述损失函数值,优化模型参数直到模型收敛即可。在测试阶段,由于不存在参考摘要,如果再像训练阶段那样在生成每个词语时都选择当前概率最大的那个词语,那么模型很容易陷入局部最优解,而无法找到整体最优的摘要序列,现有研究一般通过集束搜索算法进行解码,以此搜索出最佳的 k 个候选摘要。因此,本章也试图将该方法用于模型的测试和评价。

4.5 融合 PGN 的政策文本摘要生成优化

本章构建的政策文本自动摘要模型能够有效地实现对政策文本的摘要生成,

但是在实际应用中该模型仍然存在一定的问题,需要进行进一步的优化。

4.5.1 基于 PGN 的政策文本摘要生成优化策略

在模型训练的过程中通常会从训练语料中根据词频筛选出一个特定大小的词表,在模型对政策文本进行编码时,存在于词表中的词能够被正常编码,不存在于词表中的词称为未登录词,未登录词将会被标记为一个特殊的符号"[UNK]",同样在模型解码生成摘要时将会从此词表中选择概率最大的词语,从而组成一篇完整的摘要。这也就是说生成摘要中的所有词语都出现在构建的词表中,由于词表大小的限制,政策文本的某些重要但低频的词语,如人名、地名和组织机构名等词语则无法出现在摘要中,可能只会以"[UNK]"的形式出现,因此生成的摘要中会包含大量的"[UNK]",即摘要生成中的未登录词问题。

由于政策文本训练语料是有限的,而政策文本是每天都在不断更新的,因此根据训练语料所构建的词表必然是有限的,从而进一步加剧了这种问题的出现。然而摘要中如果缺少某些重要的词语而存在大量的"[UNK]",则摘要所表达的内涵将是不准确的甚至是与政策文本完全冲突的,这样的摘要显然是低质量且无法接受的。因此,本章所构建的政策文本摘要模型在生成摘要时,除了能够具有良好的抽象语义概括性外,还应能够复述政策文本中某些重要而又不存在于词表中的词语,以此保证生成摘要的合理性和准确性。

此外,基于 Seq2Seq 模型的政策文本自动摘要模型往往还存在倾向于连续生成重复词语的问题,即生成的摘要中包含重复的词语和句子,这些重复的内容显然是冗余的,这与高质量摘要所需具备的低冗余性和高可读性等特点相违背。因此,本章所构建的政策文本摘要模型还应能够降低重复内容的生成,使得生成的摘要既最大限度地保留政策文本的核心内容信息,又足够精简且能够充分概括内涵。

针对上述问题,本章将 PGN 模型整合到 4.4.2 节所构建的政策文本摘要模型中,使该模型能够通过指针选择和复制政策文本中的词语,同时又能够保留和之前一样从固定大小的词表中生成单词的能力,既保证政策自动摘要模型抽象生成摘要的能力,又能够减少生成的摘要中"[UNK]"的大量出现。而且 PGN 模型通过覆盖机制来跟踪已生成的内容,能够有效防止重复内容的生成,从而优化与改进该模型生成摘要的质量,其模型结构如图 4-11 所示。

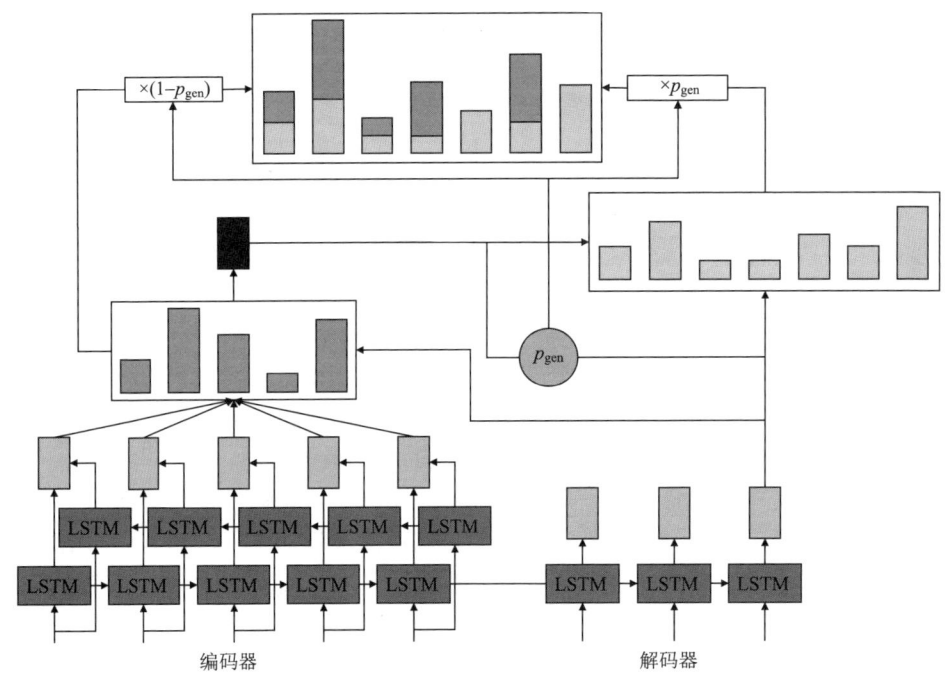

图 4-11　融合 PGN 的政策文本自动摘要模型

具体地，在解码的第 t 个时间步，PGN 模型动态地计算一个生成概率 p_{gen}，此概率用于权衡当前时刻解码的词语是模型生成的还是从政策文本中复制的，其值通过式（4-20）计算：

$$p_{\text{gen}} = \sigma\left(w_z^{\text{T}} z_t + w_s^{\text{T}} s_t + w_y^{\text{T}} y_t + b_{\text{gen}}\right) \qquad (4\text{-}20)$$

其中，w_z、w_s 和 w_y 是参数向量；b_{gen} 是偏置；y_t 是当前时刻解码器的输入；p_{gen} 是模型根据 P_{vocab} 生成词语的概率，则 $1-p_{\text{gen}}$ 表示模型从政策文本中复制词语的概率。这样模型就相当于拥有了一个扩展后的词表，该词表由原始词表中的词语与当前政策文本中的词语合并而成，根据扩展后的词表，当前时刻生成词语 $\hat{y}_t$ 的概率为

$$P(\hat{y}_t) = p_{\text{gen}} P_{\text{vocab}}(\hat{y}_t) + \left(1 - p_{\text{gen}}\right) \sum_{i:x_i=\hat{y}_t} a_t^i \qquad (4\text{-}21)$$

从式（4-21）中可以看到，当词语 $\hat{y}_t$ 不出现在原始词表中时，有 $P_{\text{vocab}}(\hat{y}_t) = 0$；当词语不出现在政策文本中时，有 $\sum_{i:x_i=\hat{y}_t} a_t^i = 0$。这样就能够有效避免生成的摘要中出现大量的"[UNK]"标记。

此外，PGN 模型通过覆盖机制来解决生成摘要中包含重复内容的问题，在具

体实现上,就是将当前时刻之前的时间步中计算得到的注意力权重分数求和加到一起,得到一个覆盖向量(coverage vector)c_t,利用此覆盖向量来决定当前时刻注意力权重分数的计算,即利用先前的注意力权重分数来避免当前时刻生成重复的内容。首先,计算覆盖向量 c_t,即

$$c_t = \sum_{t'=0}^{t-1} a_{t'} \tag{4-22}$$

其次,将其纳入注意力权重分数的计算过程中,即之前 e_t^i 的计算改用式(4-23):

$$e_t^i = v^{\mathrm{T}} \tanh\left(W_h h_i + W_s s_t + w_c c_t^i + b_e\right) \tag{4-23}$$

最后,再将覆盖向量 c_t 添加到损失函数的计算过程中,即类似于引入一个惩罚系数对之前已经生成过的词语进行惩罚,降低相同词语重复出现的概率,以达到避免政策文本摘要生成重复内容的目的,覆盖损失的计算方式如下:

$$\mathrm{covloss}_t = \sum_i \min\left(a_t^i, c_t^i\right) \tag{4-24}$$

因此,最终 t 时刻的损失 loss_t 计算如下:

$$\mathrm{loss}_t = -\log P(\hat{y}_t) + \lambda \mathrm{covloss}_t \tag{4-25}$$

4.5.2 基于改进 SimCLS 的最佳候选摘要筛选

利用 PGN 模型对政策文本自动摘要模型进行改进和优化后,生成摘要的质量能够得到有效提高。但是改进后的政策文本自动摘要模型仍然存在一些问题,比如根据后续选取的政策文本摘要质量评价指标,发现政策文本自动摘要模型训练的目标函数与评价指标是不一致的。如前所述,目标函数计算的是摘要序列词语级别的损失,它无法保证模型生成的摘要序列是最优的,而选取的评价指标则计算的是参考摘要和生成摘要之间整体的相似性。由于本章在测试阶段采用集束搜索算法以使政策文本自动摘要模型生成多个候选摘要,因此,需要从生成的候选摘要中选出最能够代表政策文本的最优候选摘要。

SimCLS 模型[①]通过对比学习无须参考摘要就能对候选摘要的质量进行评价和打分,而且能够与评价指标相契合,解决政策文本自动摘要模型训练的目标函数与评价指标不一致的问题,从而从多个候选摘要中筛选出与评价指标相契合的最佳候选摘要。因此,本章参考 SimCLS 模型,并对其中的摘要评分模型进行改

---

① Liu Y X, Liu P F. SimCLS: a simple framework for contrastive learning of abstractive summarization[C]//Zong C Q, Xia F, Li W J, et al. Proceedings of the 59th Annual Meeting of the Association for Computational Linguistics and the 11th International Joint Conference on Natural Language Processing. Stroudsburg: ACL, 2021: 1065-1072.

进，构建适合政策文本的摘要评分模型，并应用于政策文本最佳候选摘要的筛选，使其与现有的评价指标更加契合，提高筛选出来的最佳候选摘要的准确性。

本章构建的政策文本摘要评分模型如图 4-12 所示。对于最佳候选摘要的筛选，首先给定一篇政策文本，利于 4.4 节中改进后的政策文本自动摘要模型生成若干候选摘要；其次是评价指标真实评分，利用选取的评价指标和参考摘要对候选摘要进行评分；最后是摘要评分模型评分，通过对比学习使摘要评分模型学习评价指标的评分模式。在测试阶段，利用训练好的摘要评分模型无须参考摘要即可对候选摘要进行评分，从而筛选出最佳候选摘要。

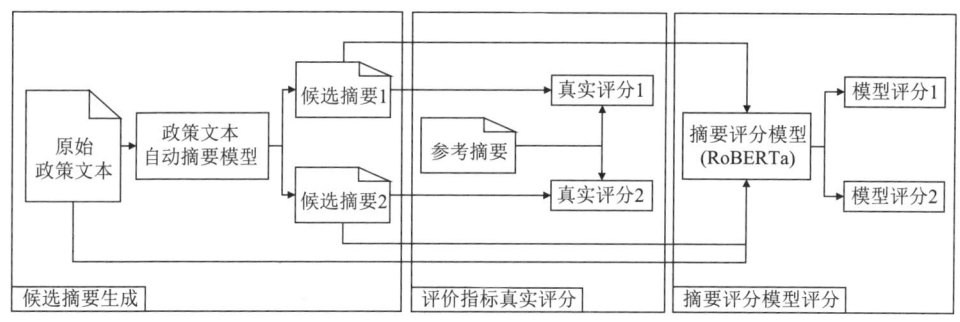

图 4-12 政策文本摘要评分模型

具体地，给定一篇政策文本 X 及其对应的参考摘要 $\hat{Y}$，4.4 节中构建的改进的政策文本自动摘要模型用 f 表示，通过 f 生成政策文本 X 的一个候选摘要 $Y = f(X)$，选取的摘要评价指标用 M 表示，则计算出候选摘要 Y 的得分 $m = M(Y, \hat{Y})$，可以看出，得分 m 的计算需要用到参考摘要 $\hat{Y}$。本章将改进 SimCLS 模型，构建一个摘要评分模型 h，用来对政策文本自动摘要模型 f 生成的候选摘要进行评分，并筛选出评分最高的候选摘要，即最佳候选摘要。并且该评分模型无须参考摘要，仅依据政策文本就能够实现对候选摘要的评分，且评分的结果与摘要评价指标 M 相契合，即对于一个更好的摘要，无论在摘要评分模型 h 上，还是在摘要评价指标 M 上，都应该获得更高的分数。

具体地，参照 SimCLS 模型，针对政策文本 X，政策文本自动摘要模型通过集束搜索算法生成若干个候选摘要，记为 $Y_1, Y_2, \cdots, Y_n$，其中 n 表示候选摘要的数量，即 $Y_i = f(X)$。而摘要评分模型的目标是根据政策文本对候选摘要进行评分，可形式化地表示为

$$r_i = h(Y_i, X) \tag{4-26}$$

最终输出的最佳候选摘要是具有最高得分的候选摘要，即

$$Y = \underset{Y_i}{\operatorname{argmax}} \, h(Y_i, X) \tag{4-27}$$

本章在原始 SimCLS 评分模型的基础上，对评分 r_i 的计算进行改进①。具体来说，r_i 的计算从两方面来考虑：一是候选摘要 Y_i 的语义质量，即 Y_i 与政策文本 X 在语义上是否相似，由此计算出 Y_i 的语义质量分数，记为 s_score_i；二是候选摘要 Y_i 的语言质量，即 Y_i 在语言上是否满足通顺、语法正确等要求，由此可以计算出 Y_i 的语言质量分数，记为 l_score_i。首先，摘要评分模型 h 利用前文所述的 SimCSE 模型中的编码器 RoBERTa 模型，对候选摘要 Y_i 和政策文本 X 编码，即

$$H_{Y_i} = \text{RoBERTa}(Y_i) \tag{4-28}$$

$$H_X = \text{RoBERTa}(X) \tag{4-29}$$

其次，对于候选摘要 Y_i 语义质量分数 s_score_i 的计算，本章直接取 Y_i 和 X 编码后各自的"[CLS]"对应的隐藏状态向量，并计算两个特征向量的余弦相似度，以计算得到的余弦相似度作为 s_score_i，即

$$s\_score_i = \text{Similarity}\left(H_{Y_i}^0, H_X^0\right) = \frac{H_{Y_i}^0 \cdot H_X^0}{\left\|H_{Y_i}^0\right\| \cdot \left\|H_X^0\right\|} \tag{4-30}$$

对于候选摘要 Y_i 的语言质量分数 l_score_i，本章通过以下间接方式来计算。根据候选摘要 Y_i 的编码 H_{Y_i} 来计算概率 P_{Y_i}，计算方式如下：

$$P_{Y_i} = \text{softmax}\left(W_1^{\text{T}}\left(\sigma\left(W_0^{\text{T}} H_{Y_i} + b_0\right)\right) + b_1\right) \tag{4-31}$$

其中，W_0 和 W_1 是参数矩阵；b_0 和 b_1 是偏置，通过式（4-31）将 H_{Y_i} 映射为候选摘要 Y_i 中每个词语在词表上的概率分布，用 $p_{Y_i}^j$ 表示第 j 个词语与候选摘要 Y_i 中第 j 个词语相同时的概率，则在困惑度的激励下，语言质量分数 l_score_i 通过式（4-32）计算：

$$l\_score_i = \frac{1}{|Y_i|} \sum_j \log p_{Y_i}^j \tag{4-32}$$

l_score_i 反映了候选摘要 Y_i 经过评分模型 h 映射后与其本身的接近程度，l_score_i 分数越高则越接近，即表明评分模型对候选摘要 Y_i 的困惑程度越小，能够对其进行有效的建模表示，这从侧面反映了候选摘要 Y_i 本身的语言质量较好。最终评分 r_i 是对 s_score_i 和 l_score_i 进行加权求和得到的，即

$$r_i = \alpha \times s\_score_i + \beta \times l\_score_i \tag{4-33}$$

---

① Wu H L, Ma T F, Wu L F, et al. Unsupervised reference-free summary quality evaluation via contrastive learning[C]//Webber B, Cohn T, He Y L, et al. Proceedings of the 2020 Conference on Empirical Methods in Natural Language Processing. Stroudsburg: ACL, 2020: 3612-3621.

其中，α 和 β 是权重系数，均取 0.5。

为了使摘要评分模型 h 能满足前面所叙述的要求，需要对其进行微调训练，训练过程采用对比学习的思想，损失函数如下：

$$L = \sum_i \max\left(0, h(\tilde{Y}_i, X) - h(\hat{Y}, X)\right) + \sum_i \sum_{j>i} \max\left(0, h(\tilde{Y}_j, X) - h(\tilde{Y}_i, X) + \lambda_{ij}\right)$$

(4-34)

其中，$\tilde{Y}_1, \tilde{Y}_2, \cdots, \tilde{Y}_n$ 是根据选取的摘要评价指标 M 按得分递减排序后的候选摘要，$\lambda_{ij} = (j-i) \times \lambda$，$\lambda$ 为超参数，取 SimCLS 模型中的原始值 0.01。

根据上述损失函数对摘要评分模型 h 进行训练，可以使其学习真实的摘要评价指标 M 的评分模式，即摘要评价指标 M 提供期望模型学习到的评分结果，而摘要评分模型 h 需要学习在无参考摘要的条件下，仅依赖政策文本即可对候选摘要评分并排序，从而将筛选出最佳的候选摘要作为最终输出。

4.6　领域政策文本摘要生成实证研究

政策文本自动摘要的目的是对政策文本语义内涵进行理解、表示和总结，并浓缩凝练为一个包含政策文本主旨信息且可读性强的摘要。模型对政策文本表示越精准，越容易理解和把握政策文本的核心信息，从而生成质量更高的摘要。为此，本章在 RoBERTa 预训练语言模型的基础上，通过 GCN 模型提取出政策文本的依存句法结构特征，增强政策文本表示效果；融合 LSTM 模型和注意力机制改进原始 Seq2Seq 模型，进而初步构建出适合政策文本的摘要生成模型；利用 PGN 模型对其进行优化和改进，最后利用改进的 SimCLS 模型对模型生成的候选摘要进行筛选，输出最佳候选摘要作为最终结果。为了验证本章所提出模型的有效性，本章将进行面向领域的实验验证，从实验数据集构建、摘要质量评价指标、实验参数设置和实验结果分析等方面进行阐释。

4.6.1　政策文本摘要生成实验数据集构建

深度学习模型由数据驱动，需要大规模训练数据对模型进行训练，而文本摘要生成对于数据集的要求高，特别是对本章所构建的生成式政策文本摘要生成模型来说，其属于有监督的深度学习模型，对训练数据集极为依赖，而且训练数据集的内容、规模和质量都是对模型最终效果有直接影响的重要因素。由于在生成式文本摘要生成研究领域，现有的大部分训练数据集都是英文的，相关的中文数据集匮乏，就政策文本摘要生成而言，目前更是缺乏成熟的数据集。

为了验证所提政策文本摘要生成模型的有效性，本章先对政策文本数据进行大批量采集，对其进行数据清洗等预处理操作，在此基础上通过人工撰写摘要的方式标注少部分政策文本数据。同时为了满足模型训练的需要，本章引入与政策文本类型和格式具有一定相似性的时政新闻摘要数据，合并成本章政策文本摘要生成实验所需的数据集，并使用此数据集对政策文本摘要生成模型进行训练、验证和优化。

1. 政策文本数据采集

国家各级政府部门信息公开制度的不断完善和相关工作的持续推进，为大批量政策文本数据的采集提供了支撑。本章通过编写政策文本自动化采集代码，从政府网站获取各类政策文本页面的链接，在对应的政策文本详情页面获取政策文本的全文内容，实现政策文本语料数据的采集。

为保证实验数据的规模，并综合考虑各个政府网站可采集的政策文本的数据量以及采集难度等，本章决定将国务院政府网站政策文件库[①]，以及北京、天津、上海、重庆、安徽、福建、广东、河北、河南、湖北、湖南、江苏、山东、四川和浙江等 15 个省市政府网站的信息公开板块，作为政策文本数据采集的来源。本章运用 Python 语言，针对不同的政府网站编写特定的政策文本爬虫，爬虫主要采集政策文本的标题和正文等信息，详细的采集数量和采集时间等信息如表 4-3 所示。

表 4-3　政策文本数据采集信息

来源	采集数量/条	采集时间
国务院	34 259	2023.10.11
北京	10 316	2023.10.10
天津	9 673	2023.10.10
上海	2 761	2023.10.10
重庆	2 556	2023.10.10
安徽	6 625	2023.10.11
福建	6 977	2023.10.11
广东	9 923	2023.10.12
河北	20 460	2023.10.11
河南	4 740	2023.10.12
湖北	3 103	2023.10.10
湖南	1 035	2023.10.12

①国务院政策文件库：http://www.gov.cn/zhengce/zhengcewenjianku/index.htm。

续表

来源	采集数量/条	采集时间
江苏	4 160	2023.10.12
山东	7 774	2023.10.12
四川	3 029	2023.10.12
浙江	3 221	2023.10.12
合计	130 612	

本章将采集到的政策文本数据存入 SQLite 数据库中进行格式化存储，方便后续检索和处理，具体示例如图 4-13 所示。

title	url	text
省人民政府办公厅关于持续深化供销合作社综	http://www.hubei.gov.cn/zfwj/ezb	各市、州、县人民政府，省政府各部门：为深入贯
省人民政府办公厅关于2021年度全省固定资产	http://www.hubei.gov.cn/zfwj/ezb	各市、州、县人民政府，省政府各部门：2021年，
湖北省外商投资企业投诉工作办法	http://www.hubei.gov.cn/zfwj/szfl,	第422号《湖北省外商投资企业投诉工作办法》已
省人民政府关于禁止在长阳清江抽水蓄能电站	http://www.hubei.gov.cn/zfwj/ezh,	宜昌市人民政府，省政府有关部门：根据国务院《
省人民政府办公厅关于进一步规范财务审计秩	http://www.hubei.gov.cn/zfwj/ezb	各市、州、县人民政府，省政府各部门：为深入贯
省人民政府办公厅关于印发省人民政府2022年	http://www.hubei.gov.cn/zfwj/ezb	各市、州、县人民政府，省政府各部门：《省人民
省人民政府办公厅关于2021年度全省政府网站	http://www.hubei.gov.cn/zfwj/ezb	各市、州、直管市及神农架林区人民政府，省政府
省人民政府办公厅印发关于改革完善省级财政	http://www.hubei.gov.cn/zfwj/ezb	各市、州、县人民政府，省政府各部门：《关于改

图 4-13　政策文本采集结果示例

2. 政策文本数据预处理

从政府部门采集的政策文本数据通常包含一些 HTML 标签等无关内容，为了充分保证所构建政策文本摘要数据的质量，本章借鉴相关领域的数据预处理策略，结合本章政策文本自动摘要研究的需要，通过 Python 语言和正则表达式对采集到的政策文本数据进行清洗等预处理操作，并制定数据预处理规则。

（1）删除多余的 HTML 标签。由于本章通过编写爬虫从政府网站采集政策文本数据，存在一些被误采的 HTML 标签，如“<div>”“<br/>”等，通常为无用数据，甚至会干扰政策文本摘要的生成，因此需要删除这些 HTML 标签。

（2）删除多余的换行符和空白字符。在采集到的政策文本数据中，存在连续的换行符“\n”和空白字符“\u3000”等，这些换行符和空白字符仅用来控制政策文本的显示格式，对本章研究无用，需要删除。

（3）删除过短、高频且与政策文本内容无关的句子。通过对采集到的政策文本数据进行分句并进行频次统计后发现，政策文本数据中包含大量过短且高频的无关句子，如“扫一扫 在手机打开当前页”“（此件公开发布）”“（此件主动公开）”

等,本章手动筛选此类句子并将其从政策文本中剔除。

(4)删除长度过短的政策文本。在采集到的政策文本中,存在一些文本长度小于200字的政策文本,过短的政策文本不适合用于政策文本摘要数据集的构建,为此本章将这些过短的政策文本删除。

经过上述数据预处理规则对采集的政策文本数据进行清洗后,总计得到97 602条高质量的政策文本数据。

3. 实验数据集构建结果

通过利用上述数据预处理规则对采集的政策文本数据进行清洗和处理后,本章从得到的97 602条高质量政策文本数据中,随机挑选100条进行人工摘要撰写并作为参考摘要,后续模型根据政策文本的精简形式,即抽取出的关键句子组合,学习如何生成人工撰写的参考摘要,从而实现对大规模无标注政策文本的摘要生成。

为了验证本章所提出的基于句向量改进的政策文本关键句子抽取策略的优越性,本章设计了如表4-4所示的三种不同的政策文本关键句子抽取方法,然后通过计算所有政策文本与抽取的关键句子余弦相似度的平均值,来比较不同方法的优劣。平均余弦相似度越高,说明抽取的关键句子越能反映政策文本的核心信息,即对应的关键句子抽取方法越优越。其中"原始TextRank模型"是未做任何改进的TextRank模型,"句向量改进的TextRank模型"是基于政策文本句向量改进的TextRank模型,"句向量改进的TextRank模型+多特征融合"是在"句向量改进的TextRank模型"基础上融合了政策文本的三种句子特征,即本章最终所提出的政策文本关键句子抽取策略。从表4-4中可以看到,本章所提出的政策文本关键句子抽取策略计算得到的平均余弦相似度最高,其值为0.7433,说明本章所提策略的优越性,抽取出来的关键句子能够有效反映政策文本的主旨信息。

表4-4 不同的政策文本关键句子抽取方法结果对比

方法	平均余弦相似度
原始TextRank模型	0.6525
句向量改进的TextRank模型	0.7204
句向量改进的TextRank模型+多特征融合	0.7433

随机选择一条政策文本数据,利用本章所提出的策略抽取出来的关键句子以及人工撰写的参考摘要如表4-5所示。

表 4-5　政策文本摘要数据集单条数据示例

政策文本	关键句子	参考摘要（人工撰写）
发展改革委：你委《关于报送西部大开发"十二五"规划（修改稿）的请示》（发改西部〔2012〕189号）收悉。现批复如下：一、原则同意《西部大开发"十二五"规划》（以下简称《规划》），请认真组织实施。二、《规划》实施要高举中国特色社会主义伟大旗帜，以邓小平理论和"三个代表"重要思想为指导，深入贯彻落实科学发展观，按照中央关于新形势下深入实施西部大开发的战略部署，以科学发展为主题，以加快转变经济发展方式为主线，进一步解放思想、开拓创新，进一步深化改革、扩大开放，进一步加大投入、强化支持。要坚持把深入实施西部大开发战略放在区域发展战略优先位置，充分发挥西部地区特色和优势，促进区域经济良性互动、协调发展，增进民族团结和社会和谐，努力保持经济社会长期持续平稳较快发展，实现地区生产总值和城乡居民收入增速均超过全国平均水平，为实现全面建设小康社会目标打下坚实基础。要坚持统筹兼顾，真正把当前和长远结合起来，切实抓好重点工作的落实。（一）明确主体功能区，对重点经济区、农产品主产区、重点生态区、资……	要坚持把深入实施西部大开发战略放在区域发展战略优先位置，充分发挥西部地区特色和优势，促进区域经济良性互动、协调发展，增进民族团结和社会和谐，努力保持经济社会长期持续平稳较快发展，实现地区生产总值和城乡居民收入增速均超过全国平均水平，为实现全面建设小康社会目标打下坚实基础。东中部地区要积极支持配合做好《规划》实施工作，加强与西部地区的经济合作，进一步提升对口支援、对口帮扶的深度和水平，积极支持东中部地区的企业、人才到西部地区创业发展，进一步形成互惠互利、相互促进的发展格局。要加强部门之间的沟通协调，深入调查研究，及时总结经验，指导和帮助地方政府切实解决《规划》实施过程中遇到的问题，进一步为西部地区又好又快发展营造良好政策环境。深入实施西部大开发战略，是党中央、国务院作出的重大决策，各有关方面要统一思想、坚定信心、开拓创新、扎实工作，努力建设经济繁荣、社会进步、生活安定、民族团结、山川秀美的西部地区，不断开创西部大开发新局面。	国务院同意实施《西部大开发"十二五"规划》，规划的实施要充分发挥西部地区的特色和优势，要坚持统筹兼顾，坚持科学、协调发展，各地区、各部门要加强沟通协调，为西部大开发营造良好的政策环境，促进西部地区的经济发展，不断开创西部大开发新局面。

在本章的政策文本自动摘要生成策略中，依存句法分析是其中的关键环节，需要大批量的数据进行学习训练，而人工撰写政策文本摘要的成本较高，本章只对 100 篇政策文本进行了参考摘要的撰写，数量有限，无法满足模型训练的需求。为此本章根据政策文本的类型和语言格式等特点，选取了 CNewSum 新闻摘要数据集①中时政类新闻数据，用于扩充本章模型训练所需的实验数据集。CNewSum 数据集是一个大规模的中文新闻摘要数据集，由 304 307 篇来自今日头条的新闻正文和人工撰写的高质量摘要组成。由于 CNewSum 数据集并不包含新闻文本所属类别标签，故本章利用阿里云平台的文本分类功能对 CNewSum 数据集中的每篇新闻文本进行分类，筛选出属于时政类别的新闻文本数据，最终筛选出了 13 100 篇时政类新闻文本数据，将其与本章标注的 100 条政策文本数据合并为最终实验

---

① Wang D Q, Chen J Z, Wu X Z, et al. CNewSum: a large-scale Chinese news summarization dataset with human-annotated adequacy and deducibility level[EB/OL]. (2021-10-21)[2022-03-13]. https://arxiv.org/abs/2110.10874.

所用的政策文本摘要数据集,以支撑本章政策文本自动摘要模型的训练和评价。合并后得到的实验数据集正文(政策文本为精简后的文本即由关键句子组成,时政类新闻文本为原始的正文文本)和参考摘要的平均字数分布情况如图 4-14 所示。

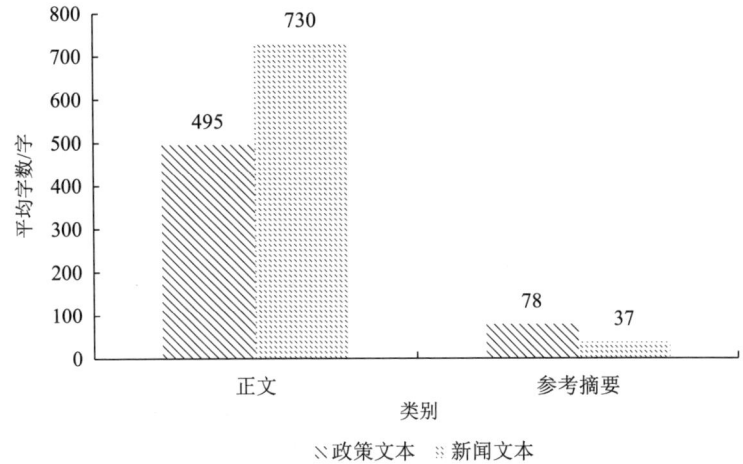

图 4-14 政策文本摘要数据集平均字数分布情况

4.6.2 摘要质量评价指标选取与环境设置

在文本自动摘要研究领域中,生成摘要质量评价是其中的重要内容。在本章的政策文本摘要生成实验中,采用目前文本自动摘要研究领域中普遍使用的 ROUGE 指标①对模型的性能进行评估。

1. 质量评价指标选取

目前,国际计算语言学年会(Annual Meeting of the Association for Computational Linguistics,ACL)等自然语言处理领域的世界顶级学术会议均采用 ROUGE 指标对自动摘要任务进行评测。ROUGE 指标通过对模型生成的摘要与参考摘要进行对比,统计出两者之间重叠的基本文本单元(如 N-Gram、词语对和词语序列等)的数量,进而对生成摘要和参考摘要之间的相似程度进行评估,以此反映生成摘要的质量。ROUGE 指标是一系列具体评价指标的统称,包括 ROUGE-N、ROUGE-L、ROUGE-S 和 ROUGE-W,其中的 ROUGE-N 和 ROUGE-L

---

① Lin C Y. ROUGE: a package for automatic evaluation of summaries[C]//Text Summarization Branches Out, Barcelona. Barcelona: ACL, 2004: 74-81.

是当前文本自动摘要研究领域中最常用的。

ROUGE-N 中的 N 表示 N-Gram，其值通常取 1 和 2，即 ROUGE-1 和 ROUGE-2。ROUGE-N 是通过生成摘要和参考摘要中重叠的 N-Gram 数量来对生成摘要的质量进行评价的，主要统计重叠 N-Gram 的召回率，计算方法如下：

$$\text{ROUGE-}N = \frac{\sum_{S \in \{\text{ReferenceSummaries}\}} \sum_{\text{gram}_n \in S} \text{Count}_{\text{match}}(\text{gram}_n)}{\sum_{S \in \{\text{ReferenceSummaries}\}} \sum_{\text{gram}_n \in S} \text{Count}(\text{gram}_n)} \quad (4\text{-}35)$$

其中，n 是 N-Gram 的长度；{ReferenceSummaries} 是参考摘要的集合；$\text{Count}(\text{gram}_n)$ 是统计 gram_n 出现的数量；$\text{Count}_{\text{match}}(\text{gram}_n)$ 是统计生成摘要和参考摘要中共现的 gram_n 的数量。

ROUGE-L 中的 L 是最长公共子序列（longest common subsequence，LCS）它根据生成摘要和参考摘要的最长公共子序列来对生成摘要的质量进行评价，计算公式如下：

$$R_{\text{lcs}} = \frac{\text{LCS}(X,Y)}{m} \quad (4\text{-}36)$$

$$P_{\text{lcs}} = \frac{\text{LCS}(X,Y)}{n} \quad (4\text{-}37)$$

$$F_{\text{lcs}} = \frac{(1+\beta^2)R_{\text{lcs}}P_{\text{lcs}}}{R_{\text{lcs}} + \beta^2 P_{\text{lcs}}} \quad (4\text{-}38)$$

其中，X 是参考摘要，其序列长度为 m；Y 是生成摘要，其序列长度为 n；$\text{LCS}(X,Y)$ 是参考摘要 X 和生成摘要 Y 的最长公共子序列的长度；R_{lcs} 是召回率；P_{lcs} 是精确率；F_{lcs} 的值即为 ROUGE-L。通常 β 的值会设得比较大，于是 F_{lcs} 会更加关注 R_{lcs}，而不是 P_{lcs}。

综上，本章将选用 ROUGE-1、ROUGE-2 和 ROUGE-L 三个具体的指标来对政策文本自动摘要模型生成的摘要进行质量评估。

2. 实验环境和参数设置

本章为了验证所提出的政策文本自动摘要模型的有效性和优越性，同时考虑到深度学习模型对高性能 GPU 计算资源的需求，租用了 Mist 服务器[①]进行政策文本摘要生成的实验，该服务器预装了 TensorFlow 和 PyTorch 等深度学习所需的框架和类库，并且提供的 GPU 可为深度学习运算进行加速，显著提高本章所提出的

---

①Mist 官网：https://www.mistgpu.com。

政策文本自动摘要模型开发和训练的效率。因此本章使用 PyTorch 深度学习框架对所提出的模型进行程序实现,然后将模型代码和实验数据上传至 Mist 服务器,以进行政策文本摘要生成的实验,实验环境配置如表 4-6 所示。

表 4-6 本地机器与 Mist 服务器环境配置

载体	环境	配置
本地机器	操作系统	Microsoft Windows 10 (64 位)
	编程语言	Python 3.7.11
	开发环境	Visual Studio Code 1.65.2
Mist 服务器	操作系统	Ubuntu 18.04
	编程语言	Python 3.7.11
	GPU	GeForce RTX 3090 24GB
	GPU 计算架构	CUDA 11.4
	深度学习框架	PyTorch 1.9.0

在政策文本自动摘要模型的构建上,本章利用 RoBERTa 模型实现政策文本的向量化表示,词向量的维度为 768,编码器中的 BiLSTM 模型和 GCN 模型的隐藏层维度均设为 128,层数均设为 2,解码器中的 LSTM 模型的隐藏层维度设为 128,层数均设为 1,输入文本的最大长度为 500,输出摘要的最大长度为 80。在训练过程中,本章使用的批次大小为 16,选择 Adam 优化器对模型的参数进行优化更新,学习率设为 0.0005,采用 Dropout 的方法来防止模型过拟合,Dropout 值设为 0.1。在测试过程中,采用集束搜索算法进行解码,生成候选摘要,集束搜索大小设为 5,具体参数如表 4-7 所示。

表 4-7 摘要生成模型参数设置

参数名称	参数值	参数说明
hidden_dim	128	编码器和解码器中模型隐藏层的维度
encoder_num_layers	2	编码器模型的层数
decoder_num_layers	1	解码器模型的层数
input_max_length	500	输入文本的最大长度
output_max_length	80	输出摘要的最大长度
batch_size	16	批次大小
learning_rate	0.0005	学习率
dropout	0.1	Dropout 值
epoch	20	模型训练轮次
beam_size	5	集束搜索大小

本章在上述实验环境和参数设置的基础上，按照 8∶1∶1 的比例将政策文本摘要数据集随机划分为训练集、验证集和测试集，对本章所提出的模型进行训练，根据模型最终生成的摘要与实际的参考摘要进行对比，利用摘要评价指标 ROUGE 对模型结果进行评估，以验证其有效性。

4.6.3 政策文本摘要生成实验结果分析

按照上述内容，本章首先训练所提出的政策文本摘要生成模型，并保存模型训练结果，然后用测试集对训练好的模型进行性能测试，最终对测试结果进行分析。

1. 政策文本摘要模型效果对比分析

为了充分验证本章基于依存句法分析的政策文本摘要生成模型，即 RoBERTa-LSTM-Attention-GCN-PGN-S 模型的有效性，本章构建了三个模型进行对比实验，分别为 RoBERTa-LSTM-Attention 模型、RoBERTa-LSTM-Attention-GCN 模型和 RoBERTa-LSTM-Attention-GCN-PGN 模型。

上述模型均采用相同的 RoBERTa 预训练语言模型对政策文本进行向量化表示，编码器均为 BiLSTM 模型，解码器为单向的 LSTM 模型，解码器和编码器通过注意力机制连接，RoBERTa-LSTM-Attention-GCN 模型在 RoBERTa-LSTM-Attention 模型的基础上考虑了政策文本的依存句法结构特征，并采用 GCN 对依存句法结构特征进行提取，以增强政策文本向量化表达的效果，使模型能够从句法层面理解和把握政策文本的语义内涵。RoBERTa-LSTM-Attention-GCN-PGN 模型在 RoBERTa-LSTM-Attention-GCN 模型的基础上加入了 PGN 模型对摘要生成进行优化，解决模型在生成摘要时出现大量未登录词和重复词语片段的问题，提高生成摘要的质量，而本章最终构建的 RoBERTa-LSTM-Attention-GCN-PGN-S 模型是在 RoBERTa-LSTM-Attention-GCN-PGN 模型的基础上，利用改进的 SimCLS 模型对其生成的多个候选摘要进行评分，筛选出评分最高的最佳候选摘要，以此作为模型最终的输出。最终，利用 ROUGE 评价指标，将上述模型在测试集上生成的摘要和参考摘要进行对比，计算出各个 ROUGE 值，计算结果如表 4-8 所示。

表 4-8 不同政策文本摘要生成模型结果对比

模型	ROUGE-1	ROUGE-2	ROUGE-L
RoBERTa-LSTM-Attention	21.05%	12.07%	20.26%
RoBERTa-LSTM-Attention-GCN	24.44%	14.60%	23.43%
RoBERTa-LSTM-Attention-GCN-PGN	28.80%	18.91%	27.21%
RoBERTa-LSTM-Attention-GCN-PGN-S	31.49%	20.66%	30.01%

为了能够更加直观地分析和比较不同模型的结果，本章根据表 4-8 中不同模型在 ROUGE-1、ROUGE-2 和 ROUGE-L 指标上的分数绘制成柱状图（图 4-15）。

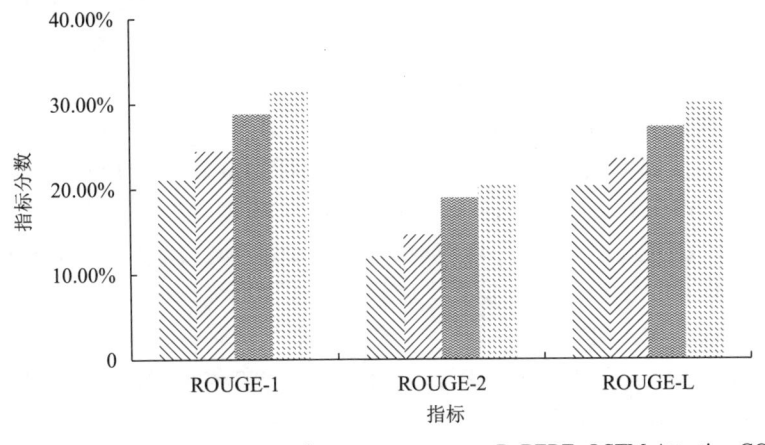

图 4-15 不同政策文本摘要生成模型 ROUGE 指标分数柱状图

从表 4-8 和图 4-15 中可以发现，与其他模型相比，RoBERTa-LSTM-Attention 模型的 ROUGE-1、ROUGE-2 和 ROUGE-L 值分别为 21.05%、12.07%和 20.26%，其值相对偏低，表明该模型虽然能够实现政策文本摘要生成，但是效果较差。RoBERTa-LSTM-Attention-GCN 模型的 ROUGE-1、ROUGE-2 和 ROUGE-L 值相比前一个模型，分别提高了 3.39 个百分点、2.53 个百分点和 3.17 个百分点，这表明在模型中加入政策文本的依存句法结构特征后，能够增强模型对政策文本深层次语义内涵把握和理解的能力，使模型准确识别和汇总重要信息，从而生成质量更高的摘要。RoBERTa-LSTM-Attention-GCN-PGN 模型的 ROUGE-1、ROUGE-2 和 ROUGE-L 值有更大幅度的提高，相较于 RoBERTa-LSTM-Attention-GCN 模型分别提高了 4.36 个百分点、4.31 个百分点和 3.78 个百分点，表明通过 PGN 模型的指针机制和覆盖机制，使模型具备从政策文本中复制词语和通过注意力来跟踪已生成的内容的能力，从而降低未登录词出现的概率并减少重复内容的生成，能够有效改进模型生成政策文本摘要的效果。

最终本章所提出的 RoBERTa-LSTM-Attention-GCN-PGN-S 模型的效果最好，其 ROUGE-1、ROUGE-2 和 ROUGE-L 值分别达到了 31.49%、20.66%和 30.01%，表明其利用改进的 SimCLS 模型筛选出的最佳候选摘要的质量优于其他对比模型；通过改进的 SimCLS 模型对候选摘要进行评分，能够缓解政策文本摘要生成模型训练的目标函数与评价指标不一致的问题，使得筛选出来的最佳候选摘要能够与真实的摘要评价指标相契合,更好地实现政策文本摘要的自动生成。

相比于 ROUGE-1 和 ROUGE-L 值,本章所提出的模型的 ROUGE-2 值相对较低,这表明本章所提出的模型虽然能够生成覆盖政策文本核心信息的摘要,但是摘要的连贯性有待提高。目前关于政策文本的摘要生成研究相对较少,尚未有公认且性能优越的政策文本摘要生成模型,但是与其他领域的先进模型相比,本章所提出的政策文本摘要生成模型的 3 个 ROUGE 指标均偏低,如 Liu 等[①]提出的 BRIO(bringing order to abstractive summarization)模型,在英文新闻数据集 CNN/DM 上的 ROUGE-1 值达到了 47.78%,远高于本章所提出模型的 ROUGE-1 值。相比于本章所提出的政策文本摘要生成模型,BRIO 模型使用了目前较为先进的预训练语言模型 BART,其专门适用于文本摘要生成任务,并且编码器和解码器采用了 Transformer 模型,性能优于本章所用的 LSTM 模型,说明本章所提出的模型在模型结构设计与构建上仍有较大的改进空间。

此外,考虑到本章所构建的政策文本摘要生成模型整合了多种深度学习模型,模型复杂度较高,对训练数据的规模和质量要求较高,而目前缺乏关于政策文本的摘要数据集,因此本章在人工标注少量的政策文本数据的基础上,通过引入时政新闻摘要数据对训练数据集进行扩充,并利用扩充后的数据集对模型进行训练。这虽然能够满足模型对训练数据规模的要求,但是数据集中政策文本数据相对偏少,数据质量较低,且存在较多的噪声数据。这会使模型无法充分学习政策文本的摘要生成,限制了模型性能的提升,最终模型的结果并不理想,这表明数据在模型训练中的重要性。因此,如何构建大规模、高质量的政策文本摘要数据集,将是后续政策文本摘要生成研究亟待解决的关键问题,这也充分说明了政策文本摘要生成研究仍具有较大的挑战性和研究价值。

2. 政策文本摘要生成实例呈现分析

为了更好地说明不同模型实际生成政策文本摘要的效果,更进一步验证本章所提出的基于依存句法分析的政策文本摘要生成模型的优越性,本章以人工标注的一条政策文本数据为例,来对比各个模型生成的摘要,对比结果如表 4-9 所示。

---

① Liu Y X, Liu P F, Radev D, et al. BRIO: bringing order to abstractive summarization[C]//Muresan S, Nakov P, Villavicencio A. Proceedings of the 60th Annual Meeting of the Association for Computational Linguistics. Stroudsburg: ACL, 2022: 2890-2903.

第 4 章 政策文本生成式摘要模型构建与技术实现 ·139·

表 4-9 不同政策文本摘要生成模型结果呈现

模型	摘要生成结果
关键句子	要坚持把深入实施西部大开发战略放在区域发展战略优先位置,充分发挥西部地区特色和优势,促进区域经济良性互动、协调发展,增进民族团结和社会和谐,努力保持经济社会长期持续平稳较快发展,实现地区生产总值和城乡居民收入增速均超过全国平均水平,为实现全面建设小康社会目标打下坚实基础。东中部地区要积极支持配合做好《规划》实施工作,加强与西部地区的经济合作,进一步提升对口支援、对口帮扶的深度和水平,积极支持东中部地区的企业、人才到西部地区创业发展,进一步形成互惠互利、相互促进的发展格局。要加强部门之间的沟通协调,深入调查研究,及时总结经验,指导和帮助地方政府切实解决《规划》实施过程中遇到的问题,进一步为西部地区又好又快发展营造良好政策环境。深入实施西部大开发战略,是党中央、国务院作出的重大决策,各有关方面要统一思想、坚定信心、开拓创新、扎实工作,努力建设经济繁荣、社会进步、生活安定、民族团结、山川秀美的西部地区,不断开创西部大开发新局面。
参考摘要	国务院同意实施《西部大开发"十二五"规划》,规划的实施要充分发挥西部地区的特色和优势,要坚持统筹兼顾,坚持科学、协调发展,各地区、各部门要加强沟通协调,为西部大开发营造良好的政策环境,促进西部地区的经济发展,不断开创西部大开发新局面。
RoBERTa-LSTM-Attention	东城区部分地区将开展西部大开发战略,未来将持续稳定增长,未来将持续稳定增长,并加强对口支持、对口支持、对口支持的[UNK];未来将实现经济稳定增长。东中部地区将实现的[UNK]增长,对口干功和建设以[UNK]社会稳定,加强对口干功的平衡,加强对口支持。
RoBERTa-LSTM-Attention-GCN	详细分析称将开展西部大开发,推动西部大开发新局面,建设经济社会稳定和社会稳定。未来将有中西部地区发展中[UNK]最偏重,对口帮扶和对口帮扶的总体水平,对口帮扶的帮助。详细分析指出要坚持对口帮扶的引导。[UNK]。详细分析指出要保持经济社会稳定。
RoBERTa-LSTM-Attention-GCN-PGN	开创西部大开发新局面,以东部地区增速深入推进西部地区经济合作,目前已做好西部大开发的战略方向,重点推动西部地区产业转型。分析称将加强对口帮扶的协调发展,建立在西部地区特色和特色的平衡性基础,推动西部地区发展。
RoBERTa-LSTM-Attention-GCN-PGN-S	国务院:重点发展中西部地区,推动西部大开发发展新局面。详细分析称要坚持在西部地区的经济合作,深入推进西部地区发展,加强对口帮扶的引导和协调发展。深入实施西部大开发的建设小康社会,准备目前已做好西部大开发环境。

从表 4-9 中可以看到,RoBERTa-LSTM-Attention 模型生成的摘要中存在未登录词的问题,即存在"[UNK]"标记,而且生成的结果中存在较多的连续重复词语,如重复出现"持续稳定增长"和"对口支持"等,此外还存在事实错误,如"西部大开发战略"由"东城区部分地区"开展,生成摘要的质量较差,该模型并

不能有效地实现政策文本摘要生成。RoBERTa-LSTM-Attention-GCN 模型生成的摘要明显要好，更多地覆盖了精简后政策文本中的内容，与参考摘要的主旨内容也较为一致，说明引入 GCN 模型对政策文本的依存句法结构特征进行提取后，有助于模型对政策文本语义的理解从而提高生成摘要的质量，虽然生成的摘要仍然存在未登录词和生成重复等问题，但相对于前一模型情况有所缓解。RoBERTa-LSTM-Attention-GCN-PGN 模型生成的摘要中未出现未登录词和连续重复词语，语句更加通顺，说明 PGN 模型能够有效缓解生成未登录词和重复词语的问题，摘要的质量有了较大提高，基本能够反映政策文本的主要内容信息。RoBERTa-LSTM-Attention-GCN-PGN-S 模型生成的摘要质量最高，更加流畅，和参考摘要的语义内涵也更加接近，从语义质量和语言质量两方面来讲，均优于其他模型生成的摘要，这充分说明了本章所提出的模型在政策文本摘要生成方面，具有一定的有效性和优越性。

从本章所提出的模型最终生成的摘要来看，生成摘要虽然损失了政策文本的部分信息，但是仍然能够反映出政策文本的核心信息，且较为简练概括，相比直接阅读篇幅较长且信息量大的政策文本，阅读政策文本摘要更有利于人们快速理解和把握政策文本的主旨内容，避免长时间阅读政策文本的枯燥乏味；而且利用摘要也有利于提高政策文本的阅读和检索效率，减轻政府工作人员筛选和理解自己所需政策的工作负担，提高工作效率，缩短其他相关政策制定、落实和实施的时间。另外，政策文本作为典型的政务信息数据资源，是便民政务信息服务的数据基础，借助本章所提出的模型生成的政策文本摘要，能够提高政务信息服务应用的效率。比如，由于摘要是对政策文本的凝练和概括，将政策文本摘要应用于政策文本的分类和聚类分析中，有利于提高分析任务的效率和效果，从而支撑政策推荐、政策问答等政务信息服务的落地。综上所述，本章所提出的政策文本摘要生成模型能够有效满足这些需求，具有较高的实际应用价值。

但是整体而言，上述四个政策文本摘要生成模型生成的摘要均难以完全达到参考摘要的水平，这是由于抽取出的关键句子中缺乏某些重要的信息，如参考摘要中"《西部大开发'十二五'规划》"并未完整地出现在抽取的关键句子中，而仅仅以"《规划》"的形式出现，这类重要信息的缺失限制了模型对原始政策文本某些重要内涵的把握，影响了摘要的生成效果。同时由于训练数据的匮乏，本章所提出的模型对政策文本摘要生成的学习并不充分，生成的摘要虽然较多地覆盖了关键句子和参考摘要中的词语，但是其语义连贯性较差，无法形成通顺且含义明确的句子，仍具有较大的提升空间。此外，本章在选取摘要评价指标时，缺乏对政策文本语言特点的考虑，以及对政策文本摘要严格准确的规范要求不足，直接选取了目前文本摘要生成研究领域常用的 ROUGE 评价指标，尽管政策文本摘要生成模型在评价指标上可能有较高的得分，但是模型实际生成摘要质量仍较差，原始政策文本的信息丢失较多，并不能准确、全面地反映出政策文本的原始信息。因此，ROUGE 评价指标无法完全有效地适用于政策文本摘要的评价，通过人工评阅上述模型生成的摘要，可以很明显地感受到这点，后续需改进和完善更适合政策文本摘要的评价指标。

4.7 总结与展望

总体来说，本章以政策文本为研究对象，通过上文对研究背景和研究现状的梳理，融合政策文本依存句法结构特征，提出了政策文本摘要生成的研究框架，将多种深度学习模型充分整合，提出了政策文本关键句子抽取策略，对政策文本的篇幅进行精简，抽取出核心信息，去除冗余信息，以此为基础构建了政策文本摘要生成模型，并通过设计对比实验对所提出模型的有效性进行了验证，同时通过具体实例直观地呈现了不同模型的摘要生成效果。实验结果表明，本章所提出的策略能够快速而准确地实现对大规模政策文本的摘要生成，挖掘政策文本深层次的语义内涵，提高政策文本的阅读和检索效率，所提出的策略和模型具有优越性。同时，本章研究的确存在一些不足和有待改进的地方，如在政策文本摘要数据集、自动摘要模型以及摘要评价指标的选取和构建等方面存在较大改进空间，在今后的研究中，将针对这些不足，探索更为先进的政策文本摘要生成研究框架。

4.7.1 研究工作总结

我国政府数字化转型的持续推进，为各类政务信息资源的挖掘和利用提供了良好环境和必要条件。政策文本作为一种重要的政务信息资源，能够深刻反映国家或地区在特定历史阶段的政治、经济、文化和社会发展等方面的信息，具有巨大的挖掘价值，而政策文本摘要生成能够缓解政策文本信息过载的问题，帮助人们快速获取政策文本的核心信息。在此背景下，为了更好地发挥政策文本的潜在价值，本章以政策文本摘要生成为研究出发点，梳理了大量国内外关于政策文本挖掘和文本摘要生成领域的发展现状与取得的成果。在此基础上，通过整合多种目前先进的深度学习模型，将其应用于政策文本摘要生成，探索适用于政策文本的摘要生成模型，以期实现对大规模政策文本的摘要生成，支撑和加速各类基于政策文本摘要的政务信息资源服务应用的落地。

首先，针对政策文本篇幅较长、蕴含信息量大和内容冗余度高的特点，本章在构建政策文本摘要生成模型并进行摘要生成实验之前，选择通过抽取政策文本关键句子的方式对政策文本进行精简，去除冗余信息，保留与主旨内容相关的重要信息，从而缩短政策文本的篇幅，便于政策文本摘要生成模型准确凝练和总结政策文本的核心语义信息，提高生成摘要的质量。为了准确地抽取出政策文本的关键句子，本章使用无监督的模型和方法提出了基于句向量改进的政策文本关键句子抽取策略，即利用以 RoBERTa 模型为编码器的 SimCSE 模型实现对政策文本的句向量化表示，并通过政策文本句向量对 TextRank 模型进行改进以抽取政策文本的关键句子，同时通过定义和计算政策文本句子基于关键词特征、线索词特征和长度特征等多个特征的重要性分数，提高政策文本关键句子抽取的准确率，最终将抽取到的关键句子作为对应政策文本的精简形式，为后续政策文本的摘要生成提供支撑。

其次，本章在上述抽取的政策文本关键句子的基础上，探索通过整合多种深度学习模型构建适合于政策文本的摘要生成模型。由于现有文本摘要生成模型缺乏对文本依存句法结构特征的显式利用，而文本的句法结构对模型准确理解文本的语义内涵又具有重要作用。为此，本章将依存句法分析融入政策文本摘要生成模型中，即通过依存句法分析提取政策文本的依存句法树，并将其输入到 GCN 模型中提取出政策文本的依存句法结构特征，以增强 RoBERTa 模型的政策文本表示效果，进而增强基于 Seq2Seq 架构的政策文本摘要生成模型的性能。针对该模型存在的生成未登录词和生成重复词语等问题，引入 PGN 模型对其进行优化和改进，同时考虑到政策文本摘要生成模型训练的目标函数与评价指标是不一致的，现有的目标函数并不能保证模型能够生成与评价指标契合最优的摘要，为此利用改进的 SimCLS 模型对集束搜索算法生成的多个候选摘要进行评分，选出其中的最佳候选摘要作为模型最终的输出，以提高模型生成摘要的质量。

最后，本章对政策文本数据进行大批量的采集，并进行数据清洗等预处理操作，在此基础上通过人工撰写摘要标注政策文本数据，并引入外部的时政新闻摘要数据，构建了本章政策文本摘要生成实验所需的数据集。同时，本章依据关键句子抽取策略，抽取了政策文本关键句子，并对其效果进行了验证，保证了所构建政策文本摘要数据集的质量。通过对比实验，本章验证了所提出的策略和模型是科学可行的，即所提出的政策文本摘要生成模型的 ROUGE-1、ROUGE-2 和 ROUGE-L 的指标值分别达到了 31.49%、20.66%和 30.01%，均明显优于其他对比模型，能够有效实现对政策文本的摘要生成。通过具体实例直观地呈现了不同模型的摘要生成效果，通过人工对比评测，发现相比于其他对比模型，本章提出的模型生成的摘要包含了更多的政策文本信息，相对较为通顺和流畅，且冗余度较低，更进一步凸显出了本章所提出的模型的优越性。

总体而言，本章充分融合了目前文本摘要生成研究中的先进方法和模型，首先提出了基于句向量改进的政策文本关键句子抽取策略，通过政策文本的关键句子对政策文本进行精简，以便于模型准确理解政策文本的核心语义信息；其次构建了基于依存句法分析的生成式政策文本摘要生成模型，将政策文本的依存句法结构特征融入政策文本摘要生成，通过多种方式优化和改进模型，提高摘要生成的效果;最后对所提出的政策文本摘要生成模型的性能和有效性进行了评测与验证。本章成果丰富了政务信息资源挖掘领域的相关研究,而且生成的摘要能够提高政策文本的阅读和检索效率,具有较强的理论意义和实际应用价值。

4.7.2 研究展望

尽管本章围绕政策文本摘要生成这一主题进行了探索性研究,并取得了不错的效果,但仍然存在一些不足之处和有待改进的地方,后续研究将更进一步探索更优化的政策文本摘要生成研究框架。

1. 政策文本摘要数据集的规模和质量有待提升

如前文所述,本章所构建的生成式政策文本摘要生成模型,依赖于训练数据集的规模和质量,目前缺乏相关的政策文本摘要数据集。人工对大规模政策文本撰写参考摘要的成本较高,本章仅仅标注了小批量的政策文本数据,然后将人工标注政策文本数据和引入外部的时政新闻摘要数据相结合,构建了本章实验所需的政策文本摘要数据集。但是时政新闻文本与真实的政策文本仍有较多的不同,因此本章构建的政策文本摘要数据集质量并不高,这可能使得模型对于政策文本摘要生成的学习不充分,限制了模型性能的进一步提升。

因此在后续研究中,应探索更为高效和准确的政策文本摘要数据集构建方法,加强政策文本摘要标准语料库的建设,提高政策文本摘要数据集的质量,为政策文本摘要生成模型性能的充分发挥提供支撑,如迁移其他领域性能优越的文本摘要生成模型初步生成一个基础摘要,然后再采用人工校对的方式对其进行修改完善,既能在一定程度上降低人工成本,又能得到高质量的参考摘要。

2. 政策文本摘要生成模型的结构和效果有待优化

本章基于依存句法分析构建的生成式政策文本摘要生成模型,虽然能够较好地实现政策文本摘要生成,但是和其他领域的一些模型相比,ROUGE 评价指标的值相对偏低。而且通过人工评测发现,生成的摘要并不理想,仍有较大的改进空间,如存在部分语义表达不流畅、事实错误和新颖性水平偏低等问题,这对政策文本挖掘来说是亟须解决的关键问题。本章通过抽取政策文本的关键句子对政策文本进行精简以缩短其篇幅,但是抽取出来的关键句子并不能完全覆盖政策文本的所有主旨内容信息,容易丢失政策文本原始语义信息,从而影响模型对政策文本语义内涵理解的完整性。同时在抽取关键句子和生成摘要时,本章并未充分考虑政策文本的篇章结构和句子的其他特征等信息,这也不利于高质量摘要的准确生成。此外,本章的主要工作在于将多种基于深度学习的文本挖掘模型应用于政策文本的挖掘中,尝试进行应用领域的探索和创新,而模型本身的创新属于本章的薄弱环节，同时也缺乏应用最新的模型来提高政策文本摘要的质量，有待在后续研究实践中进一步加强。

因此在后续研究中，应探索更为优化和适用于政策文本的摘要生成模型，如在政策文本摘要生成模型构建过程中，加入对政策文本中的时间、人物、地点和机构等实体的考虑，使模型在生成摘要时能够准确生成重要的实体，减少事实错误，提高生成摘要的质量。此外，由于政策文本的篇幅较长，信息内涵丰富，可以考虑对政策文本按篇章结构或者主题等进行划分后，对每部分内容分别抽取重要内容或生成摘要，再基于此生成最终的摘要，使生成的摘要更多地覆盖政策文本的重要内容。

3. 政策文本摘要评价指标有待改进

本章所采用的 ROUGE 评价指标虽然是目前最为常用的文本摘要质量评价指标，但是其仅仅考虑了生成摘要和参考摘要之间的重叠词语或公共子序列，而未考虑摘要中具体词语的实际含义。也就是说，无法从摘要的语义层面来考虑摘要的质量，当模型生成的摘要与参考摘要语义相同但词语序列不同时，ROUGE 评价指标得到的评分较低，导致对摘要的评价不准确、不合理。同时 ROUGE 评价指标也无法对摘要的语言规范性和准确性等进行评价，而这对于政策文本来讲是至关重要的。因此 ROUGE 具有一定的局限性，并不是完全适合于政策文本摘要的评价。此外，在本章构建的政策文本摘要生成模型中，同样选用了 ROUGE 评价指标来引导模型学习如何从多个候选摘要中筛选出最佳摘要，这可能会对政策文本摘要生成模型的性能产生影响。

定义和使用一个评价指标来评价模型生成摘要的质量，是一项具有挑战性的任务。目前已有学者针对 ROUGE 评价指标的不足，探索构建更为先进和更加准确的评价指标。因此在后续的研究中，将尝试构建用于政策文本摘要的筛选和评价的新指标，提高对政策文本语言和语义质量综合评价的准确性。

第5章 政策文本精准推送模型构建与技术实现

在政务服务供给侧结构性改革推进中，政府部门不断深化服务普惠化、数据智能化和治理现代化的理念，积极依托互联网、云计算、大数据、人工智能等技术来推动政务服务平台构建、信息公开及互动服务，在帮助人民群众了解政府服务政策信息的同时，努力提升自身的服务效能。但需要注意的是，随着社会的快速发展，人民群众的政府服务需求日渐呈现出多样化、多层次和全方位的特点，当前的政策供给模式已不能满足人民群众对高质量服务供给的需求，需要深入挖掘政府服务政策文本的内涵和公众特征，通过双向精准推送来实现高效准确的政府服务用户定位和政策信息服务。

政策是国家推行政府服务工作的重要载体，也是公众了解国家民生工程、利好政策等的直接路径。在政策和政策目标受众间建立有效的互动渠道，实现双向精准匹配和推送，能够提高政府服务效能和公众满意度。因此，本章通过深层次挖掘政府服务政策文本内涵和公众特征，并以此构建政策推送模型的研究具有现实意义。

5.1 政府文本精准推送研究的背景与价值

强化政府服务职能，是新时期下缓解社会发展潜在矛盾、构建和谐社会、保证国家长治久安的关键举措。政策在其中扮演着重要的角色，它既是指导政府行使公共服务职能的准则，又是公众了解政府工作、接收信息的窗口，在对接政府服务和公众需求间发挥着重要作用。但当前在政策制定和执行中，存在着供需不匹配的问题。一方面，政府部门因参与政策过程而占有较多的政策信息，但受自上而下政策流[1]的规约，一般具有特定的发布和执行流程，面临政策发布和送达不及时的困境，无法快速送达目标群体；另一方面，社会公众特别是政策目标群体信息需求较大，却受限于信息获取途径，占有较少信息甚至无法获取相关政策信息[2]。

---

[1] 吴宾, 齐昕. 政策扩散阻滞: 何以发生又如何消解?——自2016—2019年中国住房租赁政策的观察[J]. 公共行政评论, 2020, 13(5): 44-64, 205-206.

[2] 袁方成, 李会会. "同意的治理": 理解政策认同的实践逻辑: Y县宅基地改革观察[J]. 探索, 2020, (3): 142-155.

为解决上述问题，本章从响应政府服务供给侧结构性改革的社会背景出发，立足大数据时代下政策信息开放共享和智慧应用的现实需求，结合政策双向精准推送研究的理论与实践意义，深入分析政策文本内容特点和用户需求，尝试从多个维度挖掘政策文本和用户的特征，依靠深度学习模型实现政策和用户间的双向匹配与精准推送，从而提高政府服务工作质量和效率，满足人民群众及时准确获取政策信息及其服务的需求。

5.1.1 精准化驱动的政策文本推送研究

2004 年 2 月，温家宝总理在省部级主要领导干部"树立和落实科学发展观"专题研究班上的讲话首次提出了"服务型政府"的概念[①]，到 2012 年党的十八大报告《坚定不移沿着中国特色社会主义道路前进 为全面建成小康社会而奋斗》。指出"建设职能科学、结构优化、廉洁高效、人民满意的服务型政府"[②]，国家以人民满意为目标，以保障和改善民生为重点，不断强化政府的公共服务职能。在探索与完善服务型政府理论体系的过程中，我国建设服务型政府的实践也循序开展，在这期间被誉为"24 小时不下班的政府""不下班的政策阅览室"的中央人民政府门户网站开始上线运营，公众可以足不出户随时浏览查阅政策信息、获取政务服务流程，极大地缓解了信息不对称问题，充分诠释了建设服务型政府的理念[③]。

党的十八届三中全会上，我国首次提出"推进国家治理体系和治理能力现代化"[④]这一重要命题，从"管理"转变为"治理"，强调政府、社会、人民协同处理公共问题，"现代化"则突出与时俱进、适应客观环境变化的需要。在实践中，各级政府为适应信息技术发展、传播方式变革，积极依托网站公开政务信息、回应群众关切、提供公共服务，政府网站俨然成为网络时代下政府履责、联系群众的重要窗口。

政策上，国务院办公厅印发《关于加强政府网站信息内容建设的意见》（国办发〔2014〕57 号）[⑤]，指出："及时准确发布政府信息，开展交流互动，倾听公众

[①]《提高认识 统一思想 牢固树立和认真落实科学发展观——在省部级主要领导干部"树立和落实科学发展观"专题研究班结业式上的讲话》[EB/OL]. (2004-03-01)[2021-09-23]. https://www.gqt.org.cn/search/zuzhi/theory/leadertalk/2004/zttb20040301.htm.

[②]引自 2012 年 11 月 18 日《人民日报》第 1 版的文章：《坚定不移沿着中国特色社会主义道路前进 为全面建成小康社会而奋斗》。

[③]中国政府网开通一周年 诠释建设服务型政府理念[EB/OL]. (2007-01-01)[2021-09-20]. http://www.gov.cn/zhibo45/content_489967.htm.

[④]引自 2013 年 11 月 16 日《人民日报》第 1 版的文章：《中共中央关于全面深化改革若干重大问题的决定》。

[⑤]国务院办公厅. 国务院办公厅关于加强政府网站信息内容建设的意见[EB/OL]. (2014-12-01)[2021-09-23]. http://www.gov.cn/zhengce/content/2014-12-01/content_9283.htm.

意见，回应社会关切，接受社会监督，使政府网站成为公众获取政府信息的第一来源、互动交流的重要渠道。"2016 年，国务院印发《关于加快推进"互联网+政务服务"工作的指导意见》（国发〔2016〕55 号）①，指出"构建多元普惠的民生信息服务体系，在教育文化、医疗卫生、社会保障等领域，积极发展民生服务智慧应用，向城市居民、农民工及其随迁家属提供更加方便、及时、高效的公共服务。"

党的十八大以后，为适应信息技术发展、传播方式变革，国家积极借助互联网推进政府服务改革，加快推进"互联网+政务服务"①。党的十九大报告则进一步明确要"加强社会治理制度建设，完善党委领导、政府负责、社会协同、公众参与、法治保障的社会治理体制，提高社会治理社会化、法治化、智能化、专业化水平"②，以更好地服务不同社会群体，更有效地管理好国家和社会的公共事务。

2021 年，国家发展和改革委员会联合 20 个部门印发《国家基本公共服务标准（2021 年版）》（发改社会〔2021〕443 号）③，提出要全面推进公开共享，充分利用政府公报、政府网站、新媒体平台等，及时公开各项基本公共服务标准，方便群众获取信息。与此同时，为填补横亘在政府服务供给与需求间的鸿沟，政府服务供给侧结构性改革的概念逐渐兴起，相关学者和有关部门工作人员开始积极探讨改革对策④。

随着政府服务的不断强化，国家治理方式也持续优化调整，我国政府工作已逐渐脱离传统的运作模式，正处于服务普惠化、数据智能化和治理现代化的"三化"交汇期⑤，取得了一系列瞩目的成就，人民满意度、世界认可度不断提升。但值得指出的是，在提升政府服务、推动信息公开的过程中，部分工作仍有待进一步提升。政策是国家为解决特定时期下特定社会问题所制定的战略、规划、计划、条例、实施细则等的总和⑥，是政府提供公共服务的"执行手册"，也是公众了解政府服务的"说明书"。

---

①国务院办公厅. 国务院关于加快推进"互联网+政务服务"工作的指导意见[EB/OL]. (2016-09-29)[2021-09-23]. http://www.gov.cn/zhengce/content/2016-09/29/content_5113369.htm.

②引自 2017 年 10 月 28 日《人民日报》第 1 版的文章：《决胜全面建成小康社会 夺取新时代中国特色社会主义伟大胜利》。

③关于印发《国家基本公共服务标准（2021 年版）》的通知[EB/OL]. (2021-04-20)[2021-09-25]. https://www.ndrc.gov.cn/xwdt/tzgg/202104/t20210420_1276842.html?code=&state=123.

④李丁, 何春燕, 马双. 公共服务供给侧改革的结构性对策[J]. 中国行政管理, 2019, (10): 158-159.

⑤刘道学, 董碧晨, 卢瑶. 企业码：双循环格局下政府数字化服务企业的新探索[J]. 电子政务, 2021, (2): 53-63.

⑥祝光耀, 张塞. 生态文明建设大辞典[M]. 第一册. 南昌：江西科学技术出版社, 2016: 313.

当前，政策信息提供主要是"拉模式"，即依靠公众主动检索，这就带来了政策获取不准确、不全面、不及时的问题；而政府方面，大多还停留在政策逐级传达[①]、基层部门人工匹配政策对象的阶段，存在耗费时间、工作效率低的问题，抑或是使用无差别推送，导致资源浪费和信息爆炸的问题。总的来说，在推广政策过程中，尚未实现政策内容与公众需求的精准匹配，这造成了政策制定者和政策用户间的信息不对称，直接制约了政府服务效能的发挥。

综上，在不断加强政府服务的政治背景和信息技术高速发展的科技背景下，存在公众对政策精准把握的需求与政策数量多、文本冗长之间的矛盾，以及政府对服务人群精准定位和智能服务的需求与人群数目庞大、特征不一之间的矛盾，这就要求研究人员积极探索政府服务智慧化与精准化实现的理论基础和技术路径。基于此，本章立足于文本内涵挖掘和语义表示的通用框架，尝试在提取政策和用户特征的基础上，依靠深度学习模型探索政策推送策略与方法，辅助政府部门实现政策精准推送，也帮助公众打破信息障碍从而及时获取政策和服务，双向提升政府工作成效。

5.1.2 政策文本精准推送的理论与实践价值

进入新时代，我国社会主要矛盾发生了转化，人民群众对基本公共服务有了更高的期待和新的要求，督促政府部门转变服务供给模式、提高服务供给质量，进一步推进基本政府服务供给侧结构性改革，从而满足人民对美好生活的需要，实现更加平衡、充分的发展。政策是提供政府服务的依据，也是将政府服务目标与任务付诸实施的工具与手段，更是连接政府工作和人民群众的桥梁。受政府服务供给侧结构性改革的影响，在政策提供上，需要不断完善公众参与、提高政策提供精准度，也迫使相关人员思考政策的供需匹配问题。

本章基于深度学习探索了政策的精准推送问题，不仅能在理论上拓展信息服务体系、创新研究思路，更能在实践上帮助政府部门更好地履行政府服务职能，提升政府执行力、公信力和竞争力，以及支撑公众及时获取政策信息、及时把握政府服务导向，提升满意度和幸福感。

1. 理论上拓展文本语义表示和信息推荐研究思路

社会发展深化了政府服务理论并丰富了其实现方式，同时对具有支撑作用的信息技术提出了更高的要求。在文本研究层面，文本推送主要基于主题词匹配或文本分类，忽略了文本的深层次语义内涵。本章尝试通过加入相关属性信息来增强文本语义表示，构建融合多维特征的政策文本语义向量与公众画像语义向量，

[①] 陈恩满. 农村政策信息服务状况调查分析[J]. 图书情报工作, 2011, 55(7): 15-18, 49.

为文本语义内涵研究提供新思路。而在信息推荐研究层面,当前已有的推送服务多集中于电子商务、视频内容等平台,聚焦于协同过滤等成熟的技术方式。而政务信息推送尚处于起步阶段,存在服务对象庞大、特征不一、数据不足等问题,不适合采用一般的信息推送方法。本章提取政策和用户特征,借助注意力机制和深度神经网络挖掘特征间的关系,完成基于推送标签预测的政策文本与公众匹配,拓展了政策文本领域信息推荐研究的思路。

2. 实践上提升信息服务质量和政府服务效能

通过对政策与公众需求双向推送的研究,将情报学、计算机科学等学科中的文本表示、用户画像、深度学习等理论与方法应用到政府服务领域,探索政府服务领域政策信息开放与共享的实现新路径,缓解传统服务方式所造成的失真与滞后问题,推动政府政策信息服务质量不断提升。另外,政府服务供给与需求的匹配度是衡量政府服务供给有效性的标准,加之政策具有针对性和实效性,政策供给需要做到准确快速。本章从政策文本语义表示和构建公众画像入手,通过文本表示获取政策和公众的特征向量,基于深度学习构建政策内容与公众的语义匹配模型,实现政策的双向精准匹配和推送。以此帮助公众及时了解政策动态、准确感知政府服务需求,同时提高政策推送的准确性,精准定位服务人群。

5.2 政策文本推送研究的发展趋势

近年来,随着公共事务治理的复杂化、政务信息公开工作的推进,公共政策文本正成为体量大、易获得、格式较为规整的可靠数据源,加之其一般承载了国家意志、政府治理和服务思维,具有丰富的语义信息①,吸引了各领域学者就此展开研究,进而带动社会学、计量学等学科方法及自然语言处理、数据挖掘等技术在政策研究中的应用,为政策文本语义内涵分析和内容推送提供了支撑。更进一步,随着国家对政府服务智能化、精准化的要求逐渐提高,围绕政府服务政策的研究正加快推进,国内外研究人员首先聚焦政府服务精准化理念推广,再结合信息技术手段探索政府服务内容精准推送路径。

因此,本章的国内外研究综述主要从技术实现和领域应用两个层次展开,在CNKI和Web of Science数据库中进行检索,筛选符合研究主题的相关文献,宏观把握当前相关领域的研究动态,探寻相近研究的方法思路,从而在现有研究的基础上总结成果并思考存在的问题,以推动后续方法探索与实证工作的开展。

---

① Laver M, Benoit K, Garry J. Extracting policy positions from political texts using words as data[J]. American Political Science Review, 2003, 97(2): 311-331.

5.2.1 基于特征表示的文本内容推送研究

政策推送的实质是一种文本内容推送，而文本内容推送研究历经发展已具有较为成熟的理论体系和技术路径，其中协同过滤算法[①]、基于内容的算法[②]和混合推荐算法[③]是较早应用于文本推送工作的三种推荐算法。但这些推荐算法需建立在用户历史数据基础上，当用户和文本间缺少或未生成交互记录时，会存在数据稀疏、冷启动等问题[④]。为解决上述问题，研究人员不断拓展研究思路，形成了以语义相似度计算[⑤]、聚类[⑥]、分类[⑦]和基于知识图谱[⑧]、深度学习的推送方法。但值得指出的是，无论是上述哪一种文本推送方法，都离不开对文本和推送对象的特征表示，并基于特征来匹配文本和对象。因此，本章将从基于文本特征和用户特征的角度来对现有的文本推送工作进行梳理，以此为本章研究工作提供理论支撑和方法借鉴。

1. 基于文本语义扩展的文本内容推送研究

文本表示指将文本信息转化为数据特征以方便计算机理解与处理，其表示效果直接影响后续文本分类、文本相似度计算等文本处理任务的质量，因而文本表示在文本研究工作中的重要性不言而喻。大量学者及其团队也提出了一系列经典模型[⑨]，如传统文本表示方法下的向量空间模型（vector space model，VSM）[⑩]和

[①] Sarwar B, Karypis G, Konstan J, et al. Item-based collaborative filtering recommendation algorithms[C]// Shen V Y, Saito N.Proceedings of the 10th international conference on World Wide Web. New York: ACM, 2001: 285-295.

[②] Pazzani M J, Billsus D. Content-based recommendation systems[M]//Brusilovsky P, Kobsa A, Nejdl W. The Adaptive Web. Berlin: Springer, 2007: 325-341.

[③] 冯兴杰, 曾云泽. 基于评分矩阵与评论文本的深度推荐模型[J]. 计算机学报, 2020, 43(5): 884-900.

[④] 张宜浩, 朱小飞, 徐传运, 等. 基于用户评论的深度情感分析和多视图协同融合的混合推荐方法[J]. 计算机学报, 2019, 42(6): 1316-1333.

[⑤] 李琳, 李辉. 一种基于概念向量空间的文本相似度计算方法[J]. 数据分析与知识发现, 2018, 2(5): 48-58.

[⑥] Rapečka A, Dzemyda G. A new recommendation model for the user clustering-based recommendation system[J]. Information Technology and Control, 2015, 44(1): 54-63.

[⑦] 吴海林. 半结构化文本推送技术及其应用研究[D]. 哈尔滨: 哈尔滨工业大学, 2017: 22-26.

[⑧] Qin C, Zhu H S, Zhuang F Z, et al. A survey on knowledge graph-based recommender systems[J]. Scientia Sinica Informationis, 2020, 50(7): 937-956.

[⑨] 李凡姝, 姚登峰. 自然语言处理中的文本表示和语言模型综述[C]//中国计算机用户协会网络应用分会. 中国计算机用户协会网络应用分会 2020 年第二十四届网络新技术与应用年会论文集. 北京: 中国计算机用户协会网络应用分会, 2020: 169-172.

[⑩] Salton G, Wong A, Yang C S. A vector space model for automatic indexing[J]. Communications of the ACM, 1975, 18(11): 613-620.

N-Gram 语言模型①等，以及基于深度学习的 Word2Vec 模型②③和 BERT 模型④等，且模型发展经历了一个通过不断丰富上下文语义特征以获取更为优秀的文本表示向量的过程。已有的文本表示方法虽能在一定程度上满足文本理解与处理的需要，但多集中于内容本身的向量化表示，不足以进行完整的语义理解。考虑到文本表示包括特征选择和特征表示两个步骤⑤，研究人员开始从增加文本特征的角度，来尽可能地丰富文本语义内涵，主要包括将词性⑥、主题⑦等内容要素属性融入文本向量来实现语义增强，甚至将领域特定任务信息⑧融入文本表示向量中，进而提升文本的分类预测效果。

在文本内容推送工作中，研究人员受上述思路启发，也开始尝试通过丰富文本特征来提升文本表示乃至文本推送的效果。Yu 等⑨通过 CNN 提取新闻文本特征向量，以及 VGG（visual geometry group，视觉几何组）提取新闻图像特征向量，将拼接后的特征向量输入到多重感知机实现新闻标签向用户的推荐。武嘉文⑩在文本原文基础上，通过主题模型和知识图谱分别引入文本的主题特征和知识特征，从而得到更为精确的相似度计算结果和更好的文本推荐效果。与此同时，王嘉瑜⑪使

---

① McMahon J, Smith F J. A review of statistical language processing techniques[J]. Artificial Intelligence Review, 1998, 12: 347-391.

② Mikolov T, Chen K, Corrado G, et al. Efficient estimation of word representations in vector space[EB/OL]. (2013-09-07)[2025-03-18]. https://arxiv.org/pdf/1301.3781.

③ Mikolov T, Sutskever I, Chen K, et al. Distributed representations of words and phrases and their compositionality[C]//Burges C J C, Bottou L, Welling M, et al. Proceedings of the 27th International Conference on Neural Information Processing Systems. New York: Curran Associates, 2013: 3111-3119.

④ Devlin J, Chang M W, Lee K, et al. BERT: pre-training of deep bidirectional transformers for language understanding[C]//Burstein J, Doran C, Solorio T. Proceedings of the 2019 Conference of the North American Chapter of the Association for Computational Linguistics: Human Language Technologies. Stroudsburg: ACL, 2019: 4171-4186.

⑤ 冯斌, 张又文, 唐昕, 等. 基于 BiLSTM-Attention 神经网络的电力设备缺陷文本挖掘[J]. 中国电机工程学报, 2020, 40(S1): 1-10.

⑥ Liu W F, Liu P Y, Yang Y Z, et al. A embedding model for text classification[J]. Expert Systems, 2019, 36(6): e12460.

⑦ Liu Y, Liu Z Y, Chua T S, et al. Topical word embeddings[EB/OL]. (2015-02-19)[2025-03-14]. https://doi.org/10.1609/aaai.v29i1.9522.

⑧ 黄露, 周恩国, 李岱峰. 融合特定任务信息注意力机制的文本表示学习模型[J]. 数据分析与知识发现, 2020, 4(9): 111-122.

⑨ Yu B Y, Shao J J, Cheng Q, et al. Multi-source news recommender system based on convolutional neural networks[C]//Proceedings of the 3rd International Conference on Intelligent Information Processing, Guilin. New York: ACM, 2018: 17-23.

⑩ 武嘉文. 基于主题分析模型的文本推荐和摘要生成方法研究[D]. 西安: 西安电子科技大学, 2021: 20-23.

⑪ 王嘉瑜. 基于知识图谱的专利自动推荐技术研究[D]. 哈尔滨: 哈尔滨工业大学, 2021: 14-44.

用知识图谱来获取实体间语义关系,进而实现了基于相似度的专利推荐。Qiu 等①则从文本表示粒度入手,融合基于改进 LDA 模型获取的词向量表示和基于 Doc2Vec 模型获取的文本向量,输入 BiLSTM 层从而捕获上下文,最后输入到 CNN 层实现文本推荐。

当然,还有学者创新性地提出通过区分文本结构以提取不同结构下的文本内容语义,杨秀璋等②依次提取论文的标题、关键词和摘要三个部分的特征,利用 CNN、BiLSTM 和注意力机制构建分类模型,实现对不同学科方向论文的自动推荐;胡阳③将新闻分为标题和正文,对标题进行实体识别并获得词级语义特征,再基于神经主题模型对新闻文本内容进行建模,将相似主题聚合为主题表示向量,最后将注意力机制应用于标题特征和正文特征得到用户的潜在偏好;梁柱等④总结并构建了含有结构特征的裁判文书语料库,在此基础上使用 BM25(best match 25)算法与新闻特征词做匹配,实现裁判文书的自动推荐。除上述方法外,研究人员不断丰富相关要素,借助文本深层语义特征⑤、时间信息⑥等来提升文本推送效果。

由此可见,丰富文本特征、扩展文本语义来提升文本表示准确性,进而提升文本推送效果的方法切实可行,因而研究人员根据文本特征灵活选择文本表示模型和特征维度,以获得适合的文本特征向量,成为领域内研究的普遍思路。

2. 基于用户特征刻画的文本内容推送研究

文本推送不仅涉及文本,还涉及文本推送的对象,两者都是推送工作中的重要主体,所以同扩展文本语义以提升文本推送效果的做法相似,细化用户特征来增强文本推送准确性的思路同样受到关注。事实上,国内外学者也确实基于此视角进行了相关探索。

Simsek 和 Karagoz⑦在研究微博广告推荐中,通过标注用户情感和增加微博关

---

①Qiu G, Yu X L, Jiang L P, et al. Text-aware recommendation model based on multi-attention neural networks[C]// Qiu H, Zhang C, Fei Z M, et al. Knowledge Science, Engineering and Management. Cham: Springer, 2021: 590-603.

②杨秀璋, 武帅, 杨琪, 等. 多视图融合 TextRCNN 的论文自动推荐算法[J]. 计算机工程与应用, 2023, 59(2): 110-119.

③胡阳. 基于深度语义挖掘的新闻推荐方法研究[D]. 南京: 南京邮电大学, 2021: 7-14.

④梁柱, 沈思, 叶文豪, 等. 基于结构内容特征的裁判文书自动推荐研究[J]. 情报学报, 2022, 41(2): 167-175.

⑤李可, 陈光平. 基于文本深层语义特征的亚马逊商品推荐[J]. 计算机科学, 2020, 47(2): 65-71.

⑥邢长征, 郭亚兰, 张全贵, 等. 融合短文本层级注意力和时间信息的推荐方法[J]. 计算机科学与探索, 2021, 15(11): 2222-2232.

⑦Simsek A, Karagoz P. Wikipedia enriched advertisement recommendation for microblogs by using sentiment enhanced user profiles[J]. Journal of Intelligent Information Systems, 2020, 54: 245-269.

注交互信息来构建微博用户模型,然后基于广告向量和用户向量间的相似性,确定与所选用户最相关的广告。沈铁孙龙等[①]根据用户评论文本获取用户人格特征并将其作为用户特征,进而通过矩阵分解实现项目推荐。此外,学者还借助用户关系网络生成用户特征,通过学者关系网络扩展文献推荐结果[②],或通过动态网络表示学习得到不同时刻的用户特征向量[③]。

除上述思路外,基于用户画像来刻画用户特征的方法应用最为广泛。Lee等[④]从推文、转发推文和主题标签中提取关键字来构建推特用户个人画像,最后用余弦相似度度量用户与新闻推荐列表之间的距离。曹旭栋[⑤]从自然人口属性、健康属性和社交属性三个维度构建慢性病患者画像,基于动态更新的患者画像实现健康知识精准推送。王莉莉等[⑥]以bilibili(哔哩哔哩)网站学习数据为研究对象,从学习者基本信息、行为和弹幕文本三个维度构建学习者画像特征模型,进一步利用深度神经网络学习教学资源和画像间的关系,并实现个性化课程推荐。

在此基础上,还有相关研究人员同时从深化文本处理和用户特征的角度出发来实现文本推送[⑦],这对丰富特征表示从而进一步提升文本推送效果的相关工作有重要的启发意义。

5.2.2 面向政府服务的内容精准推送研究

改革开放40多年来,从不断加大财政投入到深化体制改革、创新供给机制,我国为提升政府服务的供给能力和均等化水平做出了大量努力。国家"十三五"规划更是在实施国家大数据战略中明确提出了要"深化政府数据和社会数据关联分析、融合利用,提高宏观调控、市场监管、社会治理和公共服务精准性和有效性"[⑧]。而在学术领域,伴随着政府服务精准化理念的提出,已有众多学者开展了系列研究,同时也注重政府服务精准化具体技术实现的相关研究。

---

① 沈铁孙龙, 付晓东, 岳昆, 等. 融合人格特征的概率推荐模型[J]. 计算机科学与探索, 2023, 17(1): 251-262.
② 范圆圆, 王曰芬. 基于学术社交网络用户关系的文献搜索推荐研究[J]. 现代情报, 2021, 41(9): 32-39.
③ 樊一鸣. 基于网络表示学习的农业种植信息推荐系统的研究与实现[D]. 西安: 西安电子科技大学, 2021: 5.
④ Lee W J, Oh K J, Lim C G, et al. User profile extraction from Twitter for personalized news recommendation[C]//16th International Conference on Advanced Communication Technology, February 16-19, 2014. New York: IEEE, 2014: 779-783.
⑤ 曹旭栋. 基于慢病数据的用户画像模型研究[D]. 南京: 南京邮电大学, 2021: 11-20.
⑥ 王莉莉, 郭威彤, 杨鸿武. 利用学习者画像实现个性化课程推荐[J]. 电化教育研究, 2021, 42(12): 55-62.
⑦ 袁黄辉. 基于文本处理和用户画像的文章推荐系统[D]. 南京: 南京邮电大学, 2021: 9-16.
⑧ 中华人民共和国国民经济和社会发展第十三个五年规划纲要[M]. 北京: 人民出版社, 2016: 174-176.

1. 政府服务精准化的理念推广

政府服务是指政府通过提供或创造公共产品、公共环境以满足公共需要的过程[1]，其一直以来都是公共管理及社会学研究的关注热点，相关研究也涵盖政府服务市场化[2]、政府服务质量评估[3]、政府服务均等化[4]等诸多主题。针对我国政府服务现状，研究人员发现，在经济快速增长和城镇化进程的推动下，当前我国对教育、医疗、社会福利和环境保护等政府服务的需求显著增长，这就带来了政府服务无法有效及时满足需求增长的问题[5]。相对于快速增加的政府服务需求而言，影响更为深远的是政府服务供给不匹配的问题，因为其一方面导致了政府服务供给资源的浪费，加剧了供需不平衡问题，另一方面降低了政府部门的工作效率、降低了人民群众对政府服务的满意度[6]。

为改善政府服务领域存在的供需不匹配、供给不均衡和服务质量水平低等问题，促进政府服务质量的持续改进，研究人员开始积极探索各种可能的途径。与此同时，结合国家大力推进供给侧结构性改革的政策背景，政府服务供给侧结构性改革，尤其是可以作为其具体实施路径的政府服务精准化成为新的研究关注点。王慧军[7]提出了精准施策的概念，并指出应从主体、客体、目标、工具四个相关要素的准确性入手。而在具体的公共文化服务领域，庆海涛[8]也曾就公共文化领域供给侧结构性改革的方向提出了建议，指出改革应着力于构筑精准的公共文化服务体系。当前尚未有政府服务精准化的统一定义，本章类比精准扶贫等概念，认为其应以满足政府服务需求为目标，通过精准定位服务人群和服务需求的层次，精细化服务主体、技术和工具，实现点对点的政府服务。

而在具体推广途径上，政府服务精准化经历了从理论研究到实践的发展历程。早在2015年，就有学者针对"政府服务如何实现精准化"进行了思考，认为政府服务必然依靠大数据技术由粗放式供给迈向精准化供给[9]，而精准化供给的基础

---

[1] 奚洁人. 科学发展观百科辞典[M]. 上海: 上海辞书出版社, 2007: 62.
[2] 沈志荣, 沈荣华. 公共服务市场化:政府与市场关系再思考[J]. 中国行政管理, 2016, (3): 65-70.
[3] 董丽. 基本公共服务质量评价问题研究[D]. 长春: 吉林大学, 2015: 28-153.
[4] Meng Y Z, Hao Z L, Shang S. Analysis of the equalization effect of basic public services in new-type urbanization: a case study of county regions in Guizhou, China[J]. Heliyon, 2024, 10(21): e39922.
[5] Liu S, Yuan J. Can government digitalization promote the urban-rural equalization of basic public services? Evidence from double machine learning[J]. Applied Economics, 2024: 1-16.
[6] 宁波市财政局课题组, 叶双猛, 范雯. 推进城乡基本公共服务一体化的财政政策研究[C]//中国财政学会. 中国财政学会2015年年会暨第二十次全国财政理论讨论会交流材料汇编之二. 北京: 中国财政学会, 2015: 341-351.
[7] 王慧军. 公共政策视域下精准施策问题探究[J]. 行政与法, 2021, (6): 18-28.
[8] 庆海涛. 公共文化服务供给侧改革方向与路径研究[J]. 图书馆, 2018, (8): 22-26, 79.
[9] 邓念国. 公共服务如何实现精准化供给[N]. 学习时报, 2015-12-07(5).

是需求识别[①],只有了解人民群众所需,才能有针对性地配置政府服务资源。王玉龙和王佃利[②]曾明确指出需求识别的理念缺位、技术制约、内容单一是造成公共需求无法得到有效匹配的关键,应基于数据分析技术探索政府服务需求精准识别机制[③],并帮助政府预测政策需求以提高公共政策决策科学性[④]。翟云[⑤]提出运用大数据、云计算等信息技术,建立政务服务智能挖掘和分析预测模型,实现公众需求预判,变被动服务为主动服务,进而提供智能化、个性化、精准化的政府服务。巫志南[⑥]指出要做到公共文化产品和服务精准供给,需大力加强数字网络技术应用,搭建平台、优化管理,提高公共文化服务效能。而在实践层面,河南省许昌市魏都区基于"互联网+党建",搭建了智慧党建信息化服务平台,通过获取各类社区数据可以精准计算和识别社区居民的政府服务需求[⑦]。

从已有的研究可以看出,大数据背景下信息技术的发展为政府服务精准化的研究及落地提供了理论基础和实践支撑,为政府服务内容及政策精准推送起到了示范作用。

2. 政府服务内容推送的实践研究

实现政府服务精准化的首要环节是精准识别政府服务需求,而政策作为政府服务的本体或载体,是公民获取政府服务的信息途径,因此公众获取政府服务政策的需求在很大程度上反映了其对政府服务的需求。当前,政策提供大多停留在政府部门间自上而下、层层传达或网站公开等待被动检索的局面,这导致信息传递不畅,造成政策对象和决策主体在政策信息获取方面的不对称[⑧]。及时的政策推送是解决这一问题的有效途径,但针对政府服务内容精准推送的相关研究尚在起步中,未形成系统的理论方法。考虑到政策推送的本质是一种文本推荐,因而将文本推荐技术向政策领域迁移,成为政府服务内容乃至政策精准推送研究的技术实现思路。

---

① 姜雯昱,曹俊文. 以数字化促进公共文化服务精准化供给:实践、困境与对策[J]. 求实, 2018, (6): 48-61, 108-109.

② 王玉龙,王佃利. 需求识别、数据治理与精准供给:基本公共服务供给侧改革之道[J]. 学术论坛, 2018, 41(2): 147-154.

③ 容志. 大数据背景下公共服务需求精准识别机制创新[J]. 上海行政学院学报, 2019, 20(4): 44-53.

④ Jordan S R. Beneficence and the expert bureaucracy[J]. Public Integrity, 2014, 16(4): 375-394.

⑤ 翟云. "互联网+政务服务"推动政府治理现代化的内在逻辑和演化路径[J]. 电子政务, 2017, (12): 2-11.

⑥ 巫志南. 公共文化产品和服务精准供给研究[J]. 图书与情报, 2019, (1): 31-40.

⑦ 李春生. 大数据驱动社区公共服务精准化:问题面向、运行机制及其技术逻辑[J]. 湖北社会科学, 2021, (6): 41-48.

⑧ 霍海燕,师青伟. 变量演化及现实困境:公共政策制定的有效性[J]. 河南社会科学, 2021, 29(2): 86-93.

（1）在政府服务内容推送技术的研究方面，政府服务内容推送可参考文本推送方法予以实现。当前，文本推送技术包括传统文本推送方法和基于深度学习的文本推送方法。传统文本推送方法（如协同过滤算法、基于内容的算法和混合推荐算法）容易造成稀疏和冷启动问题，研究人员拓展形成了两种较为常用的文本推送技术路线[1]。一种是通过相似度计算来判断文本和用户的匹配度。冉从敬和宋凯[2]结合 LDA 模型和 k-means 算法实现了专利文本聚类，进而分析专利主题分布，计算重点主题和弱主题下企业和高校间的专利相似度，实现高校专利向企业的个性化推荐。另一种是将推送工作转换为分类任务，可进一步细分为传统机器学习下的分类方法和基于深度学习的分类方法。吴海林[3]提出了一种多标签 k 近邻分类方法，用于实现半结构化文本的推送。而基于深度学习的方法能学习文本深层次语义内涵、支持更复杂的语义表示，被更多地应用于文本推送工作。Cai 等[4]则搭建基于用户画像的医疗推荐系统，使用深度神经网络学习用户特征和药物特征进而预测用户对药物的评分。在上述研究思路的基础上，研究人员不断丰富相关要素，借助用户画像[5]、文本深层语义特征[6]、时间信息[7]等来提升文本推送效果。

（2）在政府服务内容精准推送实践的研究方面，杨帆[8]借助隐含语义分析技术增强对文本内容语义的理解，基于 LDA 模型和标签聚类方法提出了两种党建信息推送策略。毛太田等[9]利用 LDA 模型实现政府信息文本和用户行为的主题提取和聚类，通过相似度计算完成信息与用户的匹配，从而创新政府信息资源主动推送模式、增加政府信息公开的受众面。Yin 等[10]则聚焦于公共卫生领域的服务信息精准推送，基于手机记录的时空轨迹，探索用于传染病防控的个性化短信服务。

---

[1] 孙慧君. 基于机器学习的高校选课推送研究：以 S 高校电子商务专业为例[D]. 呼和浩特：内蒙古师范大学，2017.

[2] 冉从敬, 宋凯. 基于混合方法的高校专利个性化推荐模型构建[J]. 情报理论与实践, 2020, 43(10): 93-98.

[3] 吴海林. 半结构化文本推送技术及其应用研究[D]. 哈尔滨：哈尔滨工业大学, 2017: 22-26.

[4] Cai J, Hong X B, Dai Q Y, et al. A user profile based medical recommendation system[C]//Ren J C, Hussain A, Zhao H M, et al. Advances in Brain Inspired Cognitive Systems. Cham: Springer, 2020: 293-301.

[5] 袁黄辉. 基于文本处理和用户画像的文章推荐系统[D]. 南京：南京邮电大学, 2021: 9-16.

[6] 李可, 陈光平. 基于文本深层语义特征的亚马逊商品推荐[J]. 计算机科学, 2020, 47(2): 65-71.

[7] 邢长征, 郭亚兰, 张全贵, 等. 融合短文本层级注意力和时间信息的推荐方法[J]. 计算机科学与探索, 2021, 15(11): 2222-2232.

[8] 杨帆. 基于 LDA 主题模型和标签聚类的党建信息推送策略研究[D]. 昆明：云南大学, 2016: 15-47.

[9] 毛太田, 张静婕, 彭丽徽, 等. 基于 LDA 与关联规则的政府信息资源主动推送服务模式构建研究[J]. 情报科学, 2021, 39(3): 60-66.

[10] Yin L, Lin N, Song X Q, et al. Space-time personalized short message service (SMS) for infectious disease control: policies for precise public health[J]. Applied Geography, 2020, 114: 102103.

更进一步，在政策精准推送研究和实践中，徐松柳[①]通过提取政策关键字和构建企业标签实现政策和企业的自动匹配。杭州市依托"城市大脑"推出"亲清在线"数字化平台，通过平台和部门间共享数据自动筛选符合政策条件的企业，推动惠企政策精准、快速直达企业[②]。深圳推出的政务服务机器人则能够在分析政府历史业务、用户数据的基础上，提供热度追踪、用户画像等大数据增值服务，帮助政府部门更加精准、及时地将政策信息主动推送到目标人群手中[③]。

成熟的文本推送技术和国内外一系列围绕政府服务精准化、政府服务内容推送的研究表明，政策精准推送具有理论可行性和实践可行性。在此基础上，本章认为应积极探索文本推送方法在政策信息推送领域的应用路径，推动政府政策精准推送工作的开展。

5.2.3 政策精准推送研究总结

根据梳理上述研究脉络可知，政策文本精准推送是政府服务精准化研究的一个新方向，国内外学者在文本内容推送、政府服务精准化层面展开的研究，为政策精准推送提供了理论指导。但不足的是，现有研究多为宏观层面的顶层设计与方案规划，对政策与用户需求精准匹配的技术实现涉及较少，无法切实解决人民群众政策获取不畅的问题。与此同时，研究中缺少对用户特征的详细刻画和对政策特征的深度挖掘，无法突出关键信息和建立特征间联系以提升推送的准确性。而随着我国社会的快速发展，公众对于政府服务及服务政策的需求日益迫切，已有的政策发布和传播形式很难满足及时更新、快速覆盖的要求，存在着惠民政策滞后和信息失效、失真的可能，需要研究人员不断更新具有实践意义的研究理论与方法。

5.3 政策文本精准推送的研究方案

鉴于政策精准推送对于提高政府效能和公众满意度具有重要作用，本章立足于政策文本内容的语义分析与公众画像研究，借助深度学习模型学习特征，实现政策的精准匹配与双向推送。

---

① 徐松柳. 企业扶持政策推荐系统的设计与研究[J]. 机电信息, 2020, (35): 120-121, 123.
② 徐越倩, 宋淑溶. 数字技术对政商关系的影响机制研究: 以杭州市"亲清在线"平台为例[J]. 电子政务, 2021, (7): 43-56.
③ 莫富传, 娄策群, 冯翠翠, 等. 基于DIKW体系的政府数据利用路径研究[J]. 情报科学, 2021, 39(3): 82-87.

5.3.1 政策文本精准推送研究的方案设计

本章在梳理相关理论和实践的基础上,提出了基于特征表示深度学习的政策精准推送研究框架,从政策文本表示、政策用户画像生成及推送模型构建三个方面阐释了政策精准推送的实现机理和过程。

1. 总体研究方案

首先,扩展政策文本语义,将文本表示划分为特征提取和向量生成两部分工作,通过 BiLSTM-CRF 模型对政策中与政策用户相关的五类实体进行识别,通过 LDA 模型识别政策主题;进而利用 Doc2Vec 模型训练文档向量,生成融合实体和主题特征的政策文本向量。其次,通过构建政策用户画像的方式刻画用户特征,在分析政策用户数据特点的基础上,选取政策用户指标并制定政策用户画像指标体系,然后对用户画像进行建模并向量化,以此得到政策用户特征。最后,明确政策精准推送的实现路径,通过在不同用户特征上进行政策用户聚类,建立政策与用户类群间的联系,减轻推送关系标注工作量,继而基于注意力机制和深度神经网络学习政策与用户特征,实现政策和政策用户间的双向智能匹配。本章以助残政策与残疾人数据为实验对象进行实证研究,以验证所提推送方法的有效性,并实现推送结果的结构化展示。

2. 主要研究内容

本章主要包含以下部分。

第一,阐明了本章的基础背景和研究思路。首先分析了政策精准推送工作提出的背景,从理论和实践两个层面阐述研究意义;其次,通过梳理基于特征表示的文本内容推送研究和政府服务精准化研究,总结前人研究的不足,探索改进思路;最后,从政策文本语义特征表示和用户特征提取的角度出发,确定研究内容,提出研究创新点。根据第 3 章有关政策文本表示的研究内容,通过 BiLSTM-CRF 模型对政策中与政策用户相关的五类实体进行识别,通过 LDA 模型识别政策主题;进而利用 Doc2Vec 模型训练政策向量,生成融合实体和主题特征的政策文本向量。

第二,提出了政策用户特征表示思路。这部分通过构建政策用户画像的方式提取用户特征,在分析政策用户数据特点的基础上,选取政策用户指标并制定政策用户画像指标体系,然后对用户画像进行建模并向量化,以此得到政策用户特征。

第三,研究了政策精准推送的实现路径。通过聚类方法在不同用户特征上进行政策用户聚类,将政策与用户类群建立联系,减轻推送关系标注工作量,继而基于深度神经网络构建精准推送模型,实现政策和政策用户间的双向智能匹配。

第四,进行政策精准推送在具体应用领域的实证研究。依据上文所述研究思路,以助残政策和残疾人数据为研究对象,构建相应的助残政策文本数据集和残疾人数据集,进行相应的助残政策文本表示和残疾人特征提取,并通过推送关系标注生成训练集参与模型训练,最后由验证集检验模型推送的准确率,并选取具体政策和残疾人,对政策-残疾人和残疾人-政策间的推送结果进行呈现。实验表明,本章所提出的政策精准推送策略有效实现了政策和用户的特征表示,并在此基础上实现了智能、准确、双向推送。因此,本章所提出的研究思路能够有效提升政策和政策用户匹配的效率与准确性。

第五,提出不足和展望。从用户画像动态指标构建、政策精准推送策略的载体实现、增加政策和政策用户数据量等方面进行了展望,以期进一步提升助残服务推送的精准性和实用性。在对研究工作进行总结性回顾的同时,指出本章存在的局限性,并据此对后续研究做出指导。

综上,本章依据政策文本和政策用户特征,提出了政策精准推送研究策略与框架,通过深度学习扩展了政策文本语义和政策用户画像的思路与方法,实现了政策和用户间的双向精准推送。本章既是对政府服务理论与应用范畴的拓展与创新,同时也在实践上推进了政府服务的精准化和智能化。

5.3.2 政策文本精准推送研究的方案创新

在总结前人研究的基础上,本章立足于政府服务供给侧结构性改革的大背景,按照文献调研—形成理论—构建模型—实验验证—推进应用的技术路线展开研究,探索了提高政策与公众需求匹配度的方案,以精准推送实现为主线,在政策表示、用户画像及精准推送等方面实现了创新。

考虑到本章框架与方法的复杂性,本章融合了多种研究方法,以深入挖掘政策文本的语义内涵,准确描述政策用户的画像特征,在方案和技术上实现政策文本和政策用户的双向精准推送。

第一,采用文献分析法广泛搜集、整理国内外基于特征表示的文本内容推送、政府服务的内容精准推送等相关领域的研究文献,以文本内容特征挖掘、用户画像以及精准推送为核心,通过内容分析、方法梳理的方式回顾相关研究的理论基础、研究方法,从而全面把握目前政府服务内容精准推送研究的发展动态和前沿,展开本章的研究规划,并结合研究目的和研究内容,寻找对应的理论基础和支撑材料,形成整体的研究思路。

第二,本章采用系统科学法,在理论思路和研究框架明确的基础上,系统分析了面向精准推送的政策文本内容挖掘思路与技术实现方案。针对政策文本语义理解完整性的需求，本章融合文本特征、实体特征和主题分布特征获得更为完整和准确的政策文本特征向量。同时，本章提出了融合自然属性、社会属性和政策相关属性多维度的政策用户画像思路，构建了多层次用户画像模型，保证了政策用户刻画的准确性。最后，本章利用注意力机制在特征权重分配上的优势，基于深度神经网络预测推送标签，实现了政策和政策用户的双向精准推送。

第三，本章采用实验与案例分析法，在政策精准推送的理论与技术研究中，针对智慧助残服务的现实需求，探索了基于深度学习的政策精准推送策略，实现了政策—残疾人和残疾人—政策之间的双向推送结果呈现。实证研究表明，本章所提出的研究思路能有效提升政策和政策用户匹配的效率与准确性。更进一步，本章在实践上优化了助残服务流程，提升了助残服务质量与效果。

本章围绕基于深度学习的政策精准推送这一主线，研究了政策领域内文本语义表示、公众画像指标选取与生成，以及基于深度学习的政策推荐模型等一系列相关技术。本章的主要创新点与贡献如下。

（1）探索了政策用户特征的多维度解读方式。本章讨论了结构化数据下用户画像的基本原理与应用，首次将用户画像直接用于政策用户特征刻画；在实践层面，以残疾人数据为实验对象，对公众画像模型进行了设计和实现，尤其是在画像指标体系选取中从多维度提取用户属性，来保证公众特征向量的表征贴合性。

（2）创新了基于特征表示深度学习的双向推送模型。不同于电商平台、视频内容平台的推荐算法，本章立足于特征提取与表示，将政策和政策用户画像转化为向量表示，利用用户特征聚类简化推送关系标注工作，进而通过特征注意力机制和深度神经网络学习深层特征来预测推送标签，实现政府服务双向精准化、智能化推送，通过实证研究证明了模型的可行性和有效性，拓展了政策文本推送的研究思路。

5.3.3 政策文本精准推送的研究框架

为实现政策与公众需求的双向精准匹配，本章提出了基于深度学习的政策文本精准推送研究框架（图5-1），在第3章基于多维特征融合的政策文本语义增强表示的基础上，首先进行基于多维特征学习的政策用户画像生成，用以描述政策用户的多重属性，提取政策对象特征；其次基于深度学习构建政策精准匹配与推送模型，用以学习政策和用户特征来实现政策和政策对象的双向精准推送。

第5章 政策文本精准推送模型构建与技术实现

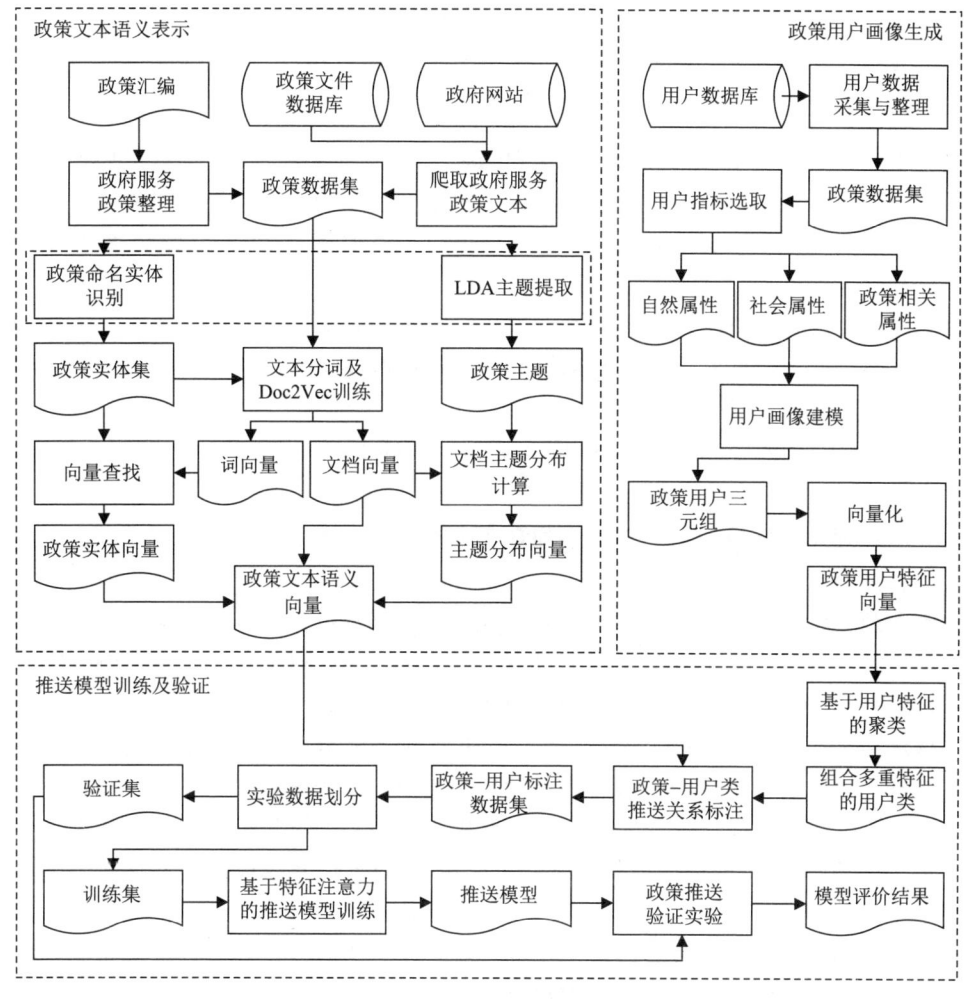

图 5-1 政策文本精准推送研究框架

1. 基于多维特征学习的政策用户画像生成

公众是政策送达的终端,当前推送工作多偏向于从推送项目信息入手,忽略了用户也是推送关系的重要组成成分,不同的政策应匹配相适应特征的人群,这就要求尽可能全面、详细地表征政策用户。同时,政策用户个体或群体情况不同即特征信息不同,与政策中的服务对象形成了对应关系。因此本章尝试在分析政策用户数据特点的基础上,从自然属性、社会属性及政策相关属性三个维度构建政策用户画像指标体系,基于用户画像模型分析实现向量化表示,由此得到政策用户的深层语义特征,并将此作为用户聚类的依据和政策推送模型的输入。

2. 基于特征注意力的政策精准匹配与推送模型构建

政府服务的精准实施既要求政府部门将政策精准地推送至符合条件的公众，同时也能够引导公众准确获取其可享受的政策，这就需要准确把握政策要素和目标对象特征，然后基于特征形成政策与用户之间的双向匹配与推送机制。在实际操作中，考虑到政策文本和政策用户的数据量，本章首先基于用户特征对政策用户进行聚类，然后建立政策与用户类之间的推送关系，进而简化推送关系标注工作；再利用注意力机制和深度神经网络进一步学习政策和用户的多维特征来预测推送关系标签，以此实现政策和用户间的双向精准匹配。

5.4 基于多维特征的政策用户画像生成

用户画像是指根据用户的一系列真实数据，抽象出的标签化用户模型，即用户的特征表示[①]。因其能较为准确地分析和刻画用户属性及行为特征，而被广泛应用于商业运营，如产品营销、广告投放、内容推荐以及根据用户需求研发新产品等都是基于用户画像展开的。这也催生出精准营销[②]的概念，经用户画像筛选出特定目标群体，以此提高营销活动的靶向性。不只是在商业领域，用户画像也被逐渐引入到图书馆[③]等政府服务领域，来有效挖掘用户的个性化需求，为其匹配精准化的服务资源。而在政府服务领域，借助用户画像提高政务服务能力的相关研究也逐步开展，如研究人员构建档案用户画像来精准把握档案信息需求，提高涉企政务档案信息资源服务效率[④]，或构建用户个体及群体画像推动政府信息资源个性化服务[⑤]。

政策精准推送离不开对政策用户的准确定位，为发挥用户画像在刻画用户特征方面具有的优势，本章尝试将用户画像概念引入政策推送研究中，通过构建高度精练、容易理解的用户标签来表征用户，为后续推送工作提供可靠的用户特征向量。在具体操作上，用户画像一般涉及指标体系建立、用户画像模型建立和用

---

① 徐芳, 应洁茹. 国内外用户画像研究综述[J]. 图书馆学研究, 2020, (12): 7-16.

② Chen M Y, Pan L. Least cost precision marketing based on user profiles in social networks[R]. Shanghai: 2018 Third International Conference on Security of Smart Cities, Industrial Control System and Communications, 2018.

③ Jomsri P. FUCL mining technique for book recommender system in library service[J]. Procedia Manufacturing, 2018, 22: 550-557.

④ 蔡盈芳, 李子林, 虞香群. 基于企业用户画像的政务档案信息整合利用模型设计[J]. 档案学研究, 2021, (2): 125-131.

⑤ 毛太田, 蔡婧婷, 张静婕, 等. 融合用户画像的政府信息资源个性化服务模式研究[J]. 图书情报导刊, 2020, 5(11): 44-50, 59.

户画像特征生成三个阶段①，因此本章在结构化处理用户数据的基础上，从自然属性、社会属性和政策相关属性三个维度出发选取指标体系，构建多层次的用户画像模型，以保证所生成的用户画像特征向量对政策用户刻画的准确性。

5.4.1 政策用户画像分析与指标体系构建

指标体系构建是建立用户画像的关键环节②，直接决定了画像对用户特征刻画的全面性与准确性。用户画像首先要明确从什么样的数据中寻找怎样特征的用户，要通过分析梳理政策用户数据，把握政策用户数据的普遍特征，再结合政策目的和用户需求选取指标，构建完备的政策服务用户画像指标体系。

1. 政策用户的画像特征分析

政策用户是政策利益相关方之一，多为政策执行的客体，是政策的服务对象③。在设计用户画像前，需要先对政策用户数据进行分析，把握政策用户总体特征和处理要求，并以此作为用户画像指标选取的重要原则。经分析，政策用户具有以下特点。

（1）异构性。公众数据的采集主体多样，包括公安系统、统计局等多部门，且根据业务需要的不同，不同部门采集的内容及类型结构也有所不同，涵盖数据（类别型、数值型）、文字、图片等。这使得公众数据蕴含的信息更加杂乱、数据清洗过程更为困难。

（2）保密性。《中华人民共和国民法典》规定"自然人的个人信息受法律保护"，公民信息涉及公众隐私，因而在正常情况下不作为对外公开的信息，这加大了政策用户数据的获取难度，也对数据处理过程中的隐私保护提出了要求。

（3）稀疏性。数据内涵的丰富性会根据领域不同而有所区别，以医疗健康、电子商务等应用领域最为显著，其中医疗数据涉及病人诊疗信息、电子商务数据涵盖点击购买记录，这些数据极大地丰富了用户特征。但不同于电商平台可以经由后台交易数据获取用户的行为、需求、偏好型数据，受个人数据收集范围的限制，政策用户数据来源为政府部门登记的人口统计学信息，承载的信息十分有限。

（4）特殊性。因政府服务的社会性和政策的公共性④，政策的对象是一般公众，但又因国家对特殊群体的照顾和倾斜，出台有面向特定公众的政策，如根据年龄区分为针对儿童、青少年及老年人的政策，根据活动能力区分为针对不同类

---

① 乐承毅, 王曦. 基于改进RFM聚类的高校图书馆用户画像研究[J]. 图书馆理论与实践, 2020, (2): 75-79, 93.
② 赵宏田. 用户画像: 方法论与工程化解决方案[M]. 北京: 机械工业出版社, 2020: 1-3.
③ 李燕. 公民政策遵从: 理论基础、形成机制与干预策略[J]. 探索, 2020, (3): 156-169.
④ 王春城, 赵小兰. 公共政策规划中的伦理失范与治理[J]. 国家行政学院学报, 2015, (6): 51-55.

型残疾人的政策，这使得政策用户在一般情形下具有特殊性，因此在对其进行数据处理时需注意特定人群的界定和其数据表征。

针对上述特点，本章将在数据采集工作后加强对用户数据的预处理工作，包括将数据统一为结构化数值型数据并进行匿名化处理，同时针对不同推荐场景，补充领域特征数据，提升用户画像的准确性。

2. 政策用户画像指标体系构建

用户画像构建过程涉及两个核心：数据和组织形式[①]。前者涉及最能说明用户特征或代表用户兴趣和需求的所有相关信息，后者将确定用户画像建模的逻辑结构，即要在纷繁复杂的数据中重构用户信息，将琐碎的数据拼接成整体，需要明确用户画像构建的依据，确定用户画像维度和指标，实现用户画像预期的表征功能[②]。当前，用户画像的指标选取标准不一，根据用户数据字段、用户画像应用需求的不同而有所不同，一般情况下用户画像指标体系常涉及基本信息维度[③]、兴趣维度[④]、社交维度[⑤]、行为维度[⑥]、需求维度[⑦]等，如图书馆公共服务相关研究中，研究人员从基本信息、行为偏好、互动情况、情景属性、活跃度五个维度着手构建高校图书馆用户画像指标体系[⑧]。伴随着用户画像研究的不断推进，研究人员甚至将位置信息[⑨]和日志时间[⑩]等时空维度纳入用户画像模型构建之中。

经上述梳理可知，用户画像可以根据研究领域的特点、研究平台的业务流程以及研究目的，来确定合适的构建维度。有研究者曾尝试建立适用于不同应用程序和所有信息内容的用户画像通用模型，但其并未进行实证研究。而实际应用情

[①] Anter S, Yazidi M H E, Zellou A, et al. Towards a generic model of a user profile[C]//2016 11th International Conference on Intelligent Systems: Theories and Applications, October 19-20, 2016. New York: IEEE, 2016: 1-16.

[②] 赵雅慧, 刘芳霖, 罗琳. 大数据背景下的用户画像研究综述: 知识体系与研究展望[J]. 图书馆学研究, 2019, (24): 13-24.

[③] Liu Q M. Business user portrait modeling and clustering analysis under the background of big data[C]//2021 13th International Conference on Measuring Technology and Mechatronics Automation. New York: IEEE, 2021: 666-669.

[④] Piao G Y, Breslin J G. Inferring user interests in microblogging social networks: a survey[J]. User Modeling and User-Adapted Interaction, 2018, 28: 277-329.

[⑤] 安璐, 周亦文. 恐怖事件情境下微博信息与评论用户的画像及比较[J]. 情报科学, 2020, 38(4): 9-16.

[⑥] Chen Y, Yu Y, Zhang W, et al. Analyzing user behavior history for constructing user profile[R]. Xiamen: 2008 IEEE International Symposium on It in Medicine and Education, 2008.

[⑦] 张海涛, 崔阳, 王丹, 等. 基于概念格的在线健康社区用户画像研究[J]. 情报学报, 2018, 37(9): 912-922.

[⑧] 乐承毅, 王曦. 基于改进RFM聚类的高校图书馆用户画像研究[J]. 图书馆理论与实践, 2020, (2): 75-79, 93.

[⑨] Li H, Kang H Y. Research on user behavior prediction and profiling method based on trajectory information[J]. Automatic Control and Computer Sciences, 2020, 54(5): 456-465.

[⑩] Wang H F, Tu Z Y, Fu Y, et al. Time-aware user profiling from personal service ecosystem[J]. Neural Computing and Applications, 2021, 33: 3597-3619.

况下用户数据差别可能较大，本章将用户基本信息相关和情境相关的维度结合起来，以便更全面地刻画用户特征。

基于上述指标体系构建思路，本章在充分分析政策用户数据特征、考虑政策及用户匹配需求的前提下，设定了一个以静态指标为主的政策用户画像指标体系（图 5-2），主要包括：政策用户的自然属性、社会属性和政策相关属性。自然属性指用户作为自然人从出生开始就具有的特征，主要包括用户 ID（用 ID 代替姓名和身份证号来标识用户可以在一定程度上保护用户隐私）、性别、出生日期、年龄、民族；社会属性指用户作为社会存在所具有的特征，主要包括受教育程度、政治面貌、婚姻状况、户口所在地、居住地等；政策相关属性则是为了描述政策对象的非一般性特征，实现对特定群体的区分和刻画，如收入情况、健康状况、生理特征等。政策相关属性指标的选取需根据政策服务领域进一步明确，以助残政策为例，用户画像构建需考虑用户为何种残疾、残疾为何种等级、有无重大疾病等因素，这就需要通过生理和健康等方面的指标来描述用户特征。

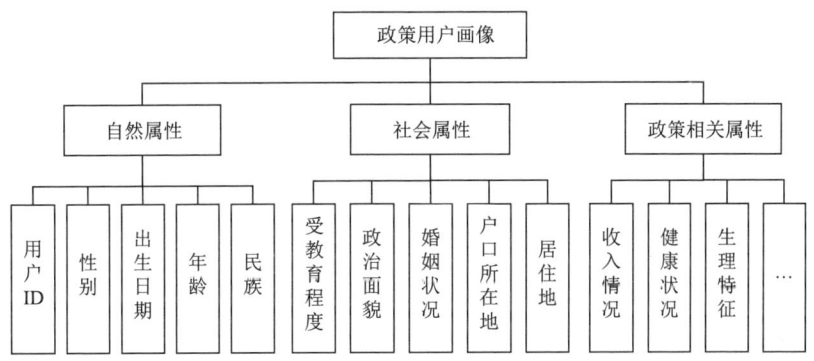

图 5-2　政策用户画像的指标体系结构图

5.4.2　政策用户画像建模与生成

在构建出政策用户画像指标体系后，围绕政策用户的自然属性、社会属性和政策相关属性三个维度及各维度下的标签，构建政策用户画像模型，并生成对应的特征向量。

1. 政策用户画像建模

为提高用户画像与政策用户的贴合度，需要从多个维度出发，全面、准确地表征相关用户。乐承毅和王曦[①]从用户基本信息标签、用户行为偏好标签、用户

---

① 乐承毅, 王曦. 基于改进 RFM 聚类的高校图书馆用户画像研究[J]. 图书馆理论与实践, 2020, (2): 75-79, 93.

互动标签三个维度来构建高校图书馆用户画像；Tang 等[①]从用户信息、用户网络行为、用户通话记录、用户发送数据集四个维度来建模电信用户画像。本章提出的指标为用户的自然属性、社会属性和政策相关属性，因此后文将从这三个维度出发构建政策用户画像，并定义三元组 User=<NaturalInfo，SocialInfo，SpecialInfo>来表示一个政策用户的画像信息。

（1）自然属性向量模型。用户的自然属性向量为 NaturalInfo=<ID，Sex，Birthday，Age，Ethnicity>，其中，ID 为用户的唯一标识符（可将身份证号作为唯一标识符，在隐匿用户真实姓名的同时方便关联查找）；Sex=<男，女>，即性别为男或女；Birthday 为用户出生日期；Age=当前年份−Birthday，是动态更新变量；Ethnicity 表示民族。

（2）社会属性向量模型。用户的社会属性向量为 SocialInfo=<Education，Politics，Marital，Domicile，Residence>，其中，Education 表示政策用户的受教育程度，按人口统计划分标准，Education=<未上过学，扫盲班，小学，初中，高中，中专，大学专科，大学本科，研究生>共 9 类；Politics 表示政治面貌，Politics=<中共党员，中共预备党员，共青团员，民革党员，民盟盟员，民建会员，民进会员，农工党党员，致公党党员，九三学社社员，台盟盟员，无党派人士，群众>共 13 类；Marital 表示婚姻状况，Marital=<未婚，已婚，丧偶，离婚>；Domicile 表示户口所在地；Residence 表示居住地，是用户是否可以享受常住地或户口所在地政策的重要参考指标。

（3）政策相关属性向量模型。为了提高所提出的政策用户画像模型构建的普遍适用性，本章将不同政策领域场景下需要考虑的特殊用户特征单独作为一个维度，方便其他研究人员根据具体政策情况进一步明确和调整该维度下的指标。初步定义政策相关属性向量为 SpecialInfo=<Income，Health，Characteristics，⋯>，其中，Income 为收入情况，Income=<低收入，高收入>，如当所研究政策为具体补助类政策时，可令 Income=<0，1，2，⋯>，0 表示用户非低收入建档人群，1 表示一级低收入，2 表示二级低收入；当所研究政策为个人税收补贴时，可令 Income=<0，1，2，⋯>，0 表示收入小于 5000 元，1 表示收入在 5001~8000 元，2 表示收入在 8001~17 000 元，等等，从而使用户画像能够更好地匹配政策意图。Health 为健康状况，Health=<健康状态，亚健康状态，疾病的前驱状态，疾病状态>，如当研究政策为大病医疗保险补贴及报销政策时，可令 Health=<1，2，⋯>，数值指代各类具体疾病。Characteristics=<健康，残疾>，同样地，如当具体政策

[①] Tang T T, Yin Z Y, Zou Y. A method for telecom user portrait modeling[C]//Proceedings of the 2017 5th International Conference on Frontiers of Manufacturing Science and Measuring Technology. Taiyuan: Atlantis Press, 2017: 1175-1180.

领域为扶残助残时,可进一步细化为一个二元组 Characteristics=<Type,Level>,Type=<1 视力残疾,2 听力残疾,3 言语残疾,4 肢体残疾,5 智力残疾,6 精神残疾,7 多重残疾>来标识残疾类型,Level=<1 极重度,2 重度,3 中度,4 轻度>来标识残疾等级。

2. 政策用户画像生成

政策用户画像生成的本质是对 User 模型的生成,需依次对自然属性(NaturalInfo)、社会属性(SocialInfo)、政策相关属性(SpecialInfo)生成向量,但是由上述模型构建可知,各维度下指标既有字符型也有数值型,这使得无法直接通过数值拼接生成用户画像的特征向量。为解决这一问题,要对字符型和数值型标签同时做向量化处理,与文本向量化思路类似,通过 Word2Vec 模型实现对所有用户标签的向量化处理,然后通过检索各标签对应的向量做拼接或加和平均。针对政策用户的自然属性(Sex,Birthday,Age,Ethnicity),用户 ID 是作为后续推荐的用户唯一标识,此处不将其纳入用户特征;对于用户性别,获得男、女两个词对应的向量;对于出生日期和年龄,既可以直接向量化也可以选择通过 Word2Vec 模型训练得到定长向量;对于民族,提取 56 个民族分别对应的向量,此时用户自然属性对应的用户特征向量即为 $\vec{NaturalInfo} = \frac{1}{4}(\vec{Sex} + \vec{Birthday} + \vec{Age} + \vec{Ethnicity})$。以此类推,$\vec{SocialInfo} = \frac{1}{5}(\vec{Education} + \vec{Politics} + \vec{Marital} + \vec{Domicile} + \vec{Residence})$,$\vec{SpecialInfo} = \frac{1}{x}(\vec{Income} + \vec{Health} + \vec{Characteristics} + \cdots)$($x$ 指政策相关属性子指标个数,根据政策分析情况确定),最终政策用户特征向量即由自然属性、社会属性和政策相关属性的特征向量组成。

5.5 基于特征聚类的政策推送关系标注

文本推送是指通过推荐算法将文本信息主动推送给信息需求方的行为[1],在降低需求方信息搜寻成本的同时提升信息的作用效果,因而被广泛应用于在线新闻和媒体互动平台。常见的推送方法包括传统文本推送(推荐)方法和基于深度学习的文本推送(推荐)方法[2],但传统文本推送方法应用于政策推送时可能存在两个方面的欠缺。一是无法实现双向推送。在实际生活中,公众为享受政府服务需要了解政策信息,政策制定者和执行者为保证政策的落实度及参与度,也需要定位政策目标对象,即"人找政策"和"政策找人"的需求同时存在。现有工

---
[1] 张莉曼, 张向先, 卢恒, 等. 基于需求聚合的学术 APP 用户需求情报推送模型研究[J]. 情报杂志, 2020, 39(7): 126-133.
[2] 黄立威, 江碧涛, 吕守业, 等. 基于深度学习的推荐系统研究综述[J]. 计算机学报, 2018, 41(7): 1619-1647.

作虽然实现了文本推送功能，却忽略了政策主体的信息需求，停留于文本向用户的单向传递。二是推送过程不够精准。无论是基于内容、基于协同过滤还是基于混合的推荐方法，其推送效果与用户行为历史记录都密切相关，当历史数据较少或较为单一时，推送准确率无法得到保障。以基于内容的文本推送方法为例，该方法依靠用户偏好构建用户特征模型，此时用户的特征仅建立在文章内容之上，缺少对用户自身属性的考虑，长期使用会导致推送结果单一[①]。而基于深度学习的方法可以通过灵活调整输入和学习特征来弥补上述缺陷，因此本章提出了一种基于特征聚类的推送关系标注方法，将政策和用户特征同时作为输入，利用注意力机制进一步分配特征权重，最后基于深度神经网络预测推送标签，实现政策和政策用户的双向精准匹配。

通过深度学习的方法进行政策推送，其实现过程可以看作文本分类工作，分别开展基于文本内容的标签化分类和对用户的分类，并做两者之间的匹配[②]。而分类任务离不开类别标注工作，如徐绪堪和周泽聿[③]在微信推文情感分类研究中，就先进行正、中、负三类的人工情感标注。这是因为在分类工作中，分类标签需作为分类模型的输出参与模型训练，因而当文本本身不具有分类标签时，需要先进行分类标签的人工标注。在此思路下，本章先建立政策文本和政策用户之间的推送关系进行推送关系标签标注，再进行推送模型的训练与验证。

5.5.1 面向推送标注的政策用户特征聚类

在政策与用户推送关系的标注中，如果任一政策和任务政策用户之间的推送关系都需要标注，将带来标注工作量过大的问题，即若有 m 条政策、n 个政策用户，则需进行 $m \times n$ 次标注，但从现实情况出发无必要开展如此大工作量的标注。为减轻人工标注负担，陈果和叶潮[④]尝试先聚类筛选出分类中的代表性样本进行人工标注，再总结聚类主题作为分类类目。本章也试图综合类标签标注方法和先聚类后标注的思路，探索基于政策用户特征聚类的推送关系标注方法，以在保证推荐关系标注准确性的同时，降低标注工作量。

上述研究中，政策用户指标体系详细罗列了各项用户特征指标（图 5-2），这

[①] Yang Y, Jang H J, Kim B. A hybrid recommender system for sequential recommendation: combining similarity models with Markov chains[J]. IEEE Access, 2020, 8: 190136-190146.

[②] 喻国明, 曲慧. "信息茧房"的误读与算法推送的必要: 兼论内容分发中社会伦理困境的解决之道[J]. 新疆师范大学学报(哲学社会科学版), 2020, 41(1): 127-133.

[③] 徐绪堪, 周泽聿. 基于多尺度 BiLSTM-CNN 的微信推文的情感分类模型及应用研究[J]. 情报科学, 2021, 39(5): 130-137.

[④] 陈果, 叶潮. 融合半监督学习与主动学习的细分领域新闻分类研究[J]. 数据分析与知识发现, 2022, 6(4): 28-38.

些特征的具体数据共同构成了政策用户向量,此时对用户向量进行聚类,将丢失用户具体特征信息;另外,随着特征维数的增加,聚类结果人工判读难度也随之增大。为保证用户划分的准确性,提升推送关系标签标注质量,本章先根据特征对政策用户进行聚类,并作分类类目的归纳和总结。此时符合某几类用户特征的政策用户可表示为各类集的交集,如图 5-3 中灰色部分表示的用户集合同时满足性别为男、年龄在 20~40 岁、收入在 5000~10 000 元区间、居住地在浙江省的特征条件。

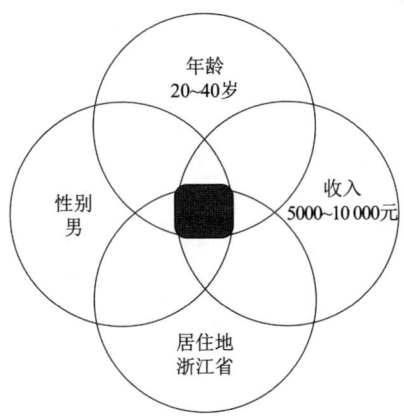

图 5-3 政策用户特征交集

在聚类方法的选择上,本章使用 k-means[①]算法对政策用户聚类,该算法具有简洁易用、收敛速度快的特点。由手肘法[②]确定聚类簇数 k,再随机选取 k 个用户作为初始聚类中心,按式(5-1)和式(5-2)计算政策用户和不同聚类中心的距离:

$$d_{ij} = \sqrt{\sum_{j=1}^{k}(x_i - y_j)^2} \qquad (5\text{-}1)$$

$$c = \operatorname*{argmin}_{j} d_{ij} \qquad (5\text{-}2)$$

根据距离将用户划分到距离最近的簇,其中 x_i 表示第 i 个政策用户,y_j 表示第 j 个聚类中心,c 表示最近的聚类中心;在划分完全部政策用户后,重新计算每簇的聚类中心直至不再变化;最后根据不同特征对用户进行聚类,得到政策用户

[①] Lloyd S. Least squares quantization in PCM[J]. IEEE Transactions on Information Theory, 1982, 28: 129-137.

[②] Strehl A, Ghosh J. Cluster ensembles: a knowledge reuse framework for combining multiple partitions[J]. The Journal of Machine Learning Research, 2003, 3: 583-617.

在不同特征维度下的分类情况。

5.5.2 基于用户聚类的政策推送关系标注

虽然同为分类标注工作，但本章与以往的分类标注工作仍有一定差异，现有的分类研究通常只有一个分类主体，主体下各条数据与类标签建立联系，则最终确认了主体的类别标签 c，可以记为 (x,c)，因而其标注工作量为分类主体下的全部数据。而本章为建立政策和政策用户的双向关联，将政策和政策用户同时作为分类主体，即不是将政策分类到用户类中，也不是将用户分类到政策类中，而是将两者同时作为分类模型输入①，以推送标签 1（是）或 0（否）作为输出，可以记为 (u,v,r)，其中 u 表示政策，v 表示政策用户，r 表示是否为推送关系。

结合上述政策用户聚类，本章提出了基于用户聚类的推送关系标注方法（图 5-4），根据对应政策中标注出的政策对象的特征生成推送关系标签，即遍历一篇政策所对应的政策对象实体，匹配政策对象实体对应的用户特征类，结合各特征类生成用户集合，将该条政策与用户集合中的每位用户建立推送关系，标注为"1"，否则都标注为"0"。至此，本章借助基于用户特征的聚类方法，在保证用户聚类准确性的同时，减轻了标注工作量。

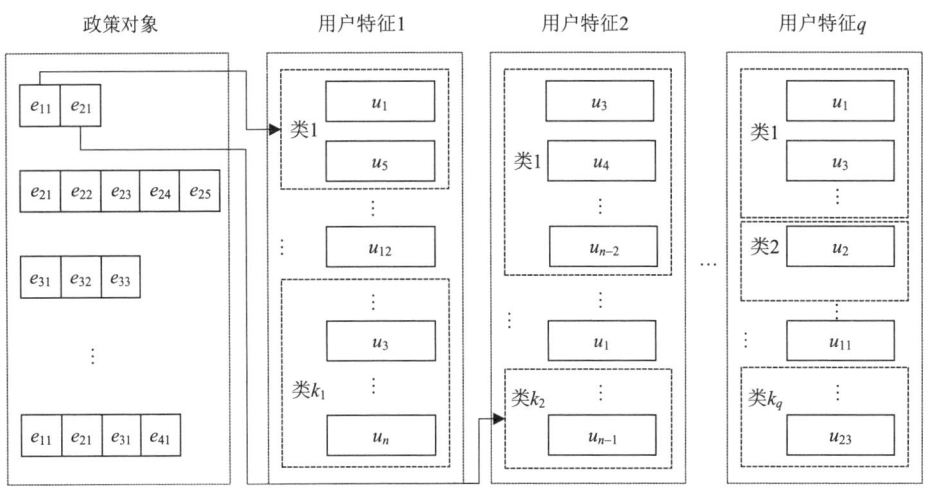

图 5-4 政策及用户推送关系标注

---

① Cai J, Hong X B, Dai Q Y, et al. A user profile based medical recommendation system[C]//Ren J C, Hussain A, Zhao H M, et al. Advances in Brain Inspired Cognitive Systems. Cham: Springer, 2020: 293-301.

5.6 基于特征注意力的政策文本精准推送模型

正如前文提到的，当文本与用户间不具有历史行为记录时，传统推荐方法不再适用于文本推送工作。而伴随着深度学习的兴起，基于深度学习的文本推荐方法日益被研究学者所关注，这是因为神经网络能有效学习特征之间的隐含关系，从而丰富用户和文本语义特征，提高文本推送准确度。

5.6.1 政策文本精准推送模型构建

众所周知，神经网络对所有输入特征"一视同仁"，即便已经在政策中提取出了与政策用户有用的关键信息，这些特征信息对于用户的参考意义也不尽相同，进而对于政策文本表示的重要程度也有所区别，如果仅简单对这些特征向量进行拼接或加和平均，可能会削弱重要特征对推送的正向作用[1]；同时随着特征数目的增加，信息量增大，也会给神经网络训练带来负担。为使神经网络能感知不同特征对推送工作的重要性，本章将注意力机制与其他神经网络模型结合，以实现对文本和用户特征不同程度的处理。

在神经网络选择上，梳理已有文本推送研究可以发现，深度神经网络[2]、CNN[3]、RNN[4]等在文本推送工作中都有着较为广泛的应用，这些神经网络模型被用于学习用户和文本的隐表示，再通过内积、相似度、softmax 等方法计算预测或推荐结果[5]。其中，深度神经网络[6]也被称为多层感知机，具有多个隐藏层，非线性拟合能力强，并可以根据训练规模调整网络深度，因而适用于数据集体量较大的情况，最终本章融合了注意力机制和深度神经网络（ADNN）构建了如图 5-5 所示的政策推送模型。

---

[1] 胡吉明, 付文麟, 钱玮, 等. 融合主题模型和注意力机制的政策文本分类模型[J]. 情报理论与实践, 2021, 44(7): 159-165.

[2] Covington P, Adams J, Sargin E. Deep neural networks for YouTube recommendations[C]//Sen S, Geyer W. Proceedings of the 10th ACM Conference on Recommender Systems. New York: ACM, 2016: 191-198.

[3] Dezfouli P A B, Momtazi S, Dehghan M. Deep neural review text interaction for recommendation systems[J]. Applied Soft Computing, 2021, 100: 106985.

[4] Bansal T, Belanger D, McCallum A. Ask the GRU: multi-task learning for deep text recommendations[C]//Sen S, Geyer W.Proceedings of the 10th ACM Conference on Recommender Systems. New York: ACM, 2016: 107-114.

[5] 黄立威, 江碧涛, 吕守业, 等. 基于深度学习的推荐系统研究综述[J]. 计算机学报, 2018, 41(7): 1619-1647.

[6] Hinton G E, Osindero S, Teh Y W. A fast learning algorithm for deep belief nets[J]. Neural Computation, 2006, 18(7): 1527-1554.

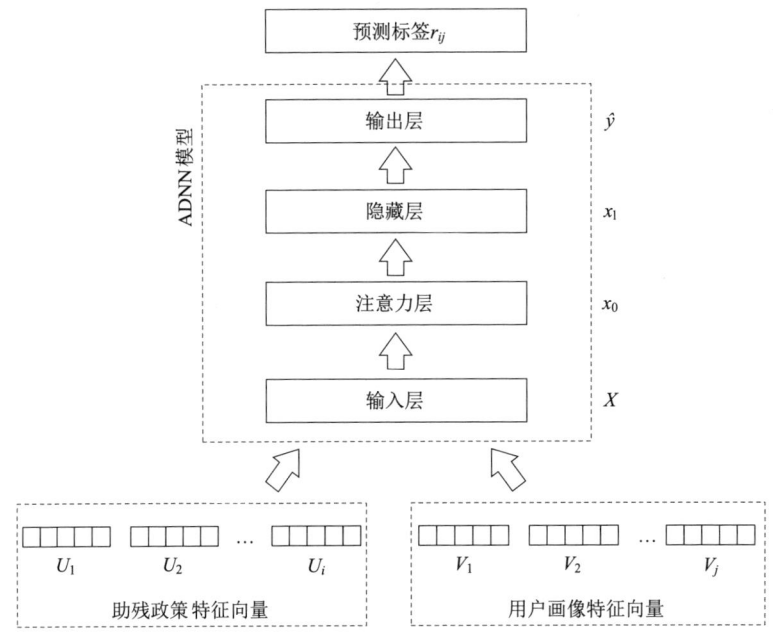

图 5-5 基于深度神经网络的政策推送模型

5.6.2 政策双向精准推送模型计算

为建立起政策和用户之间的双向联系，深度神经网络的输入是政策和用户特征的组合矩阵 X，由式（5-3）给出：

$$X = \left[U_1, U_2, \cdots, U_i, V_1, V_2, \cdots, V_j\right]^{\mathrm{T}} \tag{5-3}$$

其中，U 表示政策的特征向量；V 表示政策用户的特征向量（U、V 通过上述研究获得）。然后将矩阵输入注意力层，对矩阵中每一维特征向量进一步提取特征，式（5-4）中 W 是待学习的权重矩阵。

$$m_k = \tanh\left(W^{\mathrm{T}} h_k + b\right) \ (h_k \in X) \tag{5-4}$$

计算每个特征向量对应的权重 α_i，并对特征向量加权求和结果进行 tanh 激活，从而得到政策最终特征 x_0。

$$\alpha_i = \frac{\exp\left(u^{\mathrm{T}} m_k\right)}{\sum_{k}^{i+j} \exp\left(u^{\mathrm{T}} m_k\right)} \tag{5-5}$$

将 x_0 输入包含 l 个隐藏层的深度神经网络，使用 ReLU 作为激活函数，最后一层隐藏层的输出如式（5-6）所示，x_{l-1} 是第 $l-1$ 层隐藏层的输出，W_l 是隐藏层

l 层的权重，b_l 是 l 层的偏差值。

$$x_l = \text{ReLU}(W_l \times x_{l-1} + b_l) \tag{5-6}$$

最后得到深度神经网络模型的输出，其中 W_{out} 是输出层的权重，b_{out} 是输出层的偏差，通过 softmax 函数计算概率分布得到深度神经网络模型输出 $\hat{r}$，$\hat{r}$ 即为推送关系预测标签。

$$\hat{r} = \text{softmax}(W_{out} \times x_l + b_{out}) \tag{5-7}$$

使用交叉熵损失函数来评估实际标签 r 与预测标签 $\hat{r}$ 之间的差异，以此来反向调整整个神经网络中的权重矩阵，并使用 Adam 算法作为适应性学习优化器，使模型更快收敛。

5.7 政策精准推送实证研究

作为社会的重要组成部分，残疾人是一个基数较大的特殊困难群体，我国约有 8500 万残疾人[①]。残疾人理应享有与所有健全公民一样的权利，只是受限于自身身体情况或缺少信息渠道，部分残疾人尚未能充分共享社会发展成果[②]。如何提高残疾人相关政策及服务接受度，提升残疾人生活保障水平，成为新时代建设和谐社会、体现民生关怀的一项重要而紧迫的工作。这就需要政府部门在已有社会公共服务的基础上，进行一定的政策定向援助，因此助残政策应运而生，而助残服务也成为国家政府服务事业中的重要一环。更进一步，国家和各级残疾人联合会也在积极推行助残政策精准施策[③]，但限于政策文本推送相关研究尚不成熟，助残政策的精准施策较多停留在理论层面，并未形成系统化方案与实施策略，无法切实解决残疾人政策获取不及时、不充分的痛点。

以助残政策为代表的政府服务精准推送研究具有创新意义和实用价值，因此本章将助残政策和残疾人数据作为具体实证研究对象，根据上文所述政策推送方法进行后续实验，验证本章所提方法在政策推送中的可行性和有效性，并探索其在具体助残工作中的应用策略。

5.7.1 实验数据收集与处理

实验数据收集与处理是进行实验验证的基础，只有构建相关数据集，才能进

[①] 易舒冉. 自强不息 同沐暖阳——在中国式现代化进程中促进残疾人事业全面发展[N]. 人民日报, 2025-05-16(4).

[②] 姚进忠. 精准扶贫背景下残疾人社会福利制度困境与调适研究[J]. 中国软科学, 2019, (2): 1-10.

[③] 关于印发《北京市残疾人精准帮扶专项行动计划（2018—2020 年）》的通知. (2018-02-15)[2022-03-10]. http://www.bdpf.org.cn/n1508/n1509/n1510/c68464/content.html.

一步提取数据语义特征并预测推送标签,实现政策和用户的双向推送,实验涉及助残政策内容数据和残疾人用户数据两类基础数据。

1. 助残政策数据采集与处理

残疾人作为社会公民,依法享有同其他公民平等的权利,但受限于自身身体情况或缺少信息渠道,其在政治、经济、文化、社会等方面仍处于弱势地位,是社会保障和政府服务的重点人群[①]。党中央、国务院、中国残疾人联合会及各省区市都在积极开展扶残助残服务。从1988年中国残疾人联合会成立,到同年国务院颁布实施首个残疾人事业发展规划,再到1990年通过《中华人民共和国残疾人保障法》,国家从组织、规划、立法等方面不断完善残疾人事业发展框架,并开始以残疾人联合会组织为依托开展扶残助残工作,残疾人事业由此进入快速发展阶段。但此时,助残公共服务体系尚未形成。为进一步方便残疾人群体获取公共服务,2008年,中共中央、国务院发布了《关于促进残疾人事业发展的意见》[②],为我国残疾人公共服务体系构建明确了发展方向。随后,面向残疾人提供综合服务的中国残疾人服务网也正式开通,并逐步演变为中国残疾人联合会官网,以专门向残疾人传递政策、提供服务。

为维护残疾人合法权益、保障残疾人平等充分地参与社会生活,国家需要通过一定的政策倾斜实现对残疾人群体的保护。习近平总书记在致信祝贺中国残疾人福利基金会成立30周年中强调:"残疾人是一个特殊困难的群体,需要格外关心、格外关注。让广大残疾人安居乐业、衣食无忧,过上幸福美好的生活,是我们党全心全意为人民服务宗旨的重要体现,是我国社会主义制度的必然要求。"[③]社会保障和公共服务体系也是聚焦残疾人提高收入、专项补贴、集中供养等重大民生工程,因此国家出台了多部重要文件和实施方案,形成了较为完整的助残政策体系。助残政策是国家为帮扶残疾人这一特殊困难群体所制定的一系列相关文件的总和,可以说既是政府提供助残服务的指导文件,也是残疾人了解、获取服务的源头。当前,助残政策信息提供与一般政策信息提供略有差异,其中一般政策可以依靠公众主动检索或借助多媒体传播,但助残政策的受众有时不具备视听

---

①国务院办公厅. 国务院办公厅转发中国残联等部门和单位关于加快推进残疾人社会保障体系和服务体系建设指导意见的通知[EB/OL]. (2010-03-12)[2022-01-05]. http://www.gov.cn/zhengce/content/2010/03/12/content_7267.htm.

②中共中央、国务院关于促进残疾人事业发展的意见[EB/OL]. (2008-04-23)[2021-09-18]. http://www.gov.cn/zhuanti/2008-04/23/content_5647659.htm.

③习近平致信祝贺中国残疾人福利基金会成立30周年[EB/OL]. (2014-03-22)[2025-05-19]. https://jhsjk.people.cn/article/24706324.

能力，使得助残工作大多还停留在政策逐级传达[①]、基层残联人工解读并匹配政策对象的阶段，导致了残疾人政策获取被动、政策传递不及时和供需不匹配，以及政府部门耗费时间、工作效率低等问题。这与政府服务智能化和供给侧结构性改革的要求不相符，也阻碍了残疾人公共服务事业的发展。为缓解这一问题，各地尝试对助残政策进行汇编刊发，帮助更多残疾人了解助残政策详细内容，但这又增加了政策送达成本，也对残疾人定位政策适用性提出了要求。

助残政策文件种类齐全，涵盖教育就业、医疗康复、社会保障等诸多领域，为政策推送研究提供了较为权威可靠的数据来源。值得指出的是，政策制定是一个复杂、动态而又漫长的系统过程[②]，需要政策制定者多方商谈、反复论证、评估调整，加上已发布助残政策的时效性，意味着能检索到的助残政策数量比较有限。为保证残疾人助残政策文本的数据体量，本章从多个官方渠道收集扶残助残政策文件，具体来源及数量如表 5-1 所示。

表 5-1 残疾人政策来源（1952 年至 2021 年）

序号	来源	数量/份
1	《北京市残疾人政策汇编（2017 年版）》	203
2	《北京市残疾人政策汇编（2019 年版）》	166
3	中国残疾人联合会	139
4	广东省残疾人联合会	165
5	四川省残疾人联合会	45
6	湖北省残疾人联合会	135
7	湖南省残疾人联合会	10
8	山东省残疾人联合会	11
9	上海市残疾人联合会	13
10	北大法宝	262

（1）来源于汇编文件。来源 1、2 为 2017 年版[③]和 2019 年版[④]《北京市残疾人政策汇编》，经扫描后将每一篇政策单独保存为一个 Word 文件。因两版文件汇总了自 2017 年和 2019 年以前发布的适用于北京市的残疾人政策，因而存在部分政策重复和有差异的情况，进一步合并去重、筛选面向残疾人服务组织和企业的政策后共获取 242 份政策文件。

[①] 陈恩满. 农村政策信息服务状况调查分析[J]. 图书情报工作, 2011, 55(7): 15-18, 49.
[②] 姚嘉. 大连市住房保障政策实施的改进对策研究[D]. 大连: 大连理工大学, 2018: 3.
[③] 北京市残疾人联合会. 北京市残疾人政策汇编[M]. 上下册. 北京: 开明出版社, 2017.
[④] 北京市残疾人联合会. 北京市残疾人政策汇编[M]. 北京: 开明出版社, 2019.

（2）来源于国家和各省市残疾人联合会官方网站。残疾人联合会是连接政府、社会与残疾人的桥梁，行政部门制定的相关政策多经由残疾人联合会印发公布或转发，也是各类残疾人朋友了解政策服务的官方渠道。因此，为收集全国性助残政策文件，本章通过爬虫爬取了中国残疾人联合会网站下信息公开—文件发布模块下的全部政策文件。各省市残疾人联合会是中国残疾人联合会的地方组织，承担着公开地方性助残政策的作用，为进一步扩充政策体量，本章爬取了各省市残疾人联合会官网上的助残政策文件，但受部分省市网站技术限制，同时对助残政策发布较少的省份予以剔除，最后本章从广东、四川、湖北、湖南、山东、上海六省市的残疾人联合会官网获取了379份地方性助残政策。

（3）来源于北大法宝法律数据库。完成对中国残疾人联合会网站数据的收集后，地方性残疾人政策数量仍然不足，考虑到法律政策数据库对政策文件收录较为齐全，涉及的时间跨度和效力级别范围更大，并支持关键词搜索，有利于有针对性地收集面向不同类型残疾人的助残政策。因此，本章利用北大法宝法律数据库先后以"盲""聋哑""听力残疾""肢体残疾""智力残疾""精神残疾"等为关键词，收集了各级效力下1952年至2021年面向残疾人的政策文件262份。

对上述三种来源收集的残疾人政策文件再次进行合并去重，通过程序筛除内容为空或为图片、下载链接的文件，再人工剔除直接作用对象不是残疾人群体的政策和非现行失效政策后，最终用于实验的政策文件为765份。对这765份政策文件进行格式清洗后，按文件名及其Word文档链接存入Excel，方便后续文本表示工作的处理。

2. 残疾人数据收集与处理

根据《中华人民共和国残疾人保障法》规定，残疾人包括视力残疾、听力残疾、言语残疾、肢体残疾、智力残疾、精神残疾、多重残疾和其他残疾的人[①]。为保证精准推送工作的顺利进行，需收集不同类型的残疾人数据，使不同的助残政策得以匹配不同类型的残疾人。

为保证获取的残疾人数据的合理性和合法性，本章残疾人数据来源于与地方残疾人组织的合作，并在收集初期即对数据进行了脱敏处理，以自增长ID作为身份标识，防止个人隐私泄露。在此基础上，对收集到的残疾人数据进行结构化处理，并筛选出支撑用户画像构建的数据。其中残疾人数据最为重要的部分是残疾人的分类与分级，本章依据系统中残疾人评定意见的描述性文字进行类别和级别对应的同时，向有关工作人员寻求帮助，依照国家针对残疾人分类分级相关标

---

① 中华人民共和国残疾人保障法[M]. 北京：中国法制出版社，2008：3.

准①进行验证,最后收集到的残疾人数据字段及描述说明如表 5-2 所示,并以结构化格式存入 Excel 表格,以期为用户画像构建提供依据。

表 5-2 残疾人数据字段及描述说明

字段(中文)	标题名(英文)	类型	说明
用户 ID	IDCARD	字符型	政策用户唯一标识
性别	SEX	数值型	类别型(1~2):1 为男性,2 为女性
出生日期	BIRTH_TIME	字符型	政策用户的出生年月日
年龄	AGE	数值型	年龄=当前年份-出生年份
受教育程度	EDUCATION	数值型	类别型(1~10 级)
婚姻状况	MARITAL	数值型	类别型:未婚、已婚、离婚和丧偶
居住地	RESIDENCE_AREA	字符型	残疾人户口所在地
评定意见	EVALUATE	字符型	相关工作人员就残疾评定发表的意见
残疾类型	DISABLED_TYPE	数值型	类别型(1~7):1 为视力残疾,2 为听力残疾,3 为言语残疾,4 为肢体残疾,5 为智力残疾,6 为精神残疾,7 为听力言语残疾
残疾分级	DISABLED_LEVEL	数值型	类别型(1~4 级):1 为极重度,2 为重度,3 为中度,4 为轻度
视力水平	EYE_LEVEL	数值型	类别型(1~4 级):1 为极重度,2 为重度,3 为中度,4 为轻度
听力水平	EAR_LEVEL	数值型	类别型(1~4 级):1 为极重度,2 为重度,3 为中度,4 为轻度
言语水平	SPEECH_LEVEL	数值型	类别型(1~4 级):1 为极重度,2 为重度,3 为中度,4 为轻度
身体水平	BODY_LEVEL	数值型	类别型(1~4 级):1 为极重度,2 为重度,3 为中度,4 为轻度
智力水平	IQ_LEVEL	数值型	类别型(1~4 级):1 为极重度,2 为重度,3 为中度,4 为轻度
精神水平	MENTAL_LEVEL	数值型	类别型(1~4 级):1 为极重度,2 为重度,3 为中度,4 为轻度
残疾种类	KINDSTR	数值型	数值表示残疾类型,若为多个数值则表明为多重残疾
是否低收入	CJR_POOR_STATE	数值型	类别型:具体不详

---

① 国家质量监督检验检疫总局, 中国国家标准化管理委员会. 残疾人残疾分类和分级: GB/T 26341—2010[S]. 北京: 中国标准出版社, 2011.

5.7.2 助残政策文本语义表示

根据上述的政策文本表示方法，本章将融合文档、实体和主题分布信息来构建助残政策文本向量，在保留助残政策文本整体语义信息的同时增强语义特征。

1. 助残政策实体标注与识别

实体识别是进行助残政策文本语义表示的关键一步，一方面有助于提取助残政策下的专有名词，生成领域词典，提高分词准确性，进而提升文档训练效果；另一方面作为补充信息用以增强助残政策文本语义。

（1）助残政策实体人工标注。根据上述研究的标注思路，本章对助残政策文本中的政策对象、政策举措、申请流程、相关材料、关联政策五类实体进行了人工标注，并选择YEDDA①作为辅助标注工具，因为其具有以下优势：可以根据标注者的需求调整标注粒度，直接输入文本可进行词粒度的标注，在文本各字符间加入空格可进行字粒度标注；灵活选择标注体系，通过人为更改运行代码中的标注模式，能将默认的BMES标注模式改为BIO标注模式；局部自动标注，在一定文本范围内自动标注前文标注过的实体，减轻人工标注工作量；简单易用，通过快捷键控制实体的标注和取消，集成化程度较高。实际标注工作中，本章将各助残政策文本按其在Excel表格中的顺序依次写入txt文件，并在字符间加入空格、在文本间加入分隔符，随后将765份助残政策构成的政策文档输入YEDDA进行标注（图5-6）。

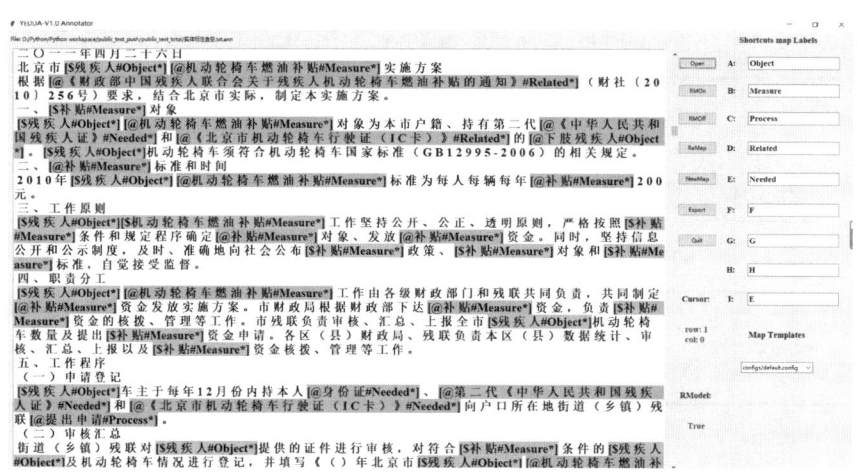

图5-6　YEDDA标注示例

---

①Yang J, Zhang Y, Li L W, et al. YEDDA: a lightweight collaborative text span annotation tool[C]//Liu F, Solorio T. Proceedings of ACL 2018, System Demonstrations. Stroudsburg: ACL, 2018: 31-36.

经人工标注后获得 765 条标注数据集，按照 4∶1 的比例划分训练测试集。助残政策收集时，无论是汇编还是网络数据，已根据政策主题排列，加上检索时会自动聚集相同关键词的政策文本，若按顺序直接将最后 153 条作为测试集，可能存在一个或几个特定主题下的政策被用于测试实验，不利于检验实体识别模型的普遍适用性。因此本章引入了 random 随机数，在 765 条标注文档中随机抽取 153 条作为测试数据集。在划分训练测试集后，五类政策实体的统计数据如表 5-3 所示（表中数据为实体数总计）。

表 5-3 助残政策中五类实体统计

	政策对象	政策举措	申请流程	相关材料	关联政策
数据集（765 条）	26 027	14 464	1 128	1 086	1 012
训练集（612 条）	20 769	11 711	963	846	790
测试集（153 条）	5 258	2 753	165	240	222

可以看出政策对象和政策举措是助残政策中出现最多的实体，这是因为无论是国家层面发布的指导性助残政策还是地方执行类助残政策，都会在政策中反复提及残疾人对象和助残措施。而申请流程、相关材料、关联政策三类实体数量相近，这是因为它们普遍存在于送达残疾人用户的通知类助残政策中，如《关于残疾人专用车辆免费停车有关事项的通知》等。

（2）助残政策实体识别。本章参考使用了标准字符向量集，神经网络模型参数设置参考了前人工作[①]，并根据实际实验情况不断进行参数调整。采用基于 batch 的梯度下降优化超参数，其中 batch 的大小为 300。考虑到本章数据量较小，为防止模型过拟合，使用了 Dropout 率为 0.5 的正则化方法；同时提前停止训练，即在模型训练时设置 validation_split=0.2，将训练集进一步划分为 4∶1 的训练、验证集，绘制验证集误差曲线，当验证集误差不再下降时，提前终止模型训练以避免过拟合，通过实验将迭代次数从原来的 100 减小到 50。具体参数设置如表 5-4 所示。

表 5-4 命名实体识别模型参数设置

参数名称	值
字符向量维度	300
初始学习率	1.0

[①] 王路路，艾山·吾买尔，吐尔根·依布拉音，等. 基于深度神经网络的维吾尔文命名实体识别研究[J]. 中文信息学报, 2019, 33(3): 64-70.

续表

参数名称	值
Dropout	0.5
隐藏层大小	300
迭代次数	50

在进行模型训练后，需通过测试集来检验模型性能，本章使用精确率、召回率和 F 值衡量实体识别效果。其中，精确率衡量的是模型预测识别出的标签中正确的比例，即对已标注了某一实体标签的数据进行统计，将已标注了该标签且正确的实体个数除以所有被机器标注了该标签的实体个数，具体计算公式如下：

$$精确率 P = \frac{识别出正确的实体个数}{机器识别的实体个数} \quad (5-8)$$

召回率衡量了在所有标注标签中被正确识别的比例，即将标注了该标签且正确的实体个数除以人工标注的该标签实体个数。

$$召回率 R = \frac{识别出正确的实体个数}{人工识别的实体个数} \quad (5-9)$$

精确率和召回率是衡量实验结果的重要指标，但两者间存在精确率高时召回率低、召回率高时精确率低的情况，为调和精确率和召回率，实验加入 F 值作为综合评价指标。

$$F = \frac{2 \times 召回率 \times 精确率}{召回率 + 精确率} \quad (5-10)$$

将上述指标应用于验证集，得到如表 5-5 所示的实体识别评价结果。

表 5-5 不同类型实体识别评价结果

实体	精确率	召回率	F 值
政策对象	94.57%	91.61%	93.07%
政策举措	86.68%	84.38%	85.52%
申请流程	51.22%	79.55%	62.31%
相关材料	57.15%	68.58%	62.35%
关联政策	72.35%	71.42%	71.88%
总体	86.83%	85.85%	86.34%

可以观察到，不同实体类别的识别结果存在差异。从 F 值看，政策对象类实体的识别效果最好，较大原因是在助残政策中这类实体的表述较为统一和规范，如"肢体残疾人""盲人"等都是对残疾人的书面或常用表述。申请流程和相关材

料两类实体的识别效果不太理想,这与其实体数量较少、实体长度较长和表述多样有关,如"第二代《中华人民共和国残疾人证》"可以表述为"残疾人证"或"持第二代残疾人证"等,这些都增加了训练和识别的难度,如果提升助残政策文本体量,将能有效提升识别准确度。

为进一步说明命名实体识别的效果,本章进行了模型间的横向对比实验(表5-6),将 BiLSTM-CRF 与中文文本命名实体识别中的常用模型 BiLSTM、HMM、CRF 做比较,通过对比评价指标可知,单纯的 HMM 模型和 BiLSTM 模型的识别效果不佳,CRF 识别效果略好,而 BiLSTM-CRF 的识别效果显著提升,这与其他已有的研究结论一致,即 BiLSTM-CRF 能够显著提高命名实体识别效果。

表 5-6 不同模型识别结果对比

模型	精确率	召回率	F 值
HMM	52.63%	72.97%	61.15%
BiLSTM	83.31%	73.87%	66.35%
CRF	80.72%	85.05%	82.83%
BiLSTM-CRF	86.83%	85.85%	86.34%

(3)助残政策实体集构建。在实现助残政策实体识别后,要构建助残政策文本的命名实体集,这是因为助残政策实体集将在助残政策文本向量生成中发挥重要作用,一是生成领域词典以提高助残政策分词准确性,二是基于命名实体识别工作引入实体类别信息,生成相应的特征向量以扩展文本语义。经过前期命名实体识别工作,本章得到了全部助残政策文本中政策对象、政策举措、申请流程、相关材料、关联政策五类实体,并由正则表达式提取全部实体集作为领域词典,结合 Jieba 分词工具[①]完成对助残政策的分词。与此同时,正则提取各篇政策下的各类实体,形成结构化的助残政策实体信息表(节选见表 5-7)。

表 5-7 助残政策实体信息表(节选)

助残政策	政策对象	政策举措	申请流程	相关材料	关联政策
《北京市扶持残疾人自主创业个体就业暂行办法》	年满16周岁、不满60周岁、残疾人	创业扶持,场地租赁费扶持	书面申请,填写《北京市残疾人自主创业个体就业扶持申请审批表》	《中华人民共和国残疾人证》,残疾人本人的《身份证》、《户籍簿》、《残疾人证》原件及复印件,就业和缴纳社会保险费证明,转移就业证明,场地租赁合同,租赁场地票据	《残疾人就业条例》《北京市残疾人就业保障金管理使用暂行办法》

---

①Sun J Y. Jieba[EB/OL]. (2020-01-20)[2020-08-25]. https://pypi.org/project/jieba/.

续表

助残政策	政策对象	政策举措	申请流程	相关材料	关联政策
《盲人医疗按摩人员从事医疗按摩资格审核规定》	盲人	—	提出审核申请	盲人医疗按摩人员从事医疗按摩资格申请表，身份证原件及复印件，中华人民共和国残疾人证（二代）原件及复印件，盲人医疗按摩专业技术职务证书原件及复印件	《盲人医疗按摩管理办法》
《关于印发〈湖北省第二期特殊教育提升计划（2018—2020年）〉的通知》	残疾儿童，残疾儿童少年	随班就读，送教上门，康复服务，高中阶段免费教育，资助	—	—	《湖北省第二期特殊教育提升计划（2018—2020年）》
《关于印发〈广东省扶残助学工程实施方案〉的通知》	残疾青少年，残疾学生，残疾大学生	扶残助学，资助，两免一补	提出申请，填写《广东省扶残助学工程申请表》	身份证、残疾人证、学生证（或高校录取通知书）、家庭贫困证明，身份证、残疾人证、单科成绩合格有效证明、家庭贫困证明	《广东省扶残助学工程实施方案》
《北京市社会救助实施办法》（节选）	—	—	—	—	—

通过观察表 5-7 可以看出，助残政策实体集构建有利于政策用户更直观地了解政策主要内容，起到类似摘要的作用，从而使政策用户不用阅读全文就能快速知晓政策关联度，并准确定位与自身相关的政策举措等。

2. 助残政策主题提取

借助助残政策实体进行分词后，将各助残政策文本作为 LDA 主题模型的输入，其中主题数设为 10，得到如表 5-8 所示的主题分布。

表 5-8 助残政策主题

主题	主题词（高频词前 10）
1	残疾人、残联、工作、机构、服务、康复、项目、残疾、国家、规定
2	残疾人、残联、工作、服务、盲人、补贴、项目、机构、康复、进行
3	残疾人、工作、残联、服务、康复、通用、国家、机构、开展、社会
4	残疾人、服务、机构、残联、工作、就业、康复、组织、标准、社会
5	残疾人、残联、机构、工作、服务、评估、康复、活动、管理、开展
6	残疾人、服务、机构、就业、工作、提供、社会、规定、康复、发展
7	残疾人、残联、工作、就业、服务、机构、盲人、医疗、提供、人员

续表

主题	主题词（高频词前 10）
8	残疾人、机构、残联、康复、工作、服务、残疾儿童、残疾、家庭、相关
9	残疾人、工作、盲人、按摩、机构、残联、服务、医疗、人员、就业
10	残疾人、工作、残联、康复、项目、服务、机构、人员、教育、就业

观察表 5-8 可以发现各主题下共享主题词较多，主要是因为当数据对象同为助残政策时，文本内容较为接近而使得主题间差异性较小，这也加剧了助残政策主题划分的难度，而本章以政策在主题间的分布来代替政策主题作为特征，能有效避免主题相近时划分主题带来的误差。

3. 助残政策文本向量生成

根据上述政策文本向量生成策略，助残政策文本向量生成包括三个步骤，首先通过 Doc2Vec 模型获取文本整体向量，其次拓展实体特征向量和主题分布向量，最后得到融合文档信息、实体信息和主题信息的助残政策文本向量。

（1）基于 Doc2Vec 的助残政策文本基础向量生成。根据表 5-7 可知，在进行助残政策实体识别后，各助残政策实体作为内容要素被提取出来并以结构化形式直观展示，其中存在一些助残政策无政策对象的情况，如表 5-7 中最后一行，这是由于有些政策虽高频提及残疾人，但其实际政策受众是残疾人服务机构或相关残疾人工作单位，此类政策无法在后续推送工作中与任一残疾人形成对应关系，因而在命名实体识别任务后进行了政策文本的二次筛选，剔除了未将残疾人作为政策对象的 398 份政策，剩余 367 份助残政策。将分词后的 367 份助残政策文本作为训练集输入 Doc2Vec 模型，以此获得助残政策文本的基础向量。具体参数设置包括：采用 PV-DM 模型，即 dm=1；向量维度设置为 200 维，移动窗口为 5，min_count=3；以 1e-5 的负采样方法进行优化，并行线程数设为 4 来加快训练速度，迭代次数为 50（表 5-9）。

表 5-9 助残政策文本基础向量

助残政策	助残政策基础向量（200 维）
《北京市困境家庭服务对象入住社会福利机构补助实施办法》	−2.941 082 239 151 001, 2.271 909 236 907 959, 2.203 500 986 099 243, −1.127 636 671 066 284 2, −3.037 896 394 729 614 3, 0.034 892 417 490 482 33, −0.706 375 360 488 891 6, −0.388 258 337 974 548 34, −0.417 875 140 905 380 25, 1.280 392 765 998 840 3, 0.232 960 492 372 512 82, −2.804 528 236 389 16, −1.081 618 785 858 154 3, −1.747 110 724 449 157 7, −3.849 662 065 505 981 4, −1.323 719 859 123 23, −0.818 890 333 175 659 2, 2.398 884 773 254 394 5, −1.271 551 847 457 885 7, −0.992 882 966 995 239 3, ⋯

续表

助残政策	助残政策基础向量（200 维）
《盲人医疗按摩人员从事医疗按摩资格审核规定》	−1.510 493 993 759 155 3，−0.988 076 806 068 420 4，0.224 100 694 060 325 62，−1.478 793 144 226 074 2，−0.692 748 248 577 117 9，−0.733 892 619 609 832 8，0.375 712 782 144 546 5，−2.111 192 941 665 649 4，−0.264 916 390 180 587 77，1.604 538 559 913 635 3，0.195 847 451 686 859 13，−0.592 363 059 520 721 4，−0.446 746 617 555 618 3，−1.885 699 272 155 761 7，−0.105 713 799 595 832 82，1.218 554 139 137 268，−0.582 319 021 224 975 6，−1.490 725 278 854 370 1，−0.676 142 811 775 207 5，−1.390 614 628 791 809，…

（2）融合实体和主题特征的助残政策文本表示。前文提到实体承载着助残政策文本的重要信息，单独使用文本向量将会导致深层次信息丢失的问题。为生成更为全面的语义表示向量，本章在实验中将助残政策文本信息与助残政策实体信息和主题分布信息相结合，生成融合实体和主题分布特征的助残政策文本表示向量。Doc2Vec 模型在训练时，是以文档和词共同进行向量训练的，因此在获取助残政策文本向量的同时，也获取了助残政策文本下的全部词向量，而助残政策实体作为领域词典保证了分词中实体的完整性，因此可以在训练模型中直接查找政策实体对应的向量（图 5-7）。

```
6606 200
残疾人 -0.07841946 -0.007057295 -0.23628299 0.27804726 -0.10435444 0.6080984 0.4527023 0.39321828 0
4 0.87870884 -0.23139058 -0.21419545 -0.06186443 0.3037987 0.7744359 0.87345165 -0.40573525 -0.1385
933328 0.56489164 0.13816011 0.16677715 -0.06088289 -1.1416777 -0.2120402 -0.6346612 -0.8018786 0.4
工作 -0.46352348 -1.3113014 0.05408512 1.754964 0.69010466 -0.46055913 -0.57487434 0.765181 -0.77063
2023 0.16675122 0.6374601 -0.56550187 -0.8993965 -0.96387345 0.20874876 -1.1428292 -0.3820248 -0.18
8 1.0920299 0.18360595 0.1275359 -0.18704654 -1.092823 -0.21083115 0.60638684 -0.46648958 -0.085224
残联 -0.41333145 1.8669338 -1.8355027 0.23799327 0.3424423 0.2298182 -0.39591515 1.2510726 0.503797
0477 0.1572908 -0.14848782 -0.16653039 0.36510664 -0.822295 -0.2917597 1.0493392 -1.6741514 -0.5138
4 -0.11264736 -0.2546169 -0.59585994 -0.48492166 -0.81249744 0.24038537 0.64377725 -0.44370812 -0.5:
服务 -0.489882 0.87075764 0.5343356 0.30141398 0.19748467 0.1052853 0.88395727 0.3448232 -0.1725025
-0.21126199 0.73512983 -0.5269641 -0.38054734 1.166079 -0.9855511 -0.5320792 -0.0008998081 0.142238
07 -0.14343646 0.922849 -0.5249893 -0.5923279 -1.1982629 0.844721 0.38508505 0.17613693 -0.39954826
机构 0.74197537 1.153008 0.102147005 -0.296851 1.3783696 -0.9127743 0.49596256 1.0348052 -0.5257709
016311834 0.20902202 -0.5518563 1.4825754 -0.17543644 0.042964574 0.76577413 0.052820988 -0.61590:
3138 1.8154049 -1.6819111 -1.4127625 0.12816057 1.0910915 -0.10622644 -2.1550741 0.5871962 -0.40965
康复 -0.022678874 -0.040689394 0.59461933 -1.6605933 1.0316657 -0.36442426 0.3928286 -0.6615919 0.6
78411865 -0.60842484 -0.3962961 2.133418 -0.17119856 0.7337655 0.04697284 0.4020553 0.022086227 -1
0.62960505 -0.057424527 0.60011965 1.2354475 -1.2826368 0.7272707 0.72539306 0.17279024 -0.5945082
就业 0.83356076 -0.064432144 -0.7066164 0.05013296 0.30430096 -1.2145653 0.94822705 -0.28109807 0.4:
9 1.5379069 0.42920375 1.5447353 -1.5396427 -1.8432217 -0.06513901 1.8036727 0.11769216 0.6059528 1
5061471 -1.0110399 0.015752072 -0.46682385 0.38578948 2.2302654 0.15123087 1.1148596 0.50890076 -1
```

图 5-7　助残政策词向量

需要说明的是，助残政策文本中申请流程、相关材料、关联政策三类实体表述较长且格式不统一，影响了分词和向量化工作的效果，为避免其影响文本表示

第 5 章 政策文本精准推送模型构建与技术实现

的准确性,未将这三类实体信息加入政策文本表示。以表 5-9 中第一行的《北京市困境家庭服务对象入住社会福利机构补助实施办法》(简称《办法》)为例,记该政策的文本向量为 $\vec{d}$,政策对象实体集为 $e_1=\{w_{11},w_{12},\cdots\}$(共有 n_1 个实体),政策举措实体集 $e_2=\{w_{21},w_{22},\cdots\}$(共有 n_2 个实体),等等。随后在训练好的 Doc2Vec 模型中查询实体对应的词向量,将助残政策每一类实体下的各实体向量进行加和平均,得到各类别助残政策实体的向量化表达,则《办法》一文的政策对象实体信息为 $\vec{e_1} = \frac{1}{n_1}\left(\vec{w_{11}}+\vec{w_{12}}+\cdots\right)$,政策举措实体信息为 $\vec{e_2} = \frac{1}{n_2}\left(\vec{w_{21}}+\vec{w_{22}}+\cdots\right)$。

与此同时,助残政策文档和词向量将进一步参与主题分布向量的生成。依赖主题下的高频词及各单词权重计算出主题向量,然后查找助残政策文档向量,计算政策文档和 10 个主题间的距离,得到助残政策的主题分布情况。例如,《办法》一文处理后的政策-主题分布特征为[0.041 495 53, 0.041 462 25, 0.041 562 22, **0.042 029 53**, 0.041 558 30, **0.042 306 44**, 0.041 633 83, **0.042 066 48**, 0.041 355 82, 0.041 043 91],其中加粗的数据代表政策文本与主题 4、6、8 距离更近,即该政策文本内容虽与 10 个主题距离均较远,但更符合这三个主题。为证明政策-主题分布特征具有的优势,本章实验还利用 LDA 模型直接获取了其训练得到的政策-主题列表[(3, 0.980 538 1), (7, 0.018 679 045)],LDA 模型计算结果显示该政策更符合主题 3、7,且符合主题 3 的概率为 0.98,这在主题间差异性极小的情况下不具有可解释性,而本章计算出的政策-主题分布不仅能直观反映出其与各主题的契合度,还能反映出政策与所有主题的距离。然后本章将主题分布特征映射到高维空间,得到与其他特征维度一致的主题分布向量 $\vec{t}$。

本章将所有助残政策特征组合成特征矩阵 $X = \left[\vec{d}, \vec{e_1}, \vec{e_2}, \vec{t}\right]^T$,同时通过拼接 $\vec{d'} = \left(\vec{d}, \vec{e_1}, \vec{e_2}, \vec{t}\right)$ 或加和平均 $\vec{d'} = \frac{1}{4}\left(\vec{d}+\vec{e_1}+\vec{e_2}+\vec{t}\right)$ 得到其他形式的文本表示,以此作为对比实验的输入。

5.7.3 残疾人用户画像结果呈现

通过上述的助残政策用户画像设计方法,对收集到的 2000 条残疾人用户数据进行画像构建,并以此生成残疾人用户特征向量。

1. 残疾人用户画像指标选取

根据残疾人用户数据的实际情况,在图 5-2 提到的助残政策用户画像的指标体系结构图的基础上进行调整,得到如图 5-8 所示的残疾人用户画像指标体系结构图。其中，自然属性、社会属性的指标构成与通用模型相似，根据收集到的残疾人数据字段分布在残疾属性中增加了评定意见这一指标。

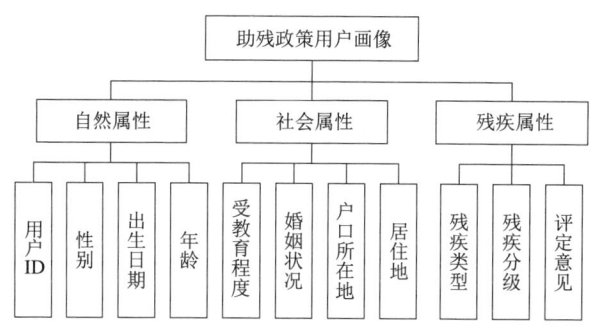

图 5-8 助残政策用户画像指标体系结构图

在本章实验中，用户 ID 从身份证编号被替换为递增序列以保护用户隐私，同时年龄是动态更新变量，具体值为当前年份-出生年份。还需要说明的是，在表 5-2 字段中还包括各残疾人用户的视力、听力、言语、肢体、智力、精神残疾类型，以及体现多重残疾的残疾种类，该部分与残疾类型重合，为避免不必要的数据冗余，本章进行了如下处理：首先是对多重残疾人数据进行拆分，参照视力、听力、言语、肢体、智力、精神残疾六类具体残疾类型字段，一一生成每位多重残疾人的各残疾类型和残疾分级数据，并将其并入对应的六类残疾类型，从而将残疾情况下的指标简化为残疾类型、残疾分级和评定意见。另外，因为当前并无具体针对多重残疾人的助残政策，进行残疾类型的拆分也方便多重残疾人享受相应残疾类型的助残服务。

2. 残疾人用户特征向量化表示

根据 5.4 节中的定义，本章采用三元组 User=<NaturalInfo，SocialInfo，DisabledInfo>来表示一个助残政策用户的画像信息，并将其应用于助残政策用户特征向量生成。其中，自然属性向量模型为 NaturalInfo=<ID，Sex，Birthday，Age>，社会属性向量模型为 SocialInfo=<Education，Marital，Domicile，Residence>，残疾属性向量模型为 DisabledInfo=<Type，Level，Evaluate>。但通过对本章收集的助残政策内容进行分析（参考表 5-7 政策对象列），发现助残政策只关注上述三个模型下的受助者年龄所属年龄段和残疾类型、残疾分级三个指标，考虑到自然属性向量模型和社会属性向量模型中的多数指标不是影响助残政策推送的因素，在用户体量较小时增加信息维度会降低向量表达的准确度，同时为减轻工作量，本章舍弃部分对助残政策推送影响较小的指标（当用户体量较大时更推荐使用打分法在三个向量模型及其构成指标上增加权重），只针对年龄、残疾类型和残疾分级来生成残疾人用户特征向量。

随后将三类指标抽取出来，通过 Word2Vec 模型进行向量训练，模型参数设置与 Doc2Vec 保持一致，向量维度设置为 200，移动窗口为 5，min_count=3，以 1e-5 的负采样方法进行优化，算法上选择 Skip-Gram 算法。在得到各指标向量后，对向量进行矩阵化或加和或拼接，得到不同形式的用户特征向量（表 5-10）。

表 5-10 残疾人用户向量化示例

属性	值
ID	sfz0005
Age	33
Type	1（视力残疾）
Level	1（极重度）
向量（特征矩阵 3×200 维）	[[1.468 364 238 739 013 7, 0.993 503 630 161 285 4, −0.779 046 297 073 364 3, −1.215 884 804 725 647, −0.984 310 269 355 773 9, −1.760 614 514 350 891 1, −0.324 363 023 042 678 83, 0.622 526 049 613 952 6, 0.853 044 390 678 405 8, −0.481 472 223 997 116 1, −1.209 236 860 275 268 6, −0.508 108 556 270 599 4, 0.969 997 525 215 148 9, 0.161 123 290 657 997 13, −0.005 565 165 076 404 81, ⋯, −0.717 903 375 625 610 4, 0.755 549 907 684 326 2, 2.011 290 550 231 933 6, 1.321 656 465 530 395 5, −0.336 182 415 485 382 1, −0.932 319 939 136 505 1, 0.950 399 756 431 579 6, 2.423 110 246 658 325, 0.790 091 454 982 757 6, 0.142 847 970 128 059 4], [0.400 741 279 125 213 6, 0.428 269 118 070 602 4, −0.051 146 078 854 799 27, −1.759 694 337 844 848 6, 1.039 729 237 556 457 5, −0.758 596 658 706 665, −0.531 586 527 824 401 9, 0.069 743 670 523 166 66, −0.934 319 078 922 271 7, 0.691 164 553 165 435 8, −0.730 579 793 453 216 6, −0.172 242 149 710 655 2, 0.337 678 998 708 725, −0.160 536 557 435 989 38, 0.384 645 074 605 941 8, 1.085 654 258 728 027 3, ⋯, −0.480 741 441 249 847 4, 1.021 961 808 204 650 9, −0.504 037 141 799 926 8, 0.889 866 292 476 654, 1.115 128 517 150 879, 0.702 539 026 737 213 1, 0.337 318 211 793 899 54, 0.621 560 275 554 657, −0.393 165 767 192 840 6, 0.019 275 128 841 400 146], [−0.001 274 066 744 372 248 6, −0.001 484 409 207 478 165 6, 0.002 217 333 065 345 883 4, 0.001 502 446 364 611 387 3, 0.001 195 127 260 871 231 6, 0.000 905 481 108 929 961 9, 0.002 457 314 403 727 650 6, 8.461 860 852 548 853e−05, −0.001 839 593 867 771 327 5, 0.001 504 175 597 801 804 5, 0.001 658 652 094 192 803, 0.002 124 393 358 826 637 3, 0.000 767 539 779 189 974 1, −0.000 848 082 650 918 513 5, ⋯, −3.050 652 776 437 346e−05, 0.001 687 005 977 146 327 5, 0.002 359 500 620 514 154 4, 0.001 095 941 639 505 326 7, 0.000 366 369 844 414 293 77, 0.001 373 639 679 513 871 7, −0.002 480 565 104 633 569 7, −0.000 170 862 069 353 461 27]]

续表

属性	值
向量（加和 200维）	0.000 184 624 819 667 078 55, 0.000 885 740 213 561 803 1, 0.001 368 369 325 064 122 7, 0.000 603 278 574 999 421 8, −0.000 172 424 130 141 735 08, 0.000 213 123 392 313 718 8, 0.000 479 515 962 069 854 14, −0.000 389 885 855 838 656 4, −0.000 323 858 257 615 938 8, 8.479 544 339 934 364e−05, 0.001 023 838 063 701 987 3, 0.000 151 670 465 129 427 6, 0.000 856 886 326 801 031 8, 0.000 126 936 356 537 044 05, 0.000 627 797 388 006 001 7, −0.000 408 855 819 841 846 8, −0.001 379 278 139 211 237 4, −0.000 854 625 832 289 457 3, −0.000 539 846 078 027 039 8, 0.001 015 571 411 699 056 6, 8.023 673 581 192 27e−05, −0.000 732 815 300 580 114 1, …, −4.712 957 888 841 629e−06, −0.001 247 216 598 130 762 6, 0.000 690 015 032 887 458 8, 0.000 301 541 847 875 341 8, −0.000 900 637 649 465 352 3, −0.000 759 194 372 221 827 5, −0.001 240 471 960 045 397 3, −0.001 645 789 016 038 179 4, 0.000 329 062 313 539 907 34, 0.000 603 529 682 848 602 5
向量（拼接 600维）	0.000 251 741 905 231 028 8, −0.001 304 896 548 390 388 5, 0.001 488 812 034 949 660 3, −8.596 435 509 389 266e−05, 0.001 868 328 778 073 191 6, 0.001 731 829 484 924 674, 0.001 119 392 691 180 11, −0.001 234 641 065 821 051 6, −0.001 694 916 747 510 433 2, −0.001 215 459 895 320 236 7, 0.000 689 811 189 658 939 8, 0.000 175 895 940 628 834 07, −0.001 418 215 571 902 692 3, −0.001 015 534 508 042 037 5, 0.001 877 041 417 174 041 3, −0.000 365 438 638 255 000 1, −0.002 217 987 552 285 194 4, −0.001 961 616 566 404 700 3, −0.000 850 674 870 889 633 9, 0.001 527 821 063 064 038 8, −0.000 508 371 565 956 622 4, −0.000 975 179 311 353 713 3, …, −0.002 000 507 665 798 068, −0.000 770 942 715 462 297 2, 0.001 171 827 083 453 536, 0.000 825 518 276 542 425 2, −0.001 588 433 166 034 519 7, −0.000 262 321 089 394 390 6, 0.000 193 875 428 522 005 68, −0.002 422 796 096 652 746, −0.001 711 111 282 929 778, −0.001 669 641 700 573 265 6, −0.001 425 804 453 901 946 5, 0.001 972 629 688 680 172, 0.001 943 045 062 944 293

5.7.4 助残政策精准推送实现

在实现助残政策文本和残疾人画像的向量化后，就需要进一步对助残政策推送进行实证研究。本章首先需要构建残疾人和助残政策间的推送关系标签，然后通过深度神经网络进行训练和验证，实现助残政策的精准推荐。

1. 推送关系构建

在进行助残政策推送前，需要先构建助残政策和残疾人用户之间的推送关系，但正如前文提到的，助残政策文本（765条）、残疾人数据（2000条）的数据体量较小，想要建立两两间联系将面临765×2000条待标注数据，这无疑将极大地增加人工标注负担，为解决这一问题，本章将5.5节所提出的方法应用于实验，以证明该方法能有效减轻工作量并保证效果。

（1）残疾人用户聚类。在具体操作中，按残疾人残疾类型、残疾分级、年龄三种用户特征依次进行聚类，先通过组内误差平方和（sum of squared error，SSE）

（拐点法）确定聚类数，然后使用 k-means 算法聚类并用 TSNE（t-distributed stochastic neighbor embedding，t-分布随机邻居嵌入）实现降维绘制聚类结果，如图 5-9 所示。

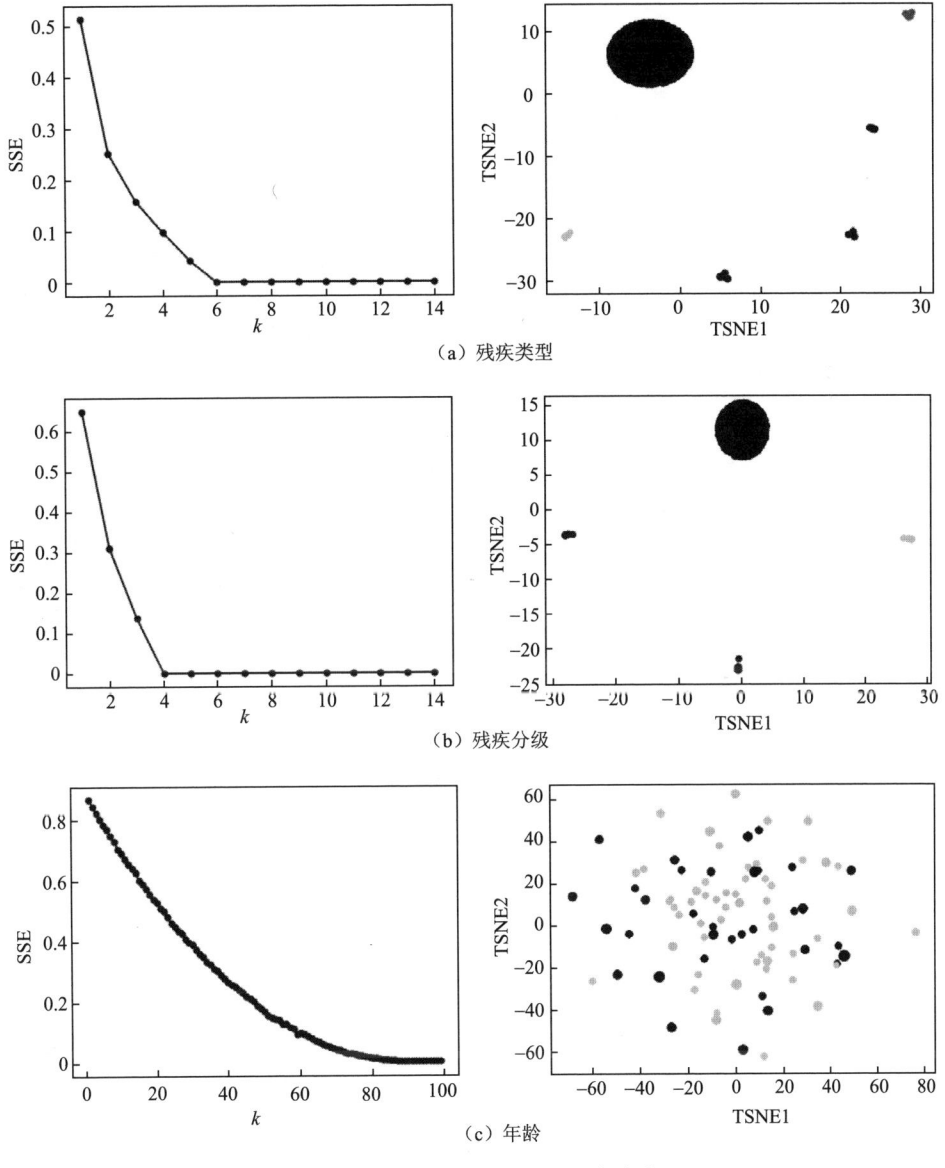

图 5-9　基于残疾人特征的用户聚类

图 5-9 显示，当以残疾人的残疾类型和残疾分级为条件进行聚类时，拐点法确定的聚类簇数最佳为 6 和 4，与实际残疾类型数（6）、残疾分级数（4）一致，

这是由于在用户特征向量化过程中，具有相同特征的用户将拥有相同的向量，从而在聚类中表现出显著的聚集现象。另外，按年龄进行聚类时，组内误差平方和在 k=100 以内都未出现拐点，聚类图也未显示出明显的聚集现象，这说明无法依照年龄对残疾人数据进行类别划分。但根据助残政策中的政策实体标注情况（表 5-7 列 2）可知，助残政策对政策对象有年龄要求，通过人工分析整理政策对象特征，将残疾人年龄粗略地划分为五个年龄段：不满 16 周岁（少年儿童）、16~18 周岁（高中生、残疾考生）、18~23 周岁（大学生）、16~59 周岁（成年人、法定劳动年龄）、大于 60 周岁（退休阶段、老年人）。

至此，实验生成三份特征类别文件，其下包括六类残疾类型的结构化表格（视力残疾人子表、听力残疾人子表、言语残疾人子表、肢体残疾人子表、智力残疾人子表、精神残疾人子表）、四类残疾分级的结构化表格（极重度子表、重度子表、中度子表、轻度子表）和五类年龄段的结构化表格（<16 子表、16~18 子表、18~23 子表、16~59 子表、>60 子表），每个特征下的每类表格中都存储着符合该类条件的残疾人数据。

（2）助残政策与残疾人匹配标注。在得到残疾人聚类结果后，本章将助残政策对象实体作为参照，通过取交集或并集的方式获得当前政策与残疾人用户类的匹配对应关系。本章以《邢台市人民政府办公室转发关于开展智力和精神残疾人托养服务工作实施意见（试行）的通知》为例，其政策对象经标注和统一化处理后为"精神、智力、16~59"，将精神残疾人表和智力残疾人表取并集再与 16~59 年龄段表取交集，得到符合"精神、智力、16~59"条件的残疾人集合，该集合中的残疾人与该政策匹配标签为 1，非该集合中的残疾人与该政策匹配标签为 0，进而通过代码循环实现助残政策和残疾人间推送关系的标注。需要指出的是，在这一步骤中，因 765 份助残政策文本中有 398 份未涉及具体政策对象实体，无法与用户形成对应关系，最终推送关系标注数据共计 367×2000 条，其标注形式如表 5-11 所示。

表 5-11　助残政策推送关系表

Policy_id（政策编号）	policy（政策）	User_id（用户编号）	user（用户）	label（类别）
333	中华人民共和国残疾人保障法	0	sfz1442	1
333	中华人民共和国残疾人保障法	1	sfz1602	1
333	中华人民共和国残疾人保障法	2	sfz1064	1
……	……	……	……	……
333	中华人民共和国残疾人保障法	1999	sfz1261	1
……	……	……	……	……

续表

Policy_id （政策编号）	policy（政策）	User_id （用户编号）	user （用户）	label （类别）
69	合肥市残疾人联合会关于实施彩票公益金《贫困肢体残疾儿童免费矫治手术项目》的通知	232	sfz0156	1
……	……	……	……	……
69	合肥市残疾人联合会关于实施彩票公益金《贫困肢体残疾儿童免费矫治手术项目》的通知	1999	sfz1261	0

2. 推送模型训练与验证

得到推送关系表后，还需要将政策和用户与其各自的特征向量对应起来，才能作为模型的输入数据。对此参考数据库中表连接的思路，依据 Policy_id、User_id 两个主键将助残政策向量表、残疾人用户表和助残政策推送关系表进行三表连接，得到模型的输入向量——助残政策向量和残疾人用户向量，以及模型的输出——推送关系标签。同时，考虑到前期收集助残政策文件时，根据关键词搜索得到的政策文本在政策序列中的位置较为集中，可能对模型训练验证产生影响，故本章通过 shuffle 方法对 734 000 条助残推送标注序列进行随机排序，再以 4∶1 划分训练验证集，得到 587 200 条训练集和 146 800 条验证集，以此进行推送模型的训练和验证。

本章深度神经网络模型的参数设置参考了相关研究工作[①]，并根据实际实验情况进行了参数调整。深度神经网络模型隐藏层深度为 3，当深度超过 3 时，收益减小且收敛难度增加；深度神经网络的宽度逐层减半，第一层为 64，第二层为 32，并使用 ReLU 作为激活函数。本章为避免过拟合将迭代次数设置为 3（epochs=4 时，基础向量间准确率即达到 99.61%），使用交叉熵损失函数来评估实际标签与预测标签间的差异，使用 Adam 算法进行模型优化。随后，本章通过改变输入向量的组合方式，在验证集上根据式（5-11）计算助残政策推送模型的推送准确率，得到如表 5-12 所示的结果。

$$Acc = \frac{\text{被正确划分为推荐的样本数} + \text{被正确划分为不推荐的样本数}}{\text{所有样本数}} \quad (5-11)$$

[①] Covington P, Adams J, Sargin E. Deep neural networks for YouTube recommendations[C]//Sen S, Geyer W. Proceedings of the 10th ACM Conference on Recommender Systems. New York: ACM, 2016: 191-198.

表 5-12　助残政策推送模型推送准确率

准确率	用户向量（加和平均200维）	用户向量（拼接600维）
向量（200维）	92.67%	93.08%
向量+实体（200维）	93.27%	93.57%
向量+实体+主题（200维）	93.52%	94.12%
向量_实体（600维）	93.51%	93.73%
向量_实体_主题（800维）	94.00%	94.82%
特征矩阵（7×200维）+特征注意	96.63%	

表 5-12 中的用户向量表示与 5.7.3 节表述一致，由年龄、残疾类型和残疾分级三个用户特征经加和平均与拼接的方式得到 200 维与 600 维用户向量。而助残政策表示则是在 Doc2Vec 生成文档向量和词向量的基础上，经 5.2 节所述方法，通过加和或拼接的方式加入了政策对象、政策举措的实体信息及主题分布信息，生成不同维度下的政策文本向量，并直接输入深度神经网络模型用以预测推送标签。与此同时，本章在不使用加和和拼接的情况下，生成 7×200 维的政策和用户特征矩阵，经注意力层生成关注权重，再经深度神经网络预测推送标签。

最终，组合不同特征的向量输入结果显示，在助残政策为基础向量表示时，推送关系标签预测准确率就已经达到了 92.67%和 93.08%，随着助残政策文本语义丰富度的提升，即助残政策向量中实体、主题分布信息的加入，推送准确率也随之增加，其中实体信息的加入比主题分布信息的加入更能促进准确率的提升，这可能是因为设计的实体承载着面向用户的关键信息，而主题分布在助残这一细分领域下增添的信息量有限，最终在拼接实体和主题分布信息时，推送模型准确率达到对比组最高，分别为 94.00%和 94.82%。

同时表 5-12 显示，通过拼接向量的文本表示方法略优于向量加和平均的方法，但基于特征注意力的方法比拼接或加和平均全部特征的最好结果还要高出 1.81 个百分点，这是因为其能够捕获对政策推送有正向作用的重要特征，为其分配较高的权重，从而提高推送标签预测的准确性。

至此，该实证结果表明本章通过融合实体和主题信息构造助残政策文本语义特征、借助用户画像提取残疾人政策用户特征，进而基于特征注意力和深度神经网络构建助残政策双向推送模型的思路具有可行性和有效性。

为进一步完善双向智能推送的应用功能，本章在通过推送模型完成推送标签自动标注的基础上，抽取符合推送关系的助残政策实体信息和用户特征，形成更为直观的政策推送结构化表格，在方便残疾人用户了解助残政策大意的同时，方便政策发布方提供更为精准的政策服务，具体如表 5-13 和表 5-14 所示。

第 5 章 政策文本精准推送模型构建与技术实现

表 5-13 助残政策推送结果（政策-用户向）

助残政策	政策名	《严重精神障碍患者监护人申领看护管理补贴的暂行办法》实施细则
	政策对象	严重精神障碍患者
	服务内容	看护管理补贴
	申请流程	填写《领取年度看护管理补贴的申请》，阅读看护管理责任，签字确认
	相关材料	1.本人及患者身份证件原件及复印件； 2.居民户口簿、结婚证（已婚者提供）原件及复印件； 3.本地居住的证明材料（如房产证、房屋租赁合同）原件及复印件； 4.接受属地社区严重精神障碍管理治疗服务的证明（联系社区精防医生提供）； 5.残疾证原件及复印件（有残疾证者）
	关联政策	《严重精神障碍患者监护人申领看护管理补贴的暂行办法》
推送对象		sfz1912，sfz0778，sfz0198，sfz0484，sfz0298，sfz0501，sfz1857，sfz1412，sfz0340，sfz0422，sfz1531，sfz1490，sfz1134，sfz0055，sfz0955，sfz0219，sfz0342，sfz0635，sfz0431，sfz1745，sfz1986，sfz1523，sfz1037，sfz1277，sfz1358，sfz0734，sfz1155，sfz0785，sfz0795，sfz1349，sfz0587，sfz1563，sfz1920，sfz1400，sfz1052，sfz0598，sfz1783，sfz1937，sfz0395，sfz0426，sfz1584，sfz1517，sfz1065，sfz1099，sfz0200，sfz1850，sfz1248，sfz0708，sfz0481，sfz1069，sfz0374，sfz0471，sfz0189，sfz1938，sfz0137，sfz0737，sfz0609，sfz1744，sfz0496，sfz1484，sfz0287，sfz1548，sfz0537，sfz0093，sfz0557，sfz1908，sfz0505，sfz1195，sfz0142，sfz1335，sfz1611，sfz1351，sfz1446，sfz1861，sfz0577，sfz0303，sfz0573，sfz1279，sfz1974，sfz0953，sfz0569，sfz1398，sfz0446，sfz1865，sfz0375，sfz0440，sfz1872，sfz1526，sfz1275，sfz1715，sfz0063，sfz1123，sfz1503，sfz1676，sfz0500，sfz0079，sfz0390

表 5-14 助残政策推送结果（用户-政策向）

残疾人用户	ID	年龄	残疾类型	残疾分级
	sfz1912	49	6（精神残疾）	1（极重度）
推送政策	关于印发《严重精神障碍患者监护人申领看护管理补贴的暂行办法》的通知			
	《严重精神障碍患者监护人申领看护管理补贴的暂行办法》实施细则			
	关于北京市 173 家 A 级旅游景区全部对残疾人免收门票的通知			
	关于印发《16—59 周岁无工作重残人居家养老（助残）券发放范围（暂行）》的通知			
	关于进一步规范发放 16—59 周岁无工作重残人居家助残服务补贴有关问题的通知			
	中国残联办公厅关于全面开展残疾人证"跨省通办"工作的通知			
	民政部 国家卫生健康委 中国残联关于印发《精神障碍社区康复服务工作规范》的通知			
	民政部 财政部 中国残联关于建立困难残疾人生活补贴和重度残疾人护理补贴标准动态调整机制的指导意见			
	关于加快推进第三代残疾人证（智能化）换发工作的通知			
	关于对《残疾人托养服务基本规范——就业年龄段智力、精神及重度肢体残疾人》国家标准征求意见的函			
	国家医保局 财政部关于扩大长期护理保险制度试点的指导意见			

续表

推送政策	关于2019年起提高我省残疾人两项补贴标准和扩大重度残疾人护理补贴范围的通知
	……
	关于本市重度残疾人参加城乡居民基本医疗保险帮扶补助的通知
	合肥市残疾人联合会、合肥市财政局、合肥市公安局、合肥市民政局、合肥市卫生局关于印发《合肥市民生工程贫困精神残疾人药费补助项目实施办法》的通知
	淮南市财政局、淮南市残疾人联合会关于下达2013年贫困精神残疾人药费补助项目(民生工程)省级补助资金(指标)的通知
	合肥市残疾人联合会关于确定合肥市四院等7家单位为合肥市贫困易肇事肇祸精神残疾人住院救助项目定点医院的通知
	邢台市人民政府办公室转发关于开展智力和精神残疾人托养服务工作实施意见（试行）的通知
	宁波市人民政府办公厅转发市残联关于做好智力和精神残疾人托养服务工作指导意见的通知
	无锡市民政局、无锡市财政局、无锡市残疾人联合会关于印发《无锡市市区无业三、四级精神、智力残疾人生活救助实施办法》的通知
	武汉市民政局、武汉市残疾人联合会、武汉市财政局关于对全市丧失劳动能力的成年三级精神和智力残疾人单独提供全额最低生活保障的通知

表 5-13 是以助残政策"《严重精神障碍患者监护人申领看护管理补贴的暂行办法》实施细则"为示例，通过检索与其有推送关系的用户生成的助残政策推送结果。结合前期实体识别工作，将政策中的各类实体用于直观展现助残政策中的关键信息，方便助残政策发布方将其作为内容直接推送给所有符合条件的对象，同时也能帮助用户快速了解政策适用性。

表 5-14 则从用户的角度出发，通过遍历用户与助残政策的推送关系，为其制定适用的政策集合，帮助其在最短时间内获得其可能需要的政策内容，从而真正意义上解决信息不对称的问题。

除实现上述双向推送外，本章所提助残政策精准推送模型也能够实现增量匹配。在前期使用大量数据训练模型的基础上，只需将新的政策和残疾人作为输入，即可预测新政策适用的残疾人群体；同理将新入库的残疾人和政策作为输入，即可预测该残疾人可享有的助残政策，这也使得本章提出的策略在实际工作中可以兼顾全面性和易用性，更好地服务于助残服务实际工作。

5.8 总结与展望

本章提出了政策精准推送的研究框架并详细阐述了其运行机理，通过实证研究证明了所提出策略的有效性和可行性，以案例解读的方式呈现助残政策双向精准推送的结果。但本章研究依然存在一定的局限性，后续研究将针对本章中的不足予以进一步完善。

5.8.1 研究工作总结

政府服务一直是民生福祉所依，随着近年来国家在政府服务均等化等领域持续发力，政府服务政策数量与日俱增，发布形式也更为多样，这给公众搜集与定位政策增加了难度；与此同时，人民群众对政府服务的需求更为多元化、个性化，也给政府精准施策提出了更高的要求。为此，本章从政策供给和需求着手，重点突出特征表示在政策推送工作中的关键作用，进而利用深度学习相关模型实现政策的双向精准推送，以期提升政策供给的质量和效率，同时精准识别公众需求，为公众提供更贴心、更准确的智能化政策服务。

本章所提出的政策精准推送框架涵盖三个部分的内容。首先，本章借助命名实体识别任务获取政策中的重要实体，通过主题识别工作提取政策主题，依托 Doc2Vec 模型获取政策文本、实体及主题分布的向量表示，得到融合多粒度信息的政策文本语义向量表示。其次，通过梳理政策用户特征，从多个维度出发构建用户画像指标体系，借助用户画像生成政策用户特征。最后，在提取政策和政策用户特征向量的基础上，构建基于深度学习的政策精准匹配与推送模型，通过建立用户类与政策间的推送关系来简化推送标签标注工作，进而生成训练测试集，训练深度神经网络模型从而实现政策和政策对象的快速双向匹配。

在实验环节，本章选取了真实的助残政策和残疾人用户作为实验对象，验证了所提模型在具体助残政策推送中的实用性。在助残政策文本表示环节，助残政策命名实体识别的 F 值达到了 86.34%，随后通过命名实体识别和主题识别工作得到各政策下的实体和主题，并结合 Doc2Vec 模型生成的文档向量和词向量，生成融合实体和主题分布特征的政策文本向量。在残疾人用户画像任务中，本章根据残疾人数据的实际情况对通用政策用户画像指标体系进行调整，结合助残政策对象特征需求，生成基于年龄、残疾类型和残疾分级的残疾人特征向量。最后，在助残政策精准推送中，实现了更为简单高效的推送关系构建，并借助注意力机制和深度神经网络实现特征的再加工，最终在验证集上助残政策和用户间的推送准确率最高达到 96.63%，表明基于政策和用户特征的助残政策推送方法确能实现助残政策和用户间的高效准确匹配。

综上，本章充分调研了政策精准推送的研究背景和现状，探索了基于特征表示的政策精准推送策略并提出了相应的研究框架，在细化与推送工作有关特征的基础上，选择合适的深度学习模型实现推送关系的自动识别，帮助政策主体快速定位政策目标人群，同时支撑公众高效获取适用的政策，减轻政策运行的成本与压力，也让公众对政府服务质量的提升更加切实可感。

5.8.2 研究展望

本章所做的工作是一次探索性的尝试，初步实现了政策双向、精准、智能推送的核心策略，但仍然存在着一些不足。框架层面上，尽管本章所提出的政策精准推送策略创新性地实现了政策的双向精准推送，但在用户画像动态指标构建和精准推送策略的载体实现等具体环节还有待进一步优化。

第一，用户画像动态指标构建有待进一步完善。政策画像用户指标主要为静态指标，缺乏反映用户偏好行为及用户和政策间交互关系的动态指标，前者多出现于商品和信息推送中，并表现为收藏、转发等行为，后者多出现在新闻和短文本发布中，并表现为点赞、评论等行为。动态指标的加入可以帮助研究人员更好地刻画用户特征，并基于该指标数据提供个性化服务，如基于协同过滤为相似用户进行推送，但正如本章在前文中提到的那样，受用户隐私保护和平台限制，政策用户的浏览、评论等行为数据不易获得，以期在后续政策推送研究中持续推进政策平台的数据共享工作，日趋完善用户画像指标体系，从而更准确地刻画政策受众的特征。

第二，政策精准推送的场景应用平台优化。本章所提出的基于特征表示的政策精准推送策略，旨在实现精准推送的场景化应用推广，为此本团队与政府有关部门和企业开展了广泛合作，提出了"智慧助残精准服务"标准体系与实施方案，构建了政策文本大数据平台，研发了基于深度学习的政策精准推送服务原型系统，未来将继续优化政策推送平台，以增强本章研究的实际应用效果。

在提出框架的基础上，本章还针对助残政策进行了实证检验，但实验部分也存在提升空间。

第一，政策文本数量有待提升。首先，本章选取助残政策为实验对象，但在实际实验过程中，受部分地方残疾人联合会网站反爬机制的约束，各省区市助残政策文本收集不全。其次，在已收集到的助残政策文本中有较多政策客体并不是残疾人，而是残疾人服务机构或残疾人联合会组织，这使得最后能应用于实体识别和推送的助残政策数量较少，进而影响了实验环节模型训练的效果。同时，仅将助残政策作为实验对象弱化了主题影响，也不利于验证其在各类政策推送中的效果。后续应将实验对象范围扩大，加入多种类型的政策，以保证政策文本体量，并进一步证明所提出方法的普遍适用性。

第二，用户数据来源单一。实验中残疾人数据来源于单个省区市的残疾人联合会统计数据，这使得残疾人用户的户口、居住地等指标无法应用于推荐工作；同时受其业务范围限制，获取的残疾人数据字段有限，收入情况等指标也无法在推送工作中体现，加上政策体量较小的影响，用户画像的有效指标在实验中被缩减，造成了残疾人用户画像构建中存在信息丢失的问题。因此，在后续工作中应增加用户数据来源，尽可能全面地收集用户画像指标体系对应的字段，如与各地残疾人联合会展开合作等，增加用户体量和信息量。

综上所述，本章将在后续工作中聚焦命名实体识别类型确定、文本表示语义增强、用户画像动态指标构建、精准推送策略的载体实现以及增加政策和政策用户数据量等方面，进一步提升政策推送的精准性和实用性。